praxis

Gesundheit und Soziales Profil

Herausgeber
Hans Kaminski

Autorinnen
Ursel Imhof
Ingrid Otto

westermann

Druck A [1] / Jahr 2011
Alle Drucke der Serie A sind im Unterricht parallel verwendbar.

Redaktion: Marion Martens
Herstellung: Andreas Losse
Umschlaggestaltung: piou grafik design, Braunschweig
Satz: Media Service Schmidt, Hildesheim
Druck und Bindung: westermann druck GmbH, Braunschweig

ISBN 978-3-14-**116125**-0

I Persönliche und berufliche Perspektiven 6

II Sozialpädagogik I 54

III Ernährung und Hauswirtschaft I 78

IV Gesundheit 102

V Sozialpädagogik II 126

VI Ernährung und Hauswirtschaft II 154

VII Gesundheit und Pflege 180

Symbolerklärung

Auf der zweiten Seite eines jeden Kapitels steht eine **Grafik,** die durch das jeweilige Thema leitet.

INFO In **Infokästen** werden Begriffe erklärt oder weiterführende Hinweise gegeben.

Arbeitsaufträge stehen immer unten auf einer Seite und sind durchnummeriert.

B In **Beispieltexten** werden alltägliche Situationen beispielhaft dargestellt.

M Auf extra gekennzeichneten **Methodenseiten** findet ihr die Arbeitstechniken, die euch helfen sollen, die Aufgaben zu lösen.

L Am Ende eines jeden Kapitels findet ihr zwei **Lernbilanzseiten,** mit denen ihr den Inhalt des Kapitels noch einmal nachvollziehen könnt.

In den ersten vier Kapiteln findet ihr viele **Rezepte,** die ihr zum Üben nutzen könnt.

Q **Quellentexte** wurden bereits woanders veröffentlicht. Die zugehörige Quellenangabe steht immer in der Randspalte.

Am Ende des Buches stehen ein **Glossar** sowie ein **Stichwortverzeichnis.**

I Persönliche und berufliche Perspektiven

Dieses Kapitel soll euch gesellschaftliche Zusammenhänge vermitteln und helfen, eine Übersicht über die vielfältigen Möglichkeiten zu gewinnen. Ihr bekommt Information über Berufe und Ausbildungswege in den Bereichen Sozialpädagogik, Gesundheit und Pflege sowie Ernährung und Hauswirtschaft. Grundlage der persönlichen und beruflichen Perspektiven ist die menschliche Kommunikation.

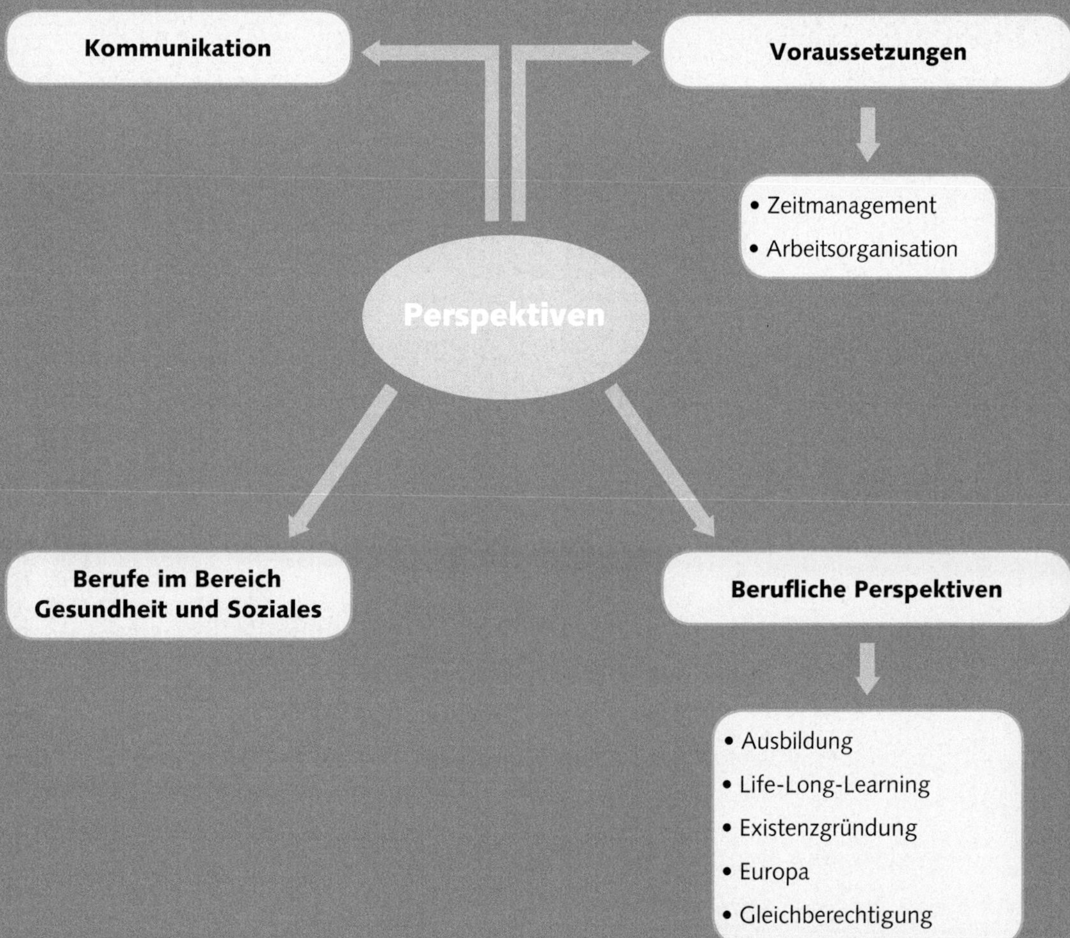

1 Gesellschaft – Ökonomie – Soziales

INFO

Der **demografische Wandel** bezeichnet die Veränderung in der Altersstruktur einer Bevölkerung, also in der Zusammensetzung und der Verteilung von jungen und alten Menschen.

Die Grunddaten des demografischen Wandels der Bundesrepublik Deutschland sind allgemein bekannt:

Die Lebenserwartung steigt aufgrund der Fortschritte in der Medizin. Medikamente und „Ersatzteile“ wie Zahnersatz, Herzschrittmacher, künstliche Kniegelenke, Hüftprothesen und vieles andere mehr helfen, Beschwerden zu lindern und Funktionen vom Kauen bis zum Gehen zu erhalten.

Die Geburtenrate ist niedriger als die Sterberate, d. h., es gibt immer ältere und alte Menschen und immer weniger junge. Das bedeutet für den Bereich der häuslichen Pflege und für Pflegeeinrichtungen einen wachsenden Bedarf.

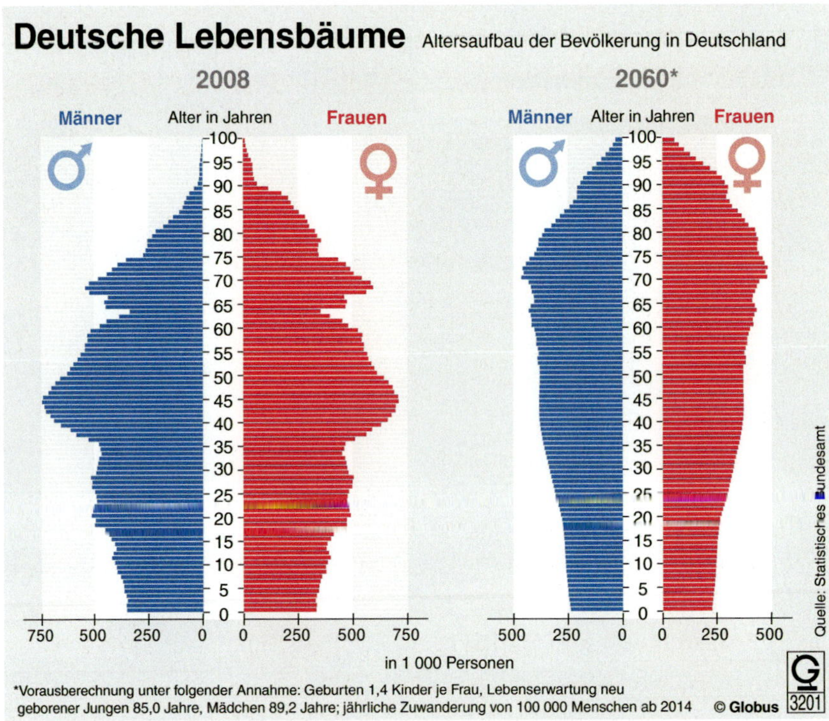

Der Fachkräftemangel wird von vielen Branchen beklagt. Da Frauen häufig zwar eine abgeschlossene Berufsausbildung haben, aber bei Familiengründung oft aus dem Beruf ausscheiden, wird endlich gefordert, die Vereinbarkeit von Beruf- und Privatleben als gesellschaftliche Aufgabe anzunehmen.

Es fehlt vielfach an Kinderbetreuungsplätzen, zudem besteht ab 2013 ein Rechtsanspruch auf einen Kita-Platz. Hier muss jedes Bundesland nachbessern, der Beruf „Erzieherinnen und Erzieher“ hat daher Zukunft.

In Deutschland gilt auch der **Tourismus** als Zukunftsbranche. Im Hotel- und Gaststättengewerbe gibt es mehr Ausbildungsplätze als Bewerberinnen und Bewerber. Berufe, die sich aus dem Profil Gesundheit und Soziales entwickeln, sind krisenfest, denn die damit verbundenen beruflichen Tätigkeiten bleiben vorhanden, sie nehmen eher zu als ab und sind nicht von Maschinen zu ersetzen. **Dienstleistungen** an und für Menschen werden von Menschen erbracht.

Urlaub an der Nordsee

Wer immer sich für Berufe in diesen Bereichen interessiert, motiviert, mobil und flexibel ist und über die notwendigen Fähigkeiten und Fertigkeiten verfügt, wird einen Ausbildungsplatz bekommen und in der Berufswelt willkommen sein.
Die beruflichen Chancen eröffnen sich bereits nach dem Sekundarabschluss I und einer anschließenden beruflichen Ausbildung. Ebenso ist eine weitere schulische Bildung an beruflichen Gymnasien möglich, die auch vielfältige Studienmöglichkeiten eröffnen.

1. Wie mag die Bevölkerung der Bundesrepublik Deutschland 2060 aussehen? Notiert mögliche Fakten.

2. Was könnten die Bedürfnisse der Menschen im Jahr 2060 hinsichtlich ihrer Lebens- und Wohnräume sein?
   a) Skizziert die Bedürfnisse hinsichtlich der Lebens- und Wohnräume.
   b) Beschreibt eure Szenarien auf Plakaten.
   c) Stellt euch gegenseitig die Ergebnisse vor.

2 Leben ist Kommunikation

Indirekte, verbale Kommunikation am Telefon

Alles Tun und Handeln, sogar das Nicht-Tun und Nicht-Handeln sind Kommunikation. Kommunikation verbindet Personen miteinander über Inhalte und Beziehungen. Persönliche Anliegen und Situationen beeinflussen die Kommunikation.

Jeder Mensch ist einmalig. Wie jemand redet, zuhört, andere anschaut und sich bewegt, prägt die Persönlichkeit. Selbst die Schrift, besonders die Unterschrift, ist wichtiges Kennzeichen einer Person.

Menschen senden und empfangen täglich unzählige Signale, Botschaften und Nachrichten. **Verbale** Kommunikation erfolgt direkt über den mündlichen und schriftlichen Sprachgebrauch oder indirekt über Medien (Telefon, Rundfunk, Fernsehen, Computer). Verbale Kommunikation bezieht sich auf das Gesagte, auf die gesprochene und geschriebene Sprache (Laute, Worte, Sätze).

Indirekte, verbale Kommunikation über das TV

Eine direkte verbale Kommunikation wird **nonverbal** über die Körpersprache begleitet. Nonverbale Kommunikation bezieht sich auf alles Nicht-Gesagte und umfasst das, was durch Gestik (Hände), Mimik (Gesicht) und die Körpersprache der gesamten Kommunikation Ausdruck gibt. Wenn das Gesagte nicht mit dem Gemeinten übereinstimmt, verrät die Körpersprache, dass hier etwas nicht stimmt. Eine gesagte Lüge kann über die Körpersprache als Lüge erkannt werden.

Zur **schriftlichen** Kommunikation gehören Notizen jeder Art, Nachrichten per SMS oder E-Mail, private Postkarten und Briefe, formelle Briefe, Geschäftsbriefe, Gebrauchstexte oder literarische Texte. Die mündliche Kommunikation erfolgt direkt „Face to Face" oder über ein Medium (Handy, Telefon, PC, Radio, TV).

Indirekte, verbale Kommunikation über den PC

Mündliche Kommunikation umfasst private oder geschäftliche und formelle Gesprächsformen.

1. Führt einige Übungen zur mündlichen Kommunikation durch, zum Beispiel:
   a) 30 Sekunden Redebeitrag zu einem tagesaktuellen Thema,
   b) 3 Minuten Interview über einen aktuellen Sachverhalt,
   c) 30 Minuten Pro- und Kontra-Diskussion zu einem Projekt.

2. Nehmt die Gesprächssituationen mit der Videokamera auf und analysiert die Filmszenen.

3. Stellt fest, was gelungen ist und wo es Tipps zur Verbesserung gibt.

Stimme, Aussehen, Körpersprache

Die **Stimme** eines Menschen bestimmt die sprachliche Ausdruckskraft. Allein über die Stimme können Geschlecht (Mann/Frau), Alter (Kind/Jugendlicher/Erwachsener) und regionale Herkunft (Sprachraum/Dialekt) herausgefunden werden. Ein Stimmtraining kann dazu beitragen, dass die gesprochene Rede besser ankommt. Wer vor einer Zuhörerschaft redet, sollte auf Verständlichkeit, Deutlichkeit, Betonung, Lautstärke, Sprechtempo und Sprachmelodie achten.

Zum **Aussehen** von Personen gehört ein gepflegtes Erscheinungsbild. Im Berufsalltag spielt zudem die Berufskleidung eine wichtige Rolle. Für einige Firmen gehört es zur Unternehmenskultur, wie die Mitarbeiterinnen und Mitarbeiter gekleidet sind. Dafür gibt es eine verbindliche Kleiderordnung (Dress-Code). In manchen Branchen tragen die Beschäftigten Uniformen (Luftfahrtgesellschaften, Polizei, Bundeswehr, Bahngesellschaften usw.).

Jede mündliche Kommunikation wird von der **Körpersprache** begleitet. Menschen sind angespannt oder entspannt, sie lächeln und wirken gut gelaunt oder sie schauen traurig aus. Menschen unterstützen ihre Botschaften mit Gestik und Mimik, sie reden mit Händen und Füßen, sie halten den Blickkontakt, zwinkern sich zu oder sehen weg.

Phoenix: Nachrichten in Gebärdensprache

Sandra Maischberger im Gespräch mit Helmut Schmidt

1. a) Informiert euch in arbeitsteiliger Gruppenarbeit über die Berufskleidung in verschiedenen Einrichtungen, zum Beispiel Kindertagesstätte, Krankenhaus, Hotel.
b) Was sagt der Dress-Code aus über die Tätigkeit und Funktion eines Beschäftigten?
c) Was ist an der Kleidung zweckmäßig?
d) Stellt eure Ergebnisse mit einer Wandzeitung vor.

Distanzzonen

In der menschlichen Kommunikation sind Distanzzonen von Bedeutung. Ganz nah dran heißt **Körperkontakt.** Die **Intimdistanz** fängt an bei einer Nähe von 50 bis 60 cm. Die **Persönliche Distanz** beginnt bei 60 cm bis 1,50 m, die **Gesprächsdistanz** geht auf circa 2 m Abstand. Bei der **Ansprachedistanz** hält man 3 bis 4 m Abstand.

Körperkontakt

Intimdistanz

Persönliche Distanz

Gesprächsdistanz

Ansprachedistanz

Wie nah sich Menschen kommen, entscheiden sie in ihrem Privatleben ausschließlich selbst. In medizinischen und pflegerischen Berufen müssen die Berufstätigen nah an den zu behandelnden Menschen sein.

1. Was bedeutet diese Nähe für die Beteiligten?

2. Kundenorientierung und Verständnis für die Patienten gehören zum beruflichen Leitbild. Was sollte bei einer ersten Begegnung erfolgen, damit eine vertrauensvolle Atmosphäre geschaffen wird?
- Kosmetiker/Kosmetikerin – Kunde/Kundin
- Podologe/Podologin – Kunde/Kundin
- Arzt/Ärztin – Patient/Patientin
- Zahnarzt/Zahnärztin – Patient/Patientin
- Physiotherapeut/Physiotherapeutin – Patient/Patientin

„Ja ist ja und nein ist nein."

Voraussetzungen für eine gute menschliche Kommunikation sind Verständlichkeit, Klarheit und Eindeutigkeit. Die Kommunikationspartner müssen sich gegenseitig wertschätzen, akzeptieren, respektieren und gegenteilige Meinungen anerkennen. Vertrauensvolle Kommunikation braucht Verlässlichkeit: „ja ist ja" und „nein ist nein". Unterschiedliche Meinungen müssen hart in der Sache, aber fair im mitmenschlichen Umgang ausgetauscht werden. Argumente zählen im Ergebnis, aber es bleibt eine Kunst, die Argumente überzeugend zu vermitteln. Aktives Zuhören, Rollendistanz, Empathie und Solidarität bewirken, dass der Meinungsaustausch sogar als Streitgespräch erfolgen kann. Ziel ist eine gemeinsame Vereinbarung über die Inhalte.

Fragetechniken

Wer fragt, führt durch das Gespräch.
Geschlossene Fragen fordern zu einer kurzen Antwort auf: „Haben Sie …?" „Waren Sie …?" „Können Sie …?

Offene Fragen zielen auf Antworten zu einzelnen Aspekten: Was? Wer? Wann? Wo? Wie? Weshalb?

Allerlei Fragen zu einem Bewirtungsangebot:

1. Informationsfrage: „Mögen Sie Kaffee?"
   Die Antwort gibt Auskunft darüber, ob das Bewirtungsangebot auf Zustimmung trifft.
2. Alternativfrage: „Kaffee oder Tee?"
   Es gibt diese beiden Angebote zur Auswahl.
3. Suggestivfrage: „Lust auf Kaffee?"
   Die Antwort zielt auf ein Ja oder nein.
4. Gegenfrage: „Gibt es auch Tee?"
   Da möchte jemand keinen Kaffee.

Redekunst

Selbstbewusstsein und Natürlichkeit der Redner sowie kurze und verständliche Sätze steigern die Aufmerksamkeit der Zuhörerschaft. Nicht zu schnell zu sprechen sichert, dass das Gesagte über das Zuhören in den Köpfen ankommt und verstanden werden kann. Betonung und Pausen können zum besseren Verständnis beitragen. Der Blick zum Publikum zeigt an, ob die Aufmerksamkeit schon abgeklungen oder noch voll vorhanden ist. Blickkontakte können Verbündete schaffen, indem die Zustimmung zur Rede von Einzelnen auf die Gesamtheit übergeht. Grundlage der Rede ist immer die gute inhaltliche Vorbereitung. Das erfordert Sachverstand und Genauigkeit. Was für eine Zuhörerschaft thematisch aufbereitet wird, muss der Wahrheit entsprechen und mit Klarheit dargeboten werden. Ein geschickter Redner sollte flexibel sein und auf Nachfragen angemessen reagieren können.

INFO

Aktives Zuhören signalisiert Aufmerksamkeit: „Ich höre dir zu!". Das geschieht durch Blickkontakt und Gesten wie Kopfnicken, Kopfneigen, Kopfschütteln.

Rollendistanz erfolgt über den emotionalen Abstand zur eigenen Rolle und entfernt sich von der eigenen Betroffenheit hin zur Sichtweise der Kommunikationspartner. „Ich sehe das Ganze jetzt mal aus der Perspektive der anderen."

Empathie meint Einfühlungsvermögen: „Wie fühlt sich der Kommunikationspartner?"

Solidarität zielt auf das Gemeinschaftsgefühl: „Das geht uns alle an!"

INFO

Kommunikation betrifft die Übermittlung von Signalen, Nachrichten, Botschaften zwischen Sender und Empfänger. Kommunikation findet statt bei einem persönlichen Gespräch zwischen zwei Menschen oder bei einem Interview.

Interaktion umschreibt eine Summe von vielen einzelnen verbalen und nonverbalen Kommunikationen einschließlich der Reaktionen und Wirkungen. Interaktion findet tagtäglich im Schul- und Berufsalltag sowie im Privatleben statt und ebenso bei öffentlichen Veranstaltungen wie Diskussionen, Debatten oder Talkrunden.

Ich-Identität und Sozialisation

Role-taking – role-making

Jeder Mensch ist eine individuelle Persönlichkeit und ein soziales Wesen zugleich. Ohne soziale Kontakte würde ein Mensch emotional verkümmern. Menschen brauchen Menschen, um miteinander zu leben, den Alltag gemeinsam zu meistern, in der Freizeit gemeinsam etwas zu erleben. Es ist ein Wechselspiel der menschlichen Kommunikation und Interaktion, die eigene Rolle zu finden (role-making) sowie sich darin zu behaupten und seinen Teil für das Gemeinschaftsleben beizutragen (role-taking).

Persönlichkeit zu entwickeln und Anerkennung in der Gesellschaft zu erlangen, sollte im Einklang erfolgen. Da jedes Individuum sehr viele Rollen wahrnimmt, ist es ein Dauerauftrag, zwischen role-making und role-taking die Balance zu halten. Basis dieser Balance sind Aufrichtigkeit und Achtsamkeit. Aufrichtigkeit im eigenen Verhalten anderen gegenüber schafft Respekt und Anerkennung. Achtsamkeit für sich selbst beachtet die persönlichen Bedürfnisse nach Selbstachtung und Selbstverwirklichung.

B **Role-taking:** Seit Tina zur Schulsprecherin gewählt wurde, hat sie sich verändert. Sie achtet mehr auf ihr äußeres Erscheinungsbild, kleidet sich weniger flippig, schminkt sich nur noch ein wenig. Sie informiert sich ganz genau über einzelne Projekte der Schule. Sie argumentiert umsichtig und versucht die Ansichten aller Beteiligten (Schülerschaft, Elternschaft, Lehrerschaft) zu berücksichtigen. Tina hat ihre soziale Rolle angenommen.

B **Role-making:** Tina hat ihren gewünschten Praktikumsplatz im Hotel am Kurpark bekommen. Sie interessiert sich für eine Ausbildung als Restaurantfachfrau. Sie ist interessiert bei der Sache und es gelingt ihr in den zwei Wochen, alle Bereiche des Betriebes kennenzulernen. Tina gestaltet ihre persönliche Rolle.

Balance

Konflikte lösen – Entscheidungen treffen

Konflikte können entstehen, wenn die Kommunikation gestört ist, wenn die Sachebene gar nicht mehr erreicht wird, weil die Beziehung nicht stimmt. Das kann verschiedene Ursachen haben und gelegentlich sogar nur auf Missverständnissen beruhen, die aufgedeckt werden müssen. Kommunikationspartner sind nicht immer einer Meinung. Vielfach haben sie sehr unterschiedliche und sogar gegenläufige Interessen und sind bestrebt, sich zu behaupten und durchzusetzen. Rollendistanz und Empathie bieten Möglichkeiten der Annäherung.

Konflikt zwischen Mutter und Tochter

Schritte zur Konfliktlösung:
1. Worin besteht der Konflikt?
2. Was ist das Problem zwischen der Sache und der Beziehung der Beteiligten?
3. Was sind die strittigen Standpunkte der beteiligten Personen?
4. Welche Ziele und Wünsche haben die beteiligten Personen?
5. Wie kann der Konflikt gelöst werden?
6. Welche Lösungsvorschläge brauchen welche Maßnahmen und gemeinsamen Zielvereinbarungen?
7. Wurden die Zielvereinbarungen innerhalb eines Zeitraums erfolgreich umgesetzt?

Sofern es neue Konflikte gibt, kann eine weitere Runde zur Konfliktlösung notwendig sein. Oft kann es schon hilfreich sein, wenn die streitenden Parteien ihre Streitpunkte notieren und ein unabhängiger Dritter vermittelnd eingreift. Manche Konflikte brauchen professionelle Unterstützung von Mediatoren und Streitschlichtern. Andere Konflikte werden als Rechtstreitigkeiten zwischen zwei Partnern erst vor Gericht entschieden.

1. Führt kleine freie Rollenspiele durch zu möglichen Situationen im Berufsalltag. Hierbei kann es zum Beispiel um Dienstpläne, Urlaubsanträge oder Beschwerden von Kunden/Patienten gehen.

Soft Skills

Alle Menschen verfolgen individuelle Interessen und verfügen über unterschiedliche Fähigkeiten und Fertigkeiten. Das Kennenlernen mehrerer verschiedener Berufsbereiche gibt Einblicke in unterschiedliche Berufswege. Es gibt jedoch sogenannte Soft Skills wie Umgangsformen (Höflichkeit, Freundlichkeit), Teamfähigkeit (Vertrauen und Verlässlichkeit) und Selbstständigkeit (Motivation und Verantwortung), die in allen Berufen wichtig sind.

B Nina und Daniel sichten die Stellenanzeigen in der Tageszeitung und lesen sich gegenseitig vor, was die Erwartungen sind. Sie diskutieren lange darüber, dass viele Erwartungen an die Beschäftigten ähnlich sind.

Zahnmedizinische Fachangestellte
Erwartet werden positives, repräsentatives Auftreten mit professioneller Einstellung und hoher Eigenmotivation, Patienten- und Teamorientierung, Organisationstalent und Servicekompetenz.

Erzieherin/Sozialpädagogin
Wir erwarten: Berufserfahrung in der Jugendhilfe, Engagement, Belastbarkeit, Flexibilität.

Sozialassistentin/Sozialassistent
Außer einschlägiger Berufserfahrung und Teamfähigkeit erwarten wir von den Bewerberinnen und Bewerbern Flexibilität, Engagement und Aufgeschlossenheit gegenüber neuen Inhalten und Strukturen.

Front Office Manager im Businesshotel
Wir erwarten mehrjährige Berufserfahrung, freundliche und gepflegte Erscheinung, gute Englisch- und PC-Kenntnisse, Ausbildereignung nach AEVO, Organisationsgeschick, Verantwortungsbereitschaft, Flexibilität und Teamfähigkeit.

Auszubildende Hotelfachfrau bzw. -mann
Wir erwarten neben einer überdurchschnittlichen Leistungs- und Lernbereitschaft den Sekundarabschluss I, gute Deutsch-, Englisch-, Mathematikkenntnisse, EDV-Begeisterung, Freude am Umgang mit internationalen Gästen und gute Umgangsformen.

INFO

AEVO: Ausbildereignungsverordnung

EDV: elektronische Datenverarbeitung

1. Welche Soft Skills der Stellenanzeigen passen zusammen?

2. Welche Soft Skills könntest du bereits erfüllen?

Medienkompetenz

Im Beruf und im Privatleben geht alles mit dem Einsatz moderner Medien schneller. 1990 etwa war ein Mobiltelefon noch eine Sensation, es kostete etwa 3.000 Deutsche Mark und hatte die Größe eines Schuhkartons. Zwanzig Jahre später besitzen Milliarden Menschen auf der ganzen Welt ein Handy. Das hat Vorteile und Risiken. Ein kritischer Umgang mit den Medien ist daher notwendig.

1989 startete das WorldWideWeb. Die Informationsbeschaffung und Informationsverarbeitung erfolgt in rasantem Tempo. Inzwischen gibt es das WEB2.0. In jeder Sekunde kommunizieren Menschen über das Internet miteinander. Sie können über Computer und Handy in Sekundenschnelle miteinander Nachrichten in Form von Text und Ton übermitteln, Filme und Bilder senden.

Skypen, über Facebook und Twitter Kontakte aufzubauen und zu halten ist verlockend. Doch bei all diesen Möglichkeiten in einer virtuellen Welt müssen Medienkonsum und Mediennutzung kritisch betrachtet werden. In sozialen Netzwerken geht es immer auch um die persönlichen Daten einer Person. Datenschutz und Sozialdatenschutz sind wichtige Persönlichkeitsrechte, auf die niemand verzichten sollte. Wer über Facebook zu Partys einlädt, braucht sich nicht zu wundern, wenn der Gästeansturm die Party-Möglichkeiten übersteigt. Hier hat es schon böse Überraschungen gegeben. Es gilt das Prinzip der Selbstverantwortung, und jeder sollte sich gründlich überlegen, welche persönlichen Informationen da preisgegeben werden. Was erst einmal ins Internet gelangt ist, kann nur schwer wieder entfernt werden.

INFO

„Sind Privatkopierer Verbrecher? Macht sich strafbar, wer eine CD oder DVD kopiert? Oder sich den Film der Woche auf die Computer-Festplatte speichert?"
„iRights.info" ist ein Informationsangebot und klärt über das Urheberrecht auf.
www.irights.info

Das „jugendschutz.net" wurde 1997 von den Jugendministern aller Bundesländer gegründet, um Angebote im Internet und die Einhaltung von Jugendschutzbestimmungen zu überprüfen.
www.jugendschutz.net

B Die Zahnarztpraxis Weiß will zum 1. August zwei Auszubildende einstellen. Aus mehreren Bewerbungen hat das Zahnärzteteam diejenigen von Saskia, Johanna, Ramona und Anke ausgewählt. Bei allen Bewerberinnen sind die schulischen Voraussetzungen erfüllt. Ihre Bewerbungsmappen sind vorbildlich. Aus den Bewerbungsschreiben wird die Motivation zur Ausbildung deutlich. Ein Blick ins Internet zeigt bei Facebook nichts über Ramona. Zu Saskia gibt es Urlaubsbilder vom Strand und von Partys. Johanna und Anke bleiben auf ihrer Facebookseite zurückhaltend, hier gibt es keine freizügigen privaten Fotos. Das Zahnärzteteam Weiß verzichtet darauf, Saskia zum Vorstellungsgespräch einzuladen.

Saskia am Strand

1. Arbeitgeber schauen genau hin, wie Bewerberinnen und Bewerber im Internet auftreten, bevor sie diese zum Bewerbungsgespräch einladen. Was sind die Gründe dafür?

2. Was sollte jeder bei einem Internetauftritt zum Datenschutz beachten?

3 Persönliche Voraussetzungen

Zeitmanagement

B In drei Tagen ist der Abgabetermin für die Praktikumsmappe. Sven hat sie schon fertig, Lea noch nicht. Sie möchte wissen, wie Sven das immer hinbekommt, bei all den vielen Schularbeiten noch den Durchblick zu behalten. Sven verrät Lea, dass er seinen Tipp für das Zeitmanagement aus „Momo" kennt. Im Jugendbuch von Michael Ende steht die Geschichte von Beppo, dem Straßenkehrer, der es versteht, sich die Arbeit einzuteilen. Wenn Beppo eine sehr lange Straße vor sich hat, denkt er erst, das ist nie zu schaffen. Wenn er sich dann beeilt, kommt er zu schnell aus der Puste. Wenn er aber nur an den nächsten Schritt denkt, dann geht es leicht von der Hand. Und dann merkt er, dass er Schritt für Schritt die ganze lange Straße geschafft hat.

INFO

Literatur: Michael Ende: Momo, Oder: Die seltsame Geschichte von den Zeit-Dieben und von dem Kind, das den Menschen die gestohlene Zeit zurückbrachte. Ein Märchen-Roman. 1973, Neuausgabe 2005

Q Am Ende eines jeden Tages empfiehlt sich ein Schnell-Check zur Zielerreichung mit der 5-Finger-Formel nach Lothar J. Seiwert:

Daumen = Welche Erkenntnisse, Erfahrungen habe ich heute gemacht?

Zeigefinger = Was habe ich heute geschafft und geleistet?

Mittelfinger = Wie war heute meine vorherrschende Stimmung, Gemütslage?

Ringfinger = Womit habe ich anderen geholfen, gedient, diese erfreut und gefördert?

Kleiner Finger = In welcher körperlichen Verfassung war ich heute? Was habe ich für meine Kondition und Gesundheit getan?

Quelle: Lothar J. Seiwert: Selbstmanagement. Speyer, 3. Aufl. 1991, S. 36

1. Was ist die Botschaft vom Straßenfeger Beppo?

2. Übertrage die Situation auf deinen Schulalltag und beschreibe einzelne Situationen von Aufgabendichte und Zeitknappheit.

3. Erstelle eine To-Do-Liste für deine täglichen Aufgaben.

Arbeitsorganisation

Arbeitsorganisation für alle anfallenden Papiere und Dokumente muss sein. In Unternehmen und Behörden gibt es für die Ablagen genaue Aktenpläne, die Finanzen sind nach Buchungskennzahlen geordnet. Jede Arztpraxis hat eine geordnete Patientenkartei.

Selbst für den Schulalltag sind Ordnungssysteme hilfreich.
Es hilft eine gute Systematik:
- eine Kladde für fortlaufende Notizen,
- verschiedene Mappen für die einzelnen Unterrichtsfächer,
- ein Ordner zur Aufbewahrung von Zeugnissen und Leistungsnachweisen.

Wer ausgeteilte Arbeitsblätter **sofort** systematisch den Fächern zugeordnet abheftet, spart viel Zeit beim Suchen.

Die Eisenhower-Matrix

„Was du heute kannst besorgen, das verschiebe nicht auf morgen." Das ist ein alter Spruch, im Zeitmanagement des 21. Jahrhunderts heißt es „Das *Sofort!*-Prinzip" .
Sofort! Entscheiden: Was? Wer? Bis wann? Wie lange? Wann beginnen? Wo?
Sofort! zu Ende bearbeiten
Sofort! Zuordnen oder einplanen
Sofort! In den Papierkorb?

Quelle Katharina Dietze, Sonja Strich, Peter Kurt Fromme: Mehr PEP im Team! Campus Verlag Frankfurt/New York 2008, S. 58

„Es geht auch einfach …" – das ist das Motto von „SIMPLIFY". Auf der Internetseite werden Ordnungstypen skizziert. Danach gibt es Ordnungsfanatiker, Ordnungstalente, und latente Chaoten.
„Der Ordnungsfanatiker gilt als Musterbeispiel für Arbeiten mit System. Auf seinem Schreibtisch findet sich kein Stift, der dort nicht hingehört und auf keinen Fall ein Blatt Papier zu viel. […]
Das Organisationstalent hat alles perfekt im Griff. Egal, ob es darum geht, unzählige berufliche und private Termine zu verwalten oder mit wenigen Handgriffen Ordnung am Arbeitsplatz zu schaffen. […]
Der latente Chaot bekommt manche Dinge eher durch Glück als durch Organisation geregelt. […]
Der hoffnungslose Fall schafft es einfach nicht, sich um diese Dinge zu kümmern. […] Und so wachsen die Papierstapel auf dem Schreibtisch ins Unermessliche…"

Quelle: www.simplify.de

1. Nenne Möglichkeiten der Ordnung und Organisation.

2. Welches Ordnungssystem eignet sich für Computerdokumente, Dateiordner und Unterordner?

4 Berufliche Perspektiven

Berufliche Bildung in der BRD

Zur Beruflichen Bildung in der Bundesrepublik Deutschland gehören die Berufsschulen sowie Berufliche Vollzeitschulen (Berufsfachschulen, Fachoberschulen, Berufliche Gymnasien und Berufsoberschulen). In diesen regionalen Kompetenzzentren werden viele Bildungswege angeboten. Jede Region gibt eine Broschüre heraus, die dazu Informationen bieten. Darin sind die Anschriften der Berufsbildenden Schulen der Region aufgeführt sowie die schulabschlussbezogenen Anmeldungen und die Zuordnung der möglichen Ausbildungsberufe.

Die Berufsausbildung im Dualen System hat zwei Lernorte: Betrieb und Berufsschule. Mit Beginn der dualen Berufsausbildung muss die Vollzeitschulpflicht erfüllt sein. Die Ausbildung darf nur in Ausbildungsbetrieben stattfinden, in denen die von der Ausbildungsordnung verlangten Qualifikationen durch Ausbildungspersonal mit persönlicher und fachlicher Eignung vermittelt werden können. Dies wird von der zuständigen Selbstverwaltungseinrichtung der Wirtschaft (Kammern) überwacht.

Berufliche Vollzeitschulen sind zum Beispiel die Berufsfachschule, die Fachoberschule, das Berufliche Gymnasium und die Berufsoberschule.

Berufsfachschulen sind Vollzeitschulen, die Schülerinnen und Schüler zu einem Berufsausbildungsabschluss in einem Beruf führen. An Berufsfachschulen kann auch die Fachhochschulreife erworben werden.

Die Fachoberschule umfasst in der Regel die Jahrgangsstufen 11 und 12 und baut auf einem Mittleren Abschluss auf. Die Fachoberschule gliedert sich in die Fachrichtungen Wirtschaft und Verwaltung, Technik, Gesundheit und Soziales, Gestaltung, Ernährung und Hauswirtschaft sowie Agrarwirtschaft. Zur Ausbildung gehören theoretischer Unterricht und Fachpraxis. Die fachpraktische Ausbildung findet während des Besuchs der Jahrgangsstufe 11 als einschlägiges gelenktes Praktikum in Betrieben oder gleichwertigen Einrichtungen statt. Mit Bestehen der Abschlussprüfungen erwerben die Schülerinnen und Schüler die Berechtigung zum Studium an der Fachhochschule (Fachhochschulreife).

Das Berufliche Gymnasium ist eine Schulart mit dreijährigem Bildungsgang, aufbauend auf einem Mittleren Schulabschluss mit besonderem Leistungsprofil, der zum Eintritt in die gymnasiale Oberstufe berechtigt. Das Berufliche Gymnasium führt in der Regel zur allgemeinen Hochschulreife. Neben Allgemeinbildung werden berufsbezogene Schwerpunkte in den Fachrichtungen Wirtschaft, Technik sowie Gesundheit und Soziales gesetzt.

Unterricht in der Berfusfachschule

Die Berufsoberschule führt in zweijährigem Vollzeitunterricht zur Fachgebundenen Hochschulreife und mit einer zweiten Fremdsprache zur Allgemeinen Hochschulreife. Die Berufsoberschule kann auch in Teilzeitform mit entsprechend längerer Dauer geführt werden. Die Aufnahme setzt den Mittleren Schulabschluss oder einen als gleichwertig anerkannten Bildungsstand und eine mindestens zweijährige erfolgreich abgeschlossene Berufsausbildung bzw. eine mindestens fünfjährige Berufstätigkeit voraus. Die Ausbildungsrichtungen sind Technik, Wirtschaft, Agrarwirtschaft, Ernährung und Hauswirtschaft, Sozialwesen sowie Gestaltung.

Wer finanziert die Ausbildung?

Eine berufliche Ausbildung kostet zum Teil Schulgeld, Aufnahme- und Prüfungsgebühren, dazu müssen Berufskleidung und Arbeitsmittel u.a. auch von den Auszubildenden bezahlt werden. Wer eine Ausbildung beginnen möchte, kann eine finanzielle Förderung beantragen. Es ist gesetzlich geregelt, wer berechtigt ist, BAFÖG-Mittel zu erhalten. Ein Teil der BAFÖG-Gelder ist nach der Ausbildung wieder zurückzuzahlen.

INFO

BAFÖG ist das Bundesausbildungsförderungsgesetz. Auf dieser Grundlage gibt es BAFÖG-Zahlungen für Schüler, Studenten, angehende Meister. Auf den Seiten des Bundesministeriums für Bildung und Forschung (BMBF) sind Hinweise zur Antragstellung sowie Beispiele und Berechnungen und Antragsformulare zu finden.
www.das-neue-bafoeg.de
www.bafoeg-rechner.de
www.bafoeg-aktuell.de
www.meisterbafoeg.de

1. Beantworte die Fragen. Hierfür musst du Informationen einholen über das Internet, zum Beispiel bei www.berufenet.de:

a) Welche der Berufe der Bereiche Sozialpädagogik, Gesundheit und Pflege, Ernährung und Hauswirtschaft sind für dich von Interesse?
b) Welche schulischen Abschlüsse sind dafür notwendig?
c) Welche Fähigkeiten und Fertigkeiten bringst du mit?
d) Welche Qualifikationen musst du erwerben?
e) Welche finanziellen Belastungen kommen auf dich zu?
f) Welche finanziellen Förderungen gibt es?
g) Wie hoch ist die Ausbildungsvergütung?
h) Wie sind die Einstellungs- und Karrierechancen nach erfolgreich bestandener Ausbildung?

Systemgastronomie

Pflegeheim

Mittagessen vom Bringdienst

Existenzgründung erwünscht

B

Alex will in die Systemgastronomie. Am Sonntag waren seine Familie und er zum Brunch im Bistro. Super Stimmung, gute Qualität, Preis-Leistung passt, entspannte Atmosphäre, gute Musik. Die Niederlassungen gibt es in ganz Deutschland.

Oliver will die Firma seiner Eltern übernehmen, einen ambulanten Pflegedienst. Diese Dienstleistungen werden zunehmend gefragt. Bei der Pflegemesse 2010 in Hannover sprachen die Journalisten bereits vom Pflegenotstand.

Tom ist gut in Mathe und Informatik. Er tüftelt gerne. Für seine Oma hat er LED-Leuchten mit Solarzellen an den Rollator gebastelt. Medizintechnik, das würde ihn besonders interessieren. Dazu will er erst mal erfahren, was die Menschen in den Pflegeheimen brauchen. Aber Zeit und Zuwendung gibt es nicht aus der Steckdose.

Diana will in die Kita. Erzieherin ist ihr Wunschberuf. Und weil sie selbst eine kleine Sprachstörung hatte, interessiert sie die Weiterbildung zur Logopädin. Das wird ein längerer Ausbildungsweg.

Felix setzt auf Bistro-Bringdienst speziell für Firmen, mit Suppen, Salaten und Baguettes. Für das Startkapital spart er schon jetzt. In der Schülerfirma ist er auf die Idee gekommen. Zu sehen, wie es den Leuten schmeckt und sie ihre Mittagspausen leicht und lecker genießen, bestätigt seinen Arbeitseinsatz.

INFO

„Schrittweise in die Selbstständigkeit"
Das Bundesministerium für Wirtschaft und Technologie hat im Internet ein Existenzgründungsportal eröffnet. Im Existenzgründungsportal Gastronomie wird zum Beispiel aufgezeigt, dass die Gründung in der Gastronomie genau kalkuliert sein muss.

Vier Punkte müssen klar sein:
1. Unternehmerqualifikation
2. Stringentes Gastronomiekonzept
3. Vollständige Investitions-, Kosten-, Umsatz- und Rentabilitätsplanung
4. Solider Finanzierungsplan

www.existenz-gruender.de/

1. Informiert euch bei selbstständig Berufstätigen in eurem Umfeld. Fragt nach den Anfängen ihrer Geschäftsidee, den Startbedingungen und ihrem Berufsalltag.

2. Besonders im Handwerk gibt es viele Unternehmen, die in ihrer Familie keinen Firmennachfolger finden. Was mögen die Gründe hierfür sein?

3. Überlegt, was Alex, Oliver, Tom, Diana und Felix beachten müssen, damit sie ihren Wunsch, Unternehmer zu sein, erfüllen können.

Raimund Ostendorp in seiner Frittenbude

Manche Selbstständige sind über viele Jahre mit mehr als 16 Stunden täglich in ihrem Betrieb und arbeiten mit viel Freude. Doch mit der Zeit wird ihnen das doch zu viel. So schließt beispielsweise der als TV-Restaurant-Tester sehr bekannte Christian Rach eines seiner Lokale in Hamburg und wird in den anderen seiner Lokale auch nicht mehr täglich am Herd stehen. Das ist kein Einzelbeispiel.

Q

Sternekoch in der Frittenbude

Zwei Jahre lang hat er im Düsseldorfer „Schiffchen" Trüffel gehobelt und teuren Hummer garniert, jetzt rührt Raimund Ostendorp mit Begeisterung Sauce für die Currywurst, das Leibgericht des Kohlenpotts. [...] Der ausgestiegene Drei-Sterne-Koch versucht, die Qualitätsansprüche aus seinem ersten kulinarischen Leben auf die Fritten-Scheune zu übertragen. Mehrfach pro Woche fährt er früh morgens zum Wochenmarkt und kauft Gemüse für die Salate, Wurst wird bei ihm nicht vakuumisiert, das Fleisch kommt direkt von einem Wattenscheider Metzger, Schnitzel landen bei Ostendorp nicht in der Fett-Fritteuse, sondern grundsätzlich in der Pfanne und danach auf Marken-Porzellan-Tellern. Seine 30 Liter Currysauce pro Tag rührt der Chef früh morgens eigenhändig mit Tomatenmark, Bratenfond und frischen Kräutern an – nicht aus Ketchup und Wasser. Trotzdem bleibt Pommesbude immer Pommesbude – und soll auch nicht mehr werden.

Quelle: www.focus.de/finanzen/karriere/perpektiven/berufe/berufswechsel-sternekoch-in-der-frittenbude_aid_305330.html

1. Vermute Gründe für den Wechsel vom Sternerestaurant zur Frittenbude.

Life-Long-Learning (Lebensbegleitendes Lernen)

„Früher“ (zum Beispiel bis zu den Anfängen der Industrialisierung) reichte oft eine Berufsausbildung für das ganze Berufsleben. In einer Zeit der modernen Technologien des web2.0 mit einer rasanten Beschleunigung des gesamten Wissens muss jeder Berufstätige mithalten und das Wissen permanent auffrischen. Fort- und Weiterbildung spielt eine wichtige Rolle bei der Personalentwicklung. Die persönliche Berufskarriere hängt ab von den Qualifikationen und erworbenen Kompetenzen. Und somit hört das Lernen nie auf.

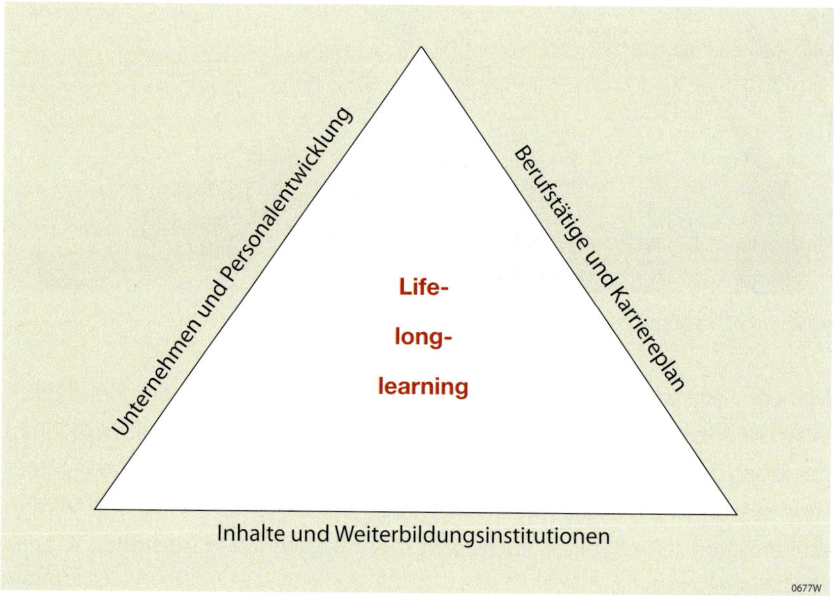

B Jan will mehr erreichen. Seine Ausbildung als Restaurantfachmann hat er mit Erfolg bestanden. Sein Ausbildungsbetrieb hat ihm sofort einen unbefristeten Arbeitsvertrag angeboten. Doch jetzt nach zwei Berufsjahren braucht er mehr Herausforderungen. Zur Bewerbung auf Stellen in größeren Hotels und größeren Städten möchte er schon durch Fortbildung glänzen. In Fachzeitschriften sichtet er ein umfangreiches Seminarangebot. „Reklamation als Chance zur Kundenbindung“, „Die Kunst der Kommunikation“; „Twitter, Xing, Facebook und Qype“ könnten ihn interessieren. Die Kursgebühren sowie die Fahrtkosten zum Tagungsort müsste er selbst aufbringen, und er müsste extra Urlaub beantragen. Dafür bekommt er dann ein Zertifikat und das macht sich gut in seinem Portfolio.

1. Inwiefern könnten die für den Arbeitsalltag ausgesuchten Kurse von Nutzen sein von Jan?

2. Welche Vorteile haben Fortbildungskurse für den Berufsalltag?

World-Café

Das World-Café ist eine kooperative Methode zur Bearbeitung von Inhalten. Natürlich geht es nicht ohne Wissen über die Themen. Dafür müssen Informationen gesammelt, bearbeitet und bewertet werden. Das alles kann über Bücher, Zeitschriften und die Internetrecherche erfolgen. Schließlich muss auch das Thema noch genauer eingegrenzt werden. Innerhalb von einer Stunde sollen in einer Gruppe arbeitsteilig und kooperativ klare Ergebnisse erreicht werden.

Vorbereitung
Material: Plakat- oder Flipchartbögen, farbige Stifte, Klebestreifen oder Magnete

Durchführung
Beim World-Café gibt es verschiedene Möglichkeiten.

Variante A: Beispielsweise kann ein Moderator/eine Moderatorin bestimmt werden, der/die in einer Arbeitsgruppe bei einem Plakat bleibt und die Arbeitsdurchgänge moderiert, Fragen stellt, Impulse gibt und das Gesagte schriftlich in Stichworten protokolliert.

Variante B: Die Durchführung kann auch so ablaufen, dass alle innerhalb der Arbeitsgruppe bleiben und gemeinsam von Themenfeld zu Themenfeld wechseln. Jeder/Jede bekommt einen farbigen Stift und notiert dazu seine/ihre Hinweise und Meinungen, die Stiftfarbe wird beim Wechsel an das andere Ausgangsplakat beibehalten. In diesem Fall wird zu einem Ausgangsbegriff/Aspekt zunächst nur geschrieben und nicht miteinander darüber gesprochen.
Es sollten möglichst alle Teilnehmer mindestens einen Ideen-Beitrag leisten. Die Fortschreibung der Vorschläge und Ideen wird über den Wechsel zur nächsten Station erreicht.

Zeitplan: 20 – 15 – 10
Jede Ausgangsgruppe hat in der ersten Runde 20 Minuten Zeit. Beim Wechsel zur nächsten Runde stehen 15 Minuten zur Verfügung, in der weiteren Runde verbleiben noch 10 Minuten.

Auswertung
Die Präsentation zum Ergebnis erfolgt als Galeriegang oder mit Erläuterungen der Moderatoren. Die Ausgangsgruppe kommt wieder am Ausgangsplakat an und hat Ergänzungen oder auch kontroverse Hinweise erhalten, welche sie in der Ergebnisrunde dem Plenum vorstellen kann. Der Farbwechsel zeigt, wie sich die Ausgangsplakate verändert haben. Zum Feedback sind alle aufgefordert, es kann beispielsweise als Blitzlicht erfolgen.

Vorbereitung

Durchführung

Auswertung

World-Café zum Themenfeld Life-Long-Learning
Aufteilung der Teilnehmer in sechs Gruppen zu drei Aspekten:

1. Life-Long-Learning allgemein
2. Perspektiven von Unternehmen zur Personalentwicklung
3. Perspektiven von Berufstätigen als Karriereplan

Bei sechs Gruppen sind alle drei Aspekte doppelt besetzt, die Ergebnisse können abschließend verglichen und ergänzt werden.

Berufliche Perspektiven in Europa

Bürgerinnen und Bürger der Europäischen Union können in allen Ländern ihren Beruf ausüben. Die beruflichen Abschlüsse sind bislang jedoch noch nicht vollständig vereinheitlicht. Um hier eine Vergleichbarkeit der Qualifikationen und Kompetenzen ermöglichen zu können, wurde ein Europäischer Qualifikationsrahmen erstellt.

Voraussetzung für die Umsetzung des lebensbegleitenden Lernens ist die Entwicklung eines umfassenden Leistungsbewertungssystems. Eine Vergleichbarkeit von Leistungen und Abschlüssen aus Schule, Hochschule, und Arbeitswelt soll erreicht werden.

B Marc hat seine Ausbildung als Koch im Hotel am Markt an seinem Heimatort begonnen. Er kann es gar nicht abwarten, hinaus in die Welt zu kommen. Den Hotelführer seines Ausbildungsbetriebes kennt er auswendig. In Deutschland ist die Hotelkette von der Nordsee bis in die Alpen zu finden. Aber er interessiert sich auch für andere Länder und Erdteile: USA, Asien, Australien.

Seine Eltern raten ihm, vorerst in Europa zu bleiben. Mit dem Europass kann er seine Qualifikationen genau auflisten, das erleichtert die Bewerbung. Doch bis zu einem Profil, wie es als Beispiel für den Europass im Internet gefunden hat, muss er noch viel Gemüse putzen und fachgerecht in Streifen, Stückchen oder Würfel schneiden.

INFO

Europass siehe: www.bibb.de/redaktion/ze/de/koch_d.pdf

Marc mit einer Kollegin in der Hotelküche

5 Gleichberechtigung – Gleichstellung – Vielfalt

Gleichstellung im Beruf

Erst 1908 wurden in Deutschland Frauen zum Abitur zugelassen. Studienmöglichkeiten waren noch nicht überall gegeben. Daher studierten Frauen zunächst im Ausland, z. B. in den skandinavischen Ländern. Erst ab 1919 galt für Frauen das allgemeine Wahlrecht. 1949, fünf Jahre nach dem Zweiten Weltkrieg, wurde das Grundgesetz der Bundesrepublik Deutschland erlassen. Während der Kriegsjahre übernahmen Frauen Aufgaben in der Arbeitswelt, die ihnen zum Teil zuvor nicht erlaubt waren. Technische Berufsfelder mussten sie erst erobern. Doch die Frauen übernahmen in Krisen- und Kriegszeiten die „Männerarbeit" und das nicht nur vertretungsweise. Diese still erlangte Gleichberechtigung konnte nicht mehr zurückgenommen werden.

Q Grundgesetz für die Bundesrepublik Deutschland
Artikel 3 in der Fassung vom 23. Mai 1949:

(1) Alle Menschen sind vor dem Gesetz gleich.
(2) Männer und Frauen sind gleichberechtigt.
(3) Niemand darf wegen seines Geschlechtes, seiner Abstammung, seiner Rasse, seiner Sprache, seiner Heimat und Herkunft, seines Glaubens, seiner religiösen oder politischen Anschauungen benachteiligt oder bevorzugt werden.

1994, fünf Jahre nach der Wiedervereinigung des seit 1945 geteilten Deutschland wurde das Grundgesetz der Bundesrepublik Deutschland neu gefasst. 2006 wurde es nochmals geändert.

Q Grundgesetz für die Bundesrepublik Deutschland
Artikel 3 in der derzeit gültigen Fassung vom 28. August 2006

(1) Alle Menschen sind vor dem Gesetz gleich.
(2) Männer und Frauen sind gleichberechtigt. Der Staat fördert die tatsächliche Durchsetzung der Gleichberechtigung von Frauen und Männern und wirkt auf die Beseitigung bestehender Nachteile hin.
(3) Niemand darf wegen seines Geschlechtes, seiner Abstammung, seiner Rasse, seiner Sprache, seiner Heimat und Herkunft, seines Glaubens, seiner religiösen oder politischen Anschauungen benachteiligt oder bevorzugt werden. Niemand darf wegen seiner Behinderung benachteiligt werden.

1. Vergleicht Artikel 3 im Grundgesetz für die Bundesrepublik Deutschland in den Fassungen von 1949 und 2006. Erörtert die Ergänzungen.

2. Welche Auswirkungen hat der Artikel 3 in der derzeit gültigen Fassung auf den Beruf und das Privatleben?

Männliche Pflegeleitung im Krankenhaus

Claudia Poletto und Denis Wilms in der Kochschule

Überwiegend männliche Köche

Männer und Frauen sind in vielen Berufen gleichberechtigt tätig. Der berufliche Erfolg ist jedoch öfter den Männern vorbehalten (Chefarzt, Stationsleiter, Hoteldirektor). Frauen sorgen in den Familien zwar mehrheitlich für die Haushaltsführung und die Arbeit in der Küche. In der Gastronomie aber sieht es anders aus, die Stellen als Chefkoch sind mehrheitlich von Männern besetzt, die Sterne- und TV-Köchinnen Claudia Poletto und Lea Linster bilden da noch die Ausnahme.

Q

Allgemeines Gleichbehandlungsgesetz

„Der Deutsche Bundestag hat am 29. Juni 2006 mit großer Mehrheit das Allgemeine Gleichbehandlungsgesetz beschlossen. [...] Das AGG zielt darauf ab, Benachteiligungen im Arbeitsleben und im allgemeinen Geschäftsleben, wie z. B. bei der Vermietung von Wohnraum zu verhindern. Darüber hinaus bietet es rechtliche Möglichkeiten, Folgen schon eingetretener Benachteiligung zu beseitigen. Es verfolgt den Anspruch, vor umfassender Diskriminierung zu schützen, also vor Benachteiligung aufgrund folgender „Merkmale“: „Rasse“ oder ethnischer Herkunft, Geschlecht, Religion oder Weltanschauung, Behinderung, Alter und sexueller Identität. [...]

Der Abbau von Diskriminierung ist ein wichtiges Ziel von Gleichstellungspolitik und damit auch ein Ziel der Strategie Gender Mainstreaming (GM). Das AGG fördert die Gleichstellung von Frauen und Männern in unterschiedlichen Lebenslagen und ist insofern ein weiterer rechtlicher Rahmen für die Umsetzung von GM. [...]

Das Ziel des AGG ist es, diese vielfältigen Lebenslagen anzuerkennen und rechtliche Möglichkeiten zur Verfügung zu stellen, dass daran keine Nachteile geknüpft werden. Der dadurch angestrebte Diskriminierungsschutz soll dazu führen, dass Zugang zu und Teilhabe am Arbeitsleben und dem allgemeinen Geschäftsleben nicht ein Privileg Einzelner bleibt, sondern Normalität für alle wird.“

Quelle: www.genderkompetenz.info/genderkompetenz/gender/gendermainstreaming/Strategie/Gleichstellungspolitik/Antidiskriminierung/agg

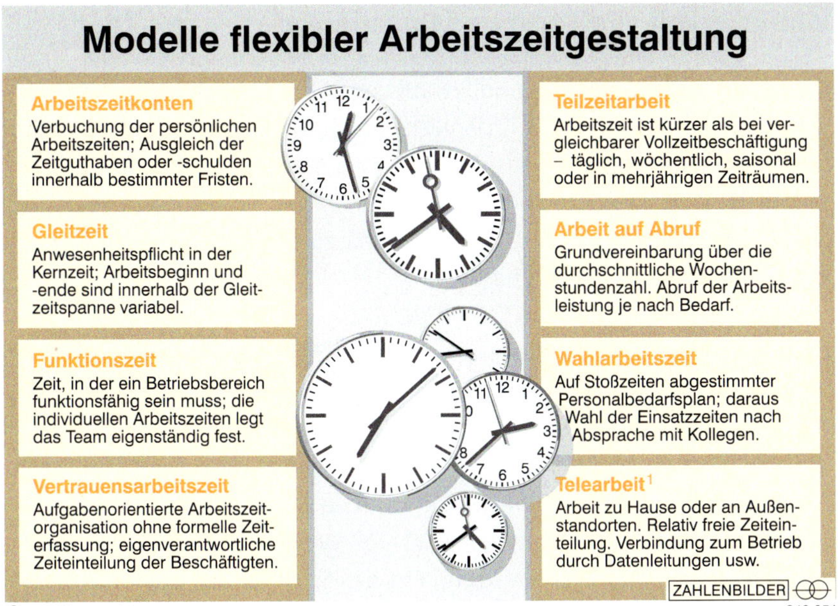

© Erich Schmidt Verlag 240 051

Familienberichte

Zwischen dem Ersten Familienbericht der Bundesrepublik Deutschland 1968 und den Fakten des 21. Jahrhunderts liegen Welten. Nach der damaligen Auffassung umschrieb „Familie“ die Gemeinschaft von Vater, Mutter, Kind/Kindern. Das hat sich grundlegend gewandelt. Familie findet statt, wo Menschen in Gemeinschaft leben und füreinander sorgen. Eine familiengerechte Gesellschaft muss die Familien unterstützen und begleiten.

Q Das Bundesministerium für Familien, Senioren, Frauen und Jugend stellte am 6. Juni 2010 den aktuellen Familienbericht vor. Die wichtigsten Ergebnisse des Familienreports 2010:

- Der Zusammenhalt in der Familie ist nach wie vor hoch. …
- Kindergeld, Elterngeld und Kinderzuschlag wirken: Die Leistungen erhöhen das Familieneinkommen und stützen damit auch die gesamtwirtschaftliche Nachfrage. …
- Die Kinderarmut ist nicht weiter angestiegen. …
- 60 Prozent der Männer geben an, Elternzeit nehmen zu wollen, …
- Flexible Arbeitszeiten sind zentral für die Vereinbarkeit von Familie und Beruf. …
- In Partnerschaften werden berufliche und familiäre Aufgaben heute fairer geteilt.

Quelle: www.bmfsfj.de/BMFSFJ/familie,did=140974.html

1. Sammelt Argumente, weshalb flexible Arbeitszeiten für die Vereinbarkeit von Familie und Beruf von Vorteil sind.

2. Diskutiert die Möglichkeiten einer Flexibilisierung von Arbeitszeiten aus der Sicht der Beschäftigten und aus der Sicht von Unternehmen.

INFO

„**Work-Life-Balance** bedeutet eine neue, intelligente Verzahnung von Arbeits- und Privatleben vor dem Hintergrund einer veränderten und sich dynamisch verändernden Arbeits- und Lebenswelt."

Bundesministerium für Familie, Senioren, Frauen und Jugend
Work-Life-Balance: Vorteile für Unternehmen und Gesamtwirtschaft
www.bmfsfj.de/RedaktionBMFSFJ/Broschuerenstelle/Pdf-Anlagen/Work-Life-Balance

Vereinbarkeit von Beruf und Privatleben

Die Vereinbarkeit von Beruf und Privatleben ist für viele Menschen ein wichtiges Thema und wird in der Öffentlichkeit häufig diskutiert. In der Literatur findet sich häufig dafür der englische Begriff „Work-life-balance". Das Wort „Balance" kommt einem Sprachbild gleich. In der Aussage geht es darum, die Balance zu halten, für Ausgeglichenheit zu sorgen, damit keine der zu lebenden Rollen zu kurz kommt.

Bereits bei der Berufswegplanung sollten entscheidende Fragen beantwortet werden, damit Beruf und Privatleben sowie auch die Familienplanung vereinbar sind:
Welches sind die Motive zur Berufswahl (Einkommen, persönliche Zufriedenheit)? Was sind die Erwartungen an das Berufsleben (Arbeitszeiten, Verpflichtungen, Flexibilität, Mobilität ...)? Welches sind die Erwartungen an das Privatleben (Verantwortung, Freizeit, Soziales Engagement ...)?

Eine gleichberechtigte Rollenverteilung ist jedoch noch weit weg, denn:
- Frauen beantragen häufiger Elternzeit als Männer,
- Frauen arbeiten häufiger in Teilzeit als Männer,
- Frauen pausieren häufiger als Männer, um Angehörige zu pflegen.

B Jens und Martin stammen aus einer Bäckerei. Jens hat den Handwerksbetrieb der Eltern übernommen, Martin wurde Krankenpfleger. Als ihr Vater erkrankte und zunehmend auf Hilfe angewiesen war, übernahm ihre Mutter die Pflege. Das ging einige Zeit gut, bis sie selbst eine Augenoperation hatte und sich unbedingt schonen musste. Der Familienrat sprach alle Möglichkeiten durch, wie nun der pflegebedürftige Vater versorgt werden könnte. Eine Unterbringung im Pflegeheim kam nicht infrage. Die Ärzte sagten aufgrund aller Befunde, die Lebenserwartung des Vaters sei etwa noch ein halbes Jahr. Martin erklärte sich bereit, die Pflege des Vaters zu übernehmen. Sein Arbeitgeber, ein Krankenhaus, gewährte ihm sechs Monate Urlaub ohne Gehalt. Jens übernahm die Kosten der Kranken- und Sozialversicherung von Martin. Nach vier Monaten verstarb der Vater in seiner gewohnten Umgebung. Für die Familie war es eine intensive Zeit. Martin selbst musste sich erst einmal erholen. Er unternahm noch eine Reise und kehrte dann wieder an seinen Arbeitsplatz im Krankenhaus zurück.

1. Betrachtet diesen Fall und beschreibt, was die Pflegebedürftigkeit des Vaters für diese Familie bedeutet.
a) Was ist bei einer häuslichen Pflegesituation zu berücksichtigen?
b) Was würde im Vergleich dazu eine Unterbringung im Pflegeheim für alle Beteiligten bedeuten?
c) Diskutiert die verschiedenen Möglichkeiten.

Modelle des Gender-Mainstreaming

Programme der Europäischen Union und der Wirtschaftsförderung unterstützen Modelle des Gender-Mainstreaming. Gleichstellungsbeauftragte sorgen für die Umsetzung der Gleichberechtigung von Männern und Frauen im Beruf. Bei Stellenbesetzungen achten sie darauf, dass niemand aufgrund seines Geschlechts benachteiligt wird.

Eigens entwickelte Mentoringprogramme unterstützen die berufliche Weiterentwicklung von Frauen. Erfahrene Beschäftigte in Unternehmen, bei Behörden und Institutionen begleiten als Mentoren für einen festgeschriebenen Zeitraum ihren Menti bei Projekten. Die Mentis sollen in einem Projekt ihre Kompetenzen erweitern. Sie sollen Mut bekommen, sich auf Führungspositionen zu bewerben.

B Birgit ist in einem Landesamt beschäftigt. Dort wurden Mentoringprogramme ausgeschrieben. Wer an einem Mentoringprogramm mit Erfolg teilgenommen hat, erwirbt damit Qualifikationen, die der eigenen Laufbahn dienen. Birgit hat sich darum beworben und nimmt für ein Jahr an dem Projekt teil. Aus einem anderen Landesamt kommt ihr Mentor Peter, der bereits zum Führungspersonal gehört. Als Menti hat Birgit nun die Aufgabe, ein Projekt zu planen, durchzuführen und zu dokumentieren. Sie hat ein Thema ausgewählt, das aus ihrer bisherigen Arbeit stammt. Birgit will bestimmte Arbeitsabläufe vereinfachen, schneller und transparenter gestalten. Dazu wird sie ein Handbuch erstellen und das gesamte Vorhaben in einer PowerPoint-Präsentation in ihrer Abteilung vorstellen. Peter, ihr Mentor, hat die Aufgabe, das Vorhaben zu begleiten, die Planung zu bestätigen oder Änderungsvorschläge einzubringen. Er soll mit seiner beruflichen Erfahrung die für Birgit neuen Aufgaben unterstützen, ihr Rat geben, sie auf Fehler aufmerksam machen, wenn es nötig ist, und ihr auch Mut machen, sich mit ihren Verbesserungsvorschlägen durchzusetzen.

Zwei Jahre später:
Möglichkeit A: Birgit und Peter treffen sich bei einer Tagung. Inzwischen ist Birgit befördert worden und eigenverantwortlich zuständig für eine Sachbearbeitung.

Möglichkeit B: Birgit und Peter treffen sich bei einer Tagung. Leider gab es keine Beförderungsstellen im bisherigen Landesamt. Stellenausschreibungen der Jobbörse, die mit einem Wohnortwechsel verbunden sind, haben Birgit nicht interessiert.

1. Stellt die beiden Möglichkeiten in einem Rollenspiel dar und erörtert die Situationen.

INFO

Gender-Mainstreaming
Das Wort „Gender" bezeichnet „Geschlecht im Sinne einer soziokulturellen Rolle". Es geht um die soziale Rolle, die ein Mensch als Mann oder Frau wahrnimmt. „Mainstream" bezieht sich auf eine vorherrschende Richtung und Strömung innerhalb der Gesellschaft. Das Prinzip des Gender-Mainstreamings fordert dazu auf, die unterschiedlichen Interessenslagen von Männern und Frauen zu berücksichtigen. Gleichwertigkeit ist das Ziel.

Vielfalt am Beispiel Sport

Alle Menschen haben gemeinsam, dass sie jeweils einmalig sind. Sie haben Stärken und Schwächen in verschiedensten Bereichen. Das alles sind die Kennzeichen von Vielfalt (Diversität).

INFO

Bei einer **Win-Win-Situation** profitieren mehrere Partner von einer Vereinbarung. Alle gewinnen dabei etwas. Abläufe können vereinfacht werden. Die Zusammenarbeit wird ergiebiger.

Diese Summe der Vielfalt von Menschen in Familie und Gesellschaft, aber auch in Unternehmen und Organisationen, in Einklang zu bringen, ist eine Kunst. Das Zauberwort heißt „Diversity Management". Es bedeutet, alle Einmaligkeiten in der Gemeinschaft zur Entfaltung zu bringen. Diversity Mangement ist Teil der Personalentwicklung und dabei eine Win-Win-Situation – alle Beteiligten profitieren davon, dass Vielfalt gewünscht ist, erkannt und genutzt wird.

Männer und Frauen im Fußball

INFO

obere Reihe (v.l.n.r): Nadine Angerer, Birgit Prinz, Annike Krahn, Simone Laudehr, Linda Bresonik, Kerstin Garefrekes, untere Reihe (v.l.n.r.): Babett Peter, Melanie Behringer, Celia Okoyino Da Mbabi, Kim Kulig und Saskia Bartusiak

Deutsche Fußball-Nationalmannschaft der Frauen, 26.6.2011

INFO

obere Reihe (v.l.n.r): Manuel Neuer, Mario Gomez, Toni Kroos, Mats Hummels, Arne Friedrich, Sami Khedira, untere Reihe (v.l.n.r.): Philipp Lahm, Lukas Podolski, Thomas Mueller, Marcel Schmelzer, Mesut Oezil

Deutsche Fußball-Nationalmannschaft der Männer, 3.6.2011

1. Beschreibt die Fotos der Mannschaften im Fußball.

a) Was ist gleich?

b) Was ist unterschiedlich?

Handicaps

2009: Jahr der Frauen im Sport

Kirsten Bruhn, Mehrfache Medaillengewinnerin im Schwimmen bei den Paralympics: „Frauen sind oft ein Beispiel von Durchsetzungskraft und Willensstärke. Genau diese Eigenschaften werden im Sport und vor allem im Leistungssport gefordert."

Quelle: www.dosb.de

Hochleistungssport mit Handicaps

Verena Bentele: „Sport ist für mich: Spaß an der Bewegung, das Gefühl mich zu verändern und die Möglichkeit, eigene Grenzen zu überwinden." Die blinde Biathlon-Sportlerin ist für ihre Leistungen im Skisport vielfach mit Medaillen ausgezeichnet worden. 2010 wurde sie zur Sportlerin des Jahres gewählt. Nach dem Abitur studierte sie Neuere Deutsche Sprache und ist freiberufliche Referentin für Personalentwicklung und Personaltraining.

Quelle: www.biathlon-bentele.de

Verena Bentele beim Biathlon

Stefan Engelhardt aus Ronnenberg bei Hannover, Behindertensportler 2010, hervorragender Schwimmer, Leitathlet, Ski-Fahrer, blind von Kindheit an, konnte erstmals in Niedersachsen auf Antrag am Zentralabitur 2011 teilnehmen. Der 19-jährige Schüler, seit vier Monaten Vater eines Sohnes, möchte seine Leistungen mit allen vergleichen können und verzichtet auf den Nachteilsausgleich. Schließlich lernt er seit neun Jahren in einer Integrierten Schule mithilfe eines Laptops, der Texte in Sprache umwandelt. Dabei erreicht die Sprachwiedergabe eine rasante Geschwindigkeit. Wenn die Klasse noch liest, hat er die Inhalte bereits erfasst. Nach dem Abitur will das Multitalent Jura studieren.

Quelle: www.ndr.de/fernsehen Menschen und Schlagzeilen am 11. Februar 2011

1. Was sagen diese beiden Beispiele aus über Diversität und die Soft Skills?

2. Was könnte Verena Bechtle als Referentin ihren Auftraggebern über Motivation und Teamarbeit vermitteln?

3. Beschreibt, weshalb es für Stefan Engelhardt so wichtig ist, ein Zentralabitur zu erwerben.

Berufe im Bereich Gesundheit und Soziales

Im Bereich Gesundheit und Soziales gibt es eine Vielzahl von Berufen, die ebenso eine Vielzahl von beruflichen Weiterbildungen eröffnen.
Zu den Ausbildungsberufen im Dualen System gibt es Verzeichnisse der Berufsbildenden Schulen in Niedersachsen. Diese sind geordnet nach Bildungsgängen und Standorten. www.bbs.niedersachsen.de

In jeder Agentur für Arbeit gibt es ein BIZ. Diese Berufsinformationszentren halten an Internetarbeitsplätzen unzählige aktuelle Informationen über Berufe sowie zu Ausbildungs- und Studienmöglichkeiten bereit. Ein fachkundiges Beraterteam unterstützt die BIZ-Besucher bei ihren Fragestellungen. Ebenso gibt es einzelne Informationsveranstaltungen sowie Diskussionsrunden zu speziellen Themen rund um die Berufswahl. Alle Aspekte der Ausbildungsformen, die duale Berufsausbildung und die schulische Berufsausbildung werden auf dem Internetprotal www.planet-beruf.de / Ausbildungsformen genauer dargestellt. Hier findet man ebenso Angaben zu Dauer, Zugangsvoraussetzungen, Bewerbungsmöglichkeiten sowie Finanzierung. Wer eine schulische Ausbildung machen möchte, findet über das Portal KURSNET der Bundesagentur für Arbeit Hilfe bei der Suche nach einer geeigneten Einrichtung. Die Jobbörse informiert über Ausbildungsplätze in ganz Deutschland. Am 24.07.2011 waren dort für ganz Deutschland 3.239.996 Bewerberprofile mit 860.409 Stellen und 188.468 Ausbildungsstellen aufgelistet. Die gewünschte Ausbildungsstelle ist branchenspezifisch geordnet. Ein weiteres Suchkriterium ist der gewünschte Ort. Zur eigenverantwortlichen Nutzung der Jobbörse müssen sich die Ausbildungsplatzsuchenden anmelden und eine Datenschutzerklärung abgeben. Berufe-TV bietet zu vielen Ausbildungsberufen kurze Filme an, die einen Einblick in den Ausbildungsalltag geben.

INFO

Willst du mehr über die einzelnen Berufe wissen, hilft dir die Homepage der Arbeitsagentur weiter. Unter www.berufenet.de findest du zu jedem Beruf wichtige Informationen. Im Steckbrief zu den einzelnen Berufen gibt es genaue Antworten auf die Fragen:

- Was macht man in diesem Beruf?
- Wo arbeitet man?
- Worauf kommt es an?
- Was verdient man in der Ausbildung?
- Welcher Schulabschluss wird erwartet?
- Welche Alternativen gibt es?

Es gibt allein ca. 350 Ausbildungsberufe in Deutschland und jede Menge an Informationen. Zur Berufsorientierung gehört eine erste Übersicht über Berufsfelder, ihre Anforderungen und Chancen. Allein in den Berufsfeldern Sozialpädagogik, Gesundheit und Pflege sowie Ernährung und Hauswirtschaft eröffnen sich sehr viele berufliche Möglichkeiten.

Ein Berufswahlprozess erstreckt sich über mehrere Jahre. Manche Jugendliche wissen schon von Kindheit an, was sie werden wollen. Einige davon weichen von ihrem ersten Wunschberuf ab, wenn sie mit der Wirklichkeit konfrontiert werden. Viele Jugendliche werden bei ihrer Berufswahl von ihrer Familie und vom Freundeskreis beeinflusst. Kompetenzprofile, Beratungssysteme und Praktika können zur Entscheidungsfindung beitragen. Und selbst wenn ein Berufswahlprozess erfolgreich abgeschlossen ist, wird es im Berufsalltag eine Fülle von Weiterbildungs- und Karrieremöglichkeiten geben.

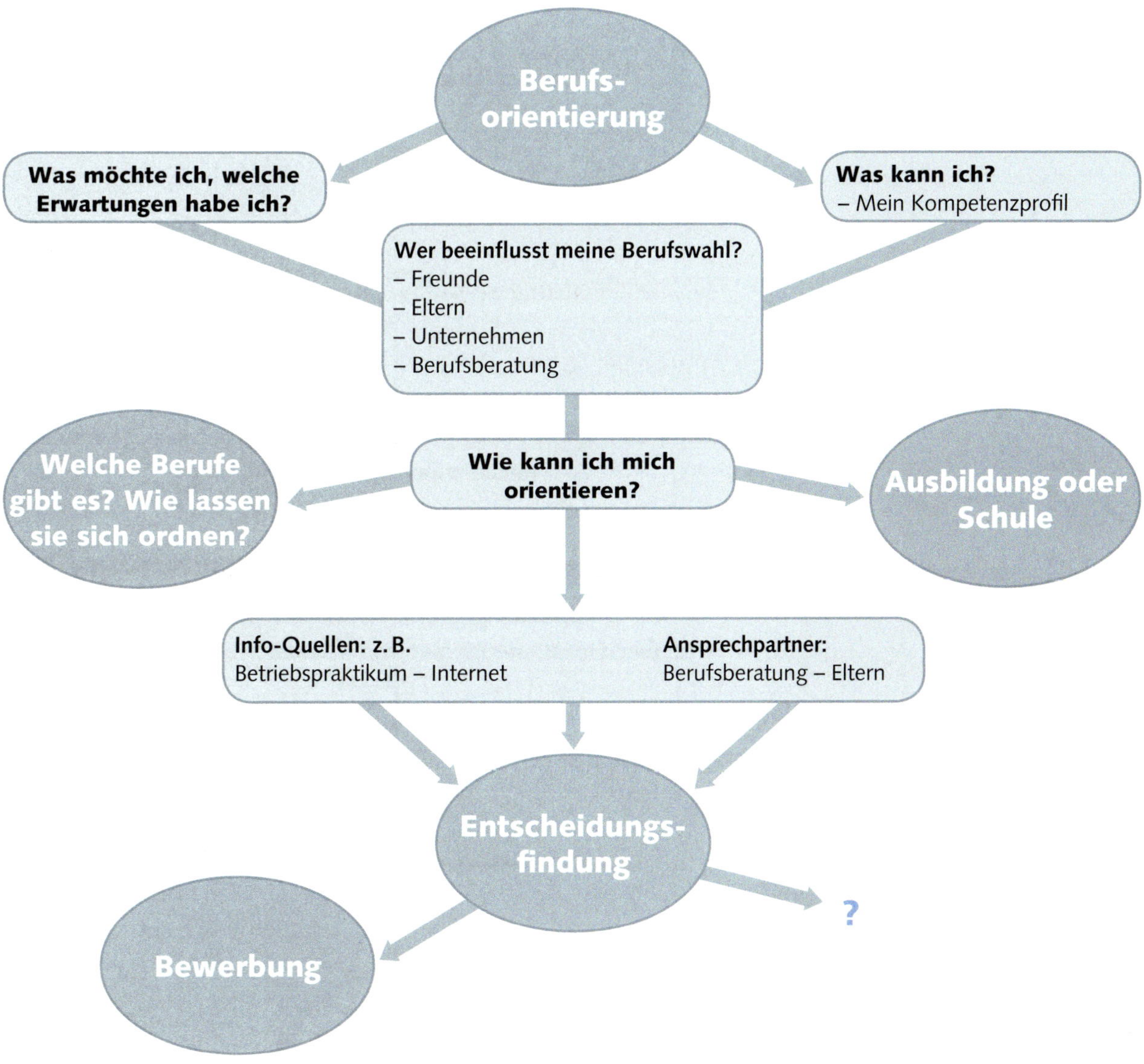

Berufe aus dem Berufsfeld Sozialpädagogik

Der Bereich Sozialpädagogik bietet eine Vielfalt an Ausbildungs- und Berufsmöglichkeiten, von denen hier exemplarisch die Ausbildungsgänge Sozialassistent/-in und weiter zur Erzieher/-in näher vorgestellt werden.

Die sozialpädagogische Ausbildung Sozialassistent/in und Erzieher/in

Staatlich anerkannte/r Erzieher/-in

↑

Fachschule Sozialpädagogik Klasse II

↑

Fachschule Sozialpädagogik Klasse I

↑

Zugangsbedingungen: Fach Deutsch und berufsspezifische Lernbereiche mindestens Note 3

↑

Staatlich geprüfte/r Sozialassistent
= Fachhochschulreife /erweiterter Realschulabschluss/Sek. I

↑

Berufsfachschule Sozialassistent/-in Klasse II

↑

Berufsfachschule Sozialassistent/-in Klasse I

↑

Realschulabschluss/Sek. I

Berufsfachschule Sozialassistent/-in, Schwerpunkt Sozialpädagogik (SAS)

Ausbildungsziel
Die Ausbildung dauert zwei Jahre und vermittelt die Befähigung in sozialpädagogischen Einrichtungen als Sozialassistent/-in tätig zu sein, z. B. als Zweitkraft in Kindertageseinrichtungen. Aufnahmevoraussetzung ist der Realschulabschluss/Sekundarabschluss I. Mit dem Abschluss erlangt man den erweiterten Realschulabschluss/ Sekundarabschluss I. Die Ausbildung ist Voraussetzung für den Besuch der Fachschule Sozialpädagogik für Erzieher/-innen. Der Abschluss berechtigt u. a. auch zum Eintritt in die 12. Klasse der Fachoberschule Gesundheit und Soziales mit dem Schwerpunkt Sozialpädagogik.

Berufsbezogener Lernbereich: Praxis
Die praktische Ausbildung findet an zwei Tagen in der Woche in geeigneten sozialpädagogischen Einrichtungen statt. In der Klasse zwei wird die Einrichtung gewechselt.

Berufsbezogener Lernbereich: Theorie
Der berufsbezogene Unterricht ist in vier Fächer unterteilt. Jedes Fach setzt sich aus zwei Lernfeldern zusammen:

1. Berufsrolle und Konzeptionen
   - Lern- und Arbeitstechniken erwerben und berufliche Identität entwickeln
   - an konzeptionellen Aufgaben in sozialpädagogischen Einrichtungen mitarbeiten
2. Zielgruppenorientierte Arbeitsprozesse
   - grundlegende Bedürfnisse von Kindern und Jugendlichen im sozialpädagogischen Handeln berücksichtigen
   - sozialpädagogische Arbeit strukturieren und organisieren
3. Sozialpädagogische Beziehungsgestaltung
   - Beziehungen zu Kindern und Jugendlichen aufbauen und pädagogische Prozesse gestalten
   - Verhalten von Kindern und Jugendlichen beobachten und in das sozialpädagogische Handeln mit einbeziehen
4. Sozialpädagogische Bildungsarbeit
   - musisch-kreative Prozesse und Medien pädagogisch anwenden
   - Bildungs-, Erziehungs- und Betreuungsprozesse planen, durchführen und bewerten.

Außerdem wird das Fach **Musik/Rhythmik** unterrichtet.

Allgemeiner Lernbereich
Deutsch, Englisch, Mathematik, Politik, Religion, Sport

Fachschule Sozialpädagogik (FSP)

Ausbildungsziel
Die Ausbildung dauert zwei Jahre und vermittelt die Befähigung in sozialpädagogischen Einrichtungen als Erzieher/-in tätig zu sein.
Mit Bestehen der Abschlussprüfung darf man sich „staatlich anerkannte/r Erzieher/-in" nennen. Zusätzlich wird die Fachhochschulreife erlangt.

Aufnahmevoraussetzungen
- Staatlich geprüfte/r Sozialassistent/-in- Schwerpunkt Sozialpädagogik mit befriedigenden Leistungen in Deutsch und in den berufsbezogenen Lernbereichen
- Abschluss der Fachoberschule Gesundheit und Soziales- Schwerpunkt Sozialpädagogik

Berufsbezogener Lernbereich: Theorie
Der berufsbezogene Unterricht ist in vier Fächer unterteilt. Jedes Fach setzt sich aus zwei Lernfeldern zusammen.

1. Berufsrolle und Konzeptionen
   - die berufliche Identität ausbauen und professionelle Perspektiven entwickeln
   - pädagogische Konzeptionen erstellen und Qualitätsentwicklung sichern
2. Zielgruppenorientierte Arbeitsprozesse
   - mit Kindern und Jugendlichen Lebenswelten strukturieren und mitgestalten
   - Kinder und Jugendliche in besonderen Lebenssituationen erziehen, bilden und betreuen
3. Sozialpädagogische Beziehungsgestaltung
   - Beziehungen aufbauen und Gruppenprozesse gestalten
   - Teamarbeit gestalten und mit Familien kooperieren
4. Sozialpädagogische Bildungsarbeit
   - musisch-kreative Kompetenzen weiterentwickeln und Medien gezielt anwenden
   - Bildungs- und Entwicklungsprozesse erkennen, anregen und unterstützen

Außerdem wird das Fach **Bewegungserziehung** unterrichtet.

Berufsbezogener Lernbereich: Praxis
Die praktische Ausbildung wird in einem Umfang von 600 Zeitstunden in verschiedenen Arbeitsfeldern sozialpädagogischer Einrichtungen durchgeführt.

Berufsübergreifender Lernbereich
Deutsch, Englisch, Politik, Biologie, Mathematik, Religion

Aufgaben einer Erzieherin im Überblick

Mit Kindern den Alltag erleben, z. B. Grundbedürfnisse befriedigen, Räume gestalten, den Tagesablauf gestalten, die Gesundheit fördern

Bildungsprozesse anregen, z. B. Bildungsangebote planen und durchführen, Interesse wecken, Literatur/TV bewusst einsetzen, Kreativität fördern

Kinder erziehen, z. B. die Beziehung gestalten, verschiedene Auffassungen von Erziehung kennen, Erziehungsbedürftigkeit erfassen

Entwicklung verfolgen, z. B. Entwicklungsabläufe verstehen, gezielt beobachten, Stärken fördern, Auffälligkeiten erkennen

Mit verschiedenen Partnern zusammenarbeiten, z. B. im Team zielorientiert arbeiten, mit Eltern zusammenarbeiten, mit Ämtern u. a. Berufsgruppen zusammenarbeiten

Kinder ins Gemeinwesen integrieren, z. B. Kenntnis über die Verpflichtung des Staates gegenüber Familien u. Kindern, Anforderungen an Kindertageseinrichtungen

1. Vergleicht die Ausbildungsgänge von SAS und FSP. Arbeitet die qualitativen Unterschiede heraus.

2. Erkundet in arbeitsteiligen Gruppen je eine Kindertageseinrichtung und befragt die Leiterin, wie die sechs Aufgabenbereiche in ihrer Einrichtung umgesetzt werden.

3. Dokumentiert die Ergebnisse von jeder KITA in einer Wandzeitung.

INFO

Das Ziel der Altenpflegeausbildung wird im Altenpflegegesetz definiert: „Die Ausbildung in der Altenpflege soll die Kenntnisse, Fähigkeiten und Fertigkeiten vermitteln, die zur selbstständigen und eigenverantwortlichen Pflege einschließlich der Beratung, Begleitung und Betreuung alter Menschen erforderlich sind." § 3 Absatz 1 Altenpflegegesetz

Berufe aus dem Berufsfeld Gesundheit und Pflege

Krankenpfleger/Krankenpflegerin, Kinderkrankenpfleger/Kinderkrankenpflegerin, Altenpfleger/Altenpflegerin: Alle diese Berufe sind nah am Menschen, pflegerische und betreuende Tätigkeiten sind im Arbeitsalltag vorrangig. Verantwortungsbewusstsein, Sorgfalt, Höflichkeit, Kontaktbereitschaft, Selbstkontrolle, Zuverlässigkeit, Einfühlungsvermögen und psychische Stabilität sind schon bei der Berufsausbildung wichtige Grundvoraussetzungen.

Was ist bei den Berufen ähnlich?

Erwartet wird der mittlere Bildungsabschluss oder eine gleichwertige abgeschlossene Schulbildung. Wer über einen Hauptschulabschluss verfügt und z. B. eine Berufsausbildung in der Pflegehilfe/Pflegassistenz absolviert hat, kann ebenfalls zugelassen werden. Die gesundheitliche Eignung für den Pflegeberuf muss über ein ärztliches Attest nachgewiesen werden.

Die Ausbildung erfolgt dual an den Berufsfachschulen für Krankenpflege/Altenpflege und den Pflegeeinrichtungen. Sie dauert drei Jahre und wird mit einer staatlichen Prüfung abgeschlossen. Die Inhalte der Ausbildung umfassen theoretischen und praktischen Unterricht sowie die praktische Ausbildung und Praxisanleitung.

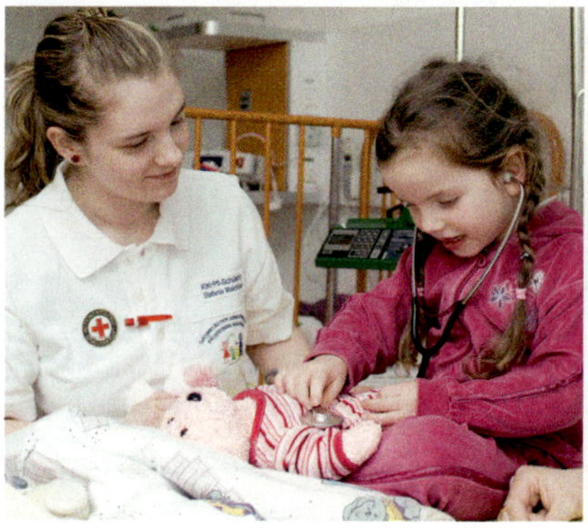

Kinderstation

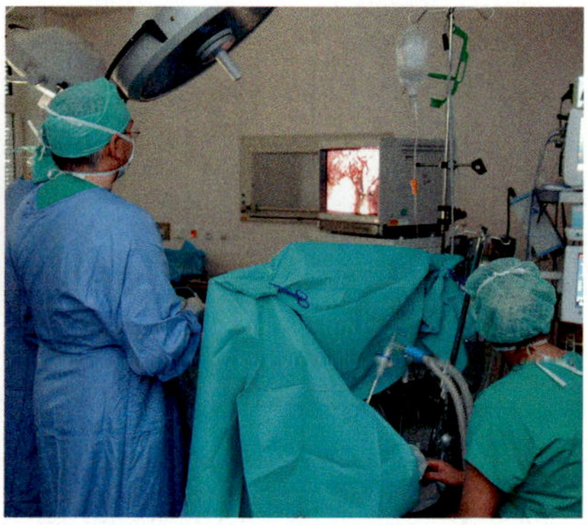

Gerätemedizin

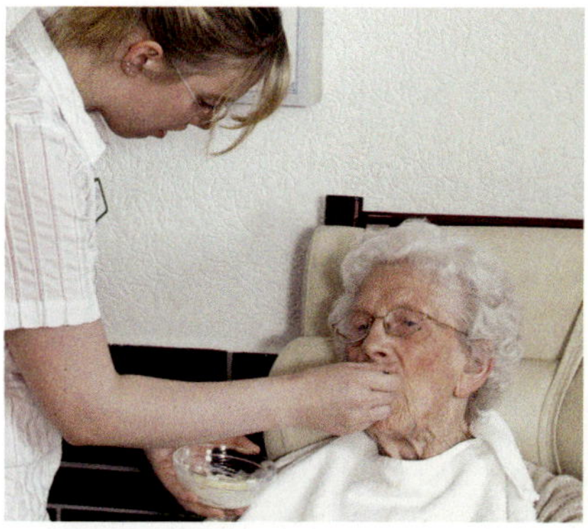

Ambulanter Dienst

Pflegeheim

Worin unterscheiden sich die Berufe?

Gesundheits- und Krankenpfleger/Gesundheits- und Krankenpflegerinnen arbeiten in Krankenhäusern und Gesundheitszentren. Die Pflege der Patientinnen und Patienten bestimmt die täglichen Arbeitsaufgaben.

- Sie assistieren bei ärztlichen Untersuchungen und operativen Eingriffen,
- sie dokumentieren Patientendaten,
- sie wenden ärztliche Verordnungen, z. B. Verbandwechsel und die Ausgabe von Medikamenten an.

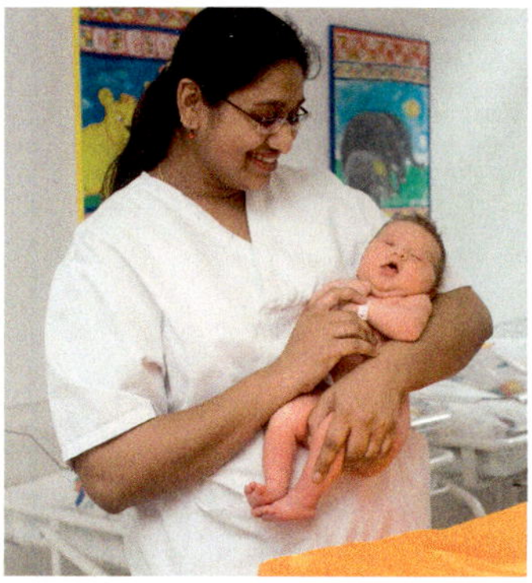
Kinderkrankenschwester

Gesundheits- und Kinderkrankenpfleger/Gesundheits- und Kinderkrankenpflegerinnen arbeiten in Kinderkrankenhäusern und Gesundheitszentren für Kinder und Jugendliche. Sie pflegen, betreuen und beobachten Säuglinge, Kinder und Jugendliche auf den Stationen oder im ambulanten Bereich, sie assistieren bei ärztlichen Untersuchungen und operativen Eingriffen, dokumentieren Patientendaten und setzen ärztliche Verordnungen um. Für diese kleinen Patienten ist die Umgebung fremd, daher brauchen sie besonderen Zuspruch. Ebenso müssen die Eltern fürsorglich beraten und einbezogen werden.

Altenpflegerin

Altenpfleger/Altenpflegerinnen arbeiten in Krankenhäusern, Pflege- und Rehabilitationskliniken, Altenwohn- und -pflegeheimen, Kurzzeitpflegeeinrichtungen sowie bei ambulanten Altenpflege- und Altenbetreuungsdiensten. Sie unterstützen alte Menschen bei der Nahrungs- und Flüssigkeitsaufnahme. Sie pflegen, betreuen und beraten hilfsbedürftige ältere Menschen. Sie fördern und unterstützen alte Menschen bei der wohn- und lebensraumbezogenen Alltagsbewältigung, bei ihrer Tagesgestaltung und in ihrer Beweglichkeit im Rahmen der Selbstpflege.

Auf den ersten Blick unterscheiden sich die Berufe hinsichtlich der Patienten und deren besonderer Lebenslage. Wer schon einmal selbst in einem Krankenhaus gewesen ist, weiß zu schätzen, dass die Pflegekräfte die medizinische Versorgung und Heilung unterstützen. Ein Krankenhausaufenthalt zielt auf die möglichst vollständige Genesung von einer Krankheit ab. Sofern weitere Nachsorgebehandlungen notwendig sind, erfolgen diese in Kur- und Rehabilitationszentren. In Altenpflegeeinrichtungen geht es darum, den Menschen ein neues Zuhause einzurichten und je nach dem individuellen Bedarf Betreuung und Unterstützung zu geben.

INFO

Stationär bezeichnet einen Aufenthalt für einen längeren Zeitraum (mehrere Tage oder Wochen bis hin zu einem Daueraufenthalt).

Ambulant bezieht sich auf einen stundenweisen Aufenthalt (ohne Unterbringung).

1. Betrachtet die Fotos genau und beschreibt was dargestellt ist. Welche Fähigkeiten und Fertigkeiten erfordern Pflegeberufe?

2. Untersuche einen der Pflegeberufe genauer.
   a) Beginne mit einer Sammlung von Stichworten.
   b) Erstelle eine Mindmap, in der du die dazugehörigen Anforderungen aufzeigst.

Berufe aus dem Berufsfeld Ernährung und Hauswirtschaft

Essen und Trinken und das gemeinsame Zusammenleben sind Grundbedürfnisse des Menschen. Um die Befriedigung dieser Bedürfnisse kümmern sich Menschen, die in dem Berufsfeld Gastgewerbe arbeiten. Sie erbringen damit eine unentbehrliche Dienstleistung. Ob für die Menschen gekocht wird oder Hotelzimmer gereinigt werden, im Mittelpunkt aller Tätigkeiten von Köchen und Servicekräften stehen die Wünsche anderer Menschen. Das macht diese Berufe besonders vielseitig und abwechslungsreich. Exemplarisch für Berufe im Gastgewerbe wird hier der Ausbildungsberuf **Restaurantfachfrau/-mann** vorgestellt:

Restaurantfachfrau

Ausbildungsdauer: 3 Jahre

Ausbildung: Die Ausbildung ist eine betriebliche, duale Berufsausbildung und wird von zwei gleichberechtigten Partnern, dem Ausbildungsbetrieb und der Berufsschule durchgeführt. Der Ausbildungsbetrieb ist für die praktische Ausbildung zuständig. Die theoretischen Inhalte werden in einer beruflichen Schule vermittelt. Die Berufsausbildung im Gastgewerbe wird durch die Industrie- und Handelskammer (IHK) geregelt und überwacht. Zwischen dem Ausbildungsbetrieb und dem Auszubildenden wird ein Ausbildungsvertrag abgeschlossen. Dieser regelt alle Rechte und Pflichten auf beiden Seiten. Folgende Angaben müssen mindestens im Vertrag stehen:
- Bezeichnung des Ausbildungsberufes,
- Beginn und Ende der Ausbildung,
- tägliche Arbeitszeit,
- Dauer der Probezeit,
- Höhe der Vergütung,
- Anzahl der Urlaubstage und
- Kündigungsbedingungen.

Ausbildungsinhalte: Die Ausbildungsinhalte setzen sich in der Regel aus Grundausbildung und Fachausbildung zusammen. In der Grundstufe stehen allgemeine Inhalte im Vordergrund, die für alle Berufe des jeweiligen Berufsfeldes gleich sind. Die Vermittlung berufsspezifischer Kenntnisse und Fähigkeiten erfolgt in der Fachstufe. Die Ausbildung endet mit einer Prüfung vor der IHK zum Facharbeiter.

1. Informiert euch mithilfe von www.berufenet.de über die Zugangsvoraussetzungen, Ausbildungsinhalte und Aufstiegsmöglichkeiten einer/-s Restaurantfachfrau/-manns.

2. Beschreibt weitere Berufe, bei denen Service eine zentrale Rolle einnimmt, z. B. Fachkraft im Gastgewerbe, Hotelfachfrau/-mann, Fachkraft für Systemgastronomie.

Aufgaben einer Restaurantfachfrau im Überblick

1. Vorbereiten von Gasträumen
- Arbeitsplan mit Aufgabenverteilung und Zeitplan erstellen
- Gastraum säubern und aufräumen
- Tische eindecken mit Tischwäsche, Servietten und Grundgedecken
- Raum und Tische dekorieren

2. Empfangen und Beraten der Gäste
- saubere, gebügelte Berufsbekleidung
- Gäste freundlich begrüßen
- Gäste kompetent beraten und die Bestellung aufnehmen

3. Servieren von Getränken und Speisen
- Getränke am Getränkebuffet bereitstellen
- Getränke und Speisen servieren
- Wünsche der Gäste erfüllen, z. B. Dessert anbieten

4. Abrechnen mit den Gästen
- Rechnung erstellen und kassieren
- Gäste mit einem Lächeln verabschieden
- Nachbereiten der Gasträume

Arbeitsplan erstellen

Begrüßung der Gäste

Getränke servieren

Rechnung kassieren

Marc deckt den Tisch für sich und seine Freundin

Festlich gedeckter Tisch im Restaurant

1. Vorbereiten der Gasträume

Das erste Date mit dem Freund oder der Freundin, das ist immer etwas Besonderes. Damit dieser Abend zu einem unvergesslichen Erlebnis wird, ist der Besuch in einem netten Restaurant genau das Richtige. Ein schön gedeckter Tisch, Kerzenlicht und die passende Blumendekoration sorgen für eine ganz besondere Atmosphäre. Im Restaurant begrüßt das Servicepersonal zuerst die Gäste, nimmt die Garderobe entgegen und begleitet sie zum Platz. Dann kümmert sich die Servicekraft aufmerksam um die Wünsche der Gäste. Sie überreicht die Speisen- und Getränkekarten, berät fachkundig über das Angebot des Hauses und nimmt die Bestellungen auf.

Vieles von dem, was den Gast in einem Restaurant erwartet, kann man auch zu Hause vorbereiten. In einer sauberen und aufgeräumten Wohnung kann man mit einigen wenigen Dekorationsgegenständen, wie z. B. Kerzen und Blumen, eine sehr gemütliche Atmosphäre schaffen. Dazu ein liebevoll gedeckter Tisch, mit schönem Geschirr, besonderen Gläsern und dem passenden Essen, dann kann das erste Date gelingen.

Damit der Gast sich willkommen fühlt, müssen hinter den Kulissen allerdings viele verschiedene Arbeiten erledigt werden. Diese Vorbereitungen im eigenen Haushalt oder in einem Restaurant haben vieles gemeinsam. Die Kenntnisse, die in dem Berufsfeld Gastgewerbe erworben werden, sind also auch im Privatleben einsetzbar.

1. Stell dir vor, du bist zu einem feierlichen Abendessen „Dinner for two" eingeladen. Was würde dir besonders gut gefallen? Worüber würdest du dich besonders freuen?

2. Entwickelt in Partnerarbeit einen Plan für ein „Dinner for two" und bereitet es anschließend auch zu. Sorgt für die richtige Atmosphäre. Die folgenden Seiten sollen euch dabei Anregung und Hilfe geben.

Erstellen von Arbeitsplänen

Im Gastgewerbe arbeiten täglich viele Leute in einem Team zusammen. Damit die Arbeit reibungslos ablaufen kann, wird ein Arbeitsplan erstellt. Durch ihn wird die Arbeit in eine sinnvolle Reihenfolge gebracht und dann ausgeführt.

Ein Arbeitsplan gibt vor,
- welche Arbeiten zu erledigen sind,
- wer für die Ausführung verantwortlich ist,
- bis wann diese Aufgaben fertig sein müssen.

Zur Darstellung des Plans eignet sich eine Tabelle. Ein Arbeitsplan wird in drei Schritten erstellt:
1. Notieren aller notwendigen Arbeiten
2. Festlegen einer sinnvollen Reihenfolge
3. Bestimmen der ausführenden Personen und des Zeitpunktes

Eindecken von Tischen

Das Eindecken der Tische fängt mit der Auswahl der passenden Tischwäsche an. Man unterscheidet Tischdecken, Deckservietten, Tischläufer und Platzsets. Die Tischwäsche muss immer sauber und gebügelt sein. Die Bügelfalten werden Brüche genannt. Damit alle Tische im Raum einheitlich aussehen, müssen die Tischdecken an allen Tischseiten gleich lang herunterhängen. Die Stühle dürfen sie dabei nicht berühren.

Auch die Dekoration mit Blumenschmuck und Kerzen ist genau zu überlegen. Art und Anlass für eine Tafelrunde müssen Beachtung finden. Ist die Zusammenkunft geschäftlich oder privat? Findet eine Familienfeier statt? Ist die Jahreszeit von Bedeutung?

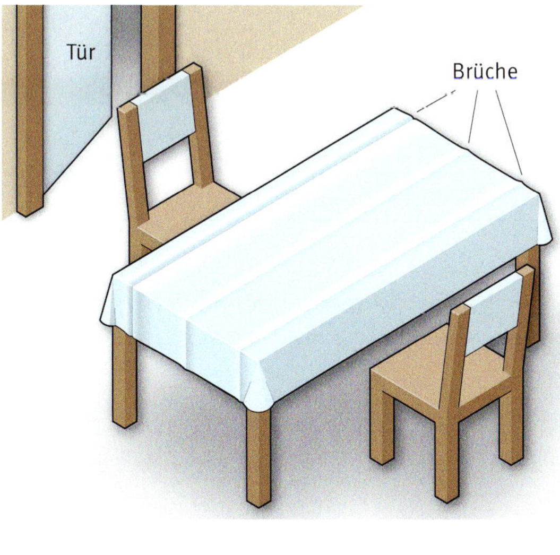

1. Der Arbeitsplan zeigt auf, welche Aufgaben von wem und zu welchem Zeitpunkt erledigt werden sollen. Warum ist das wichtig?

Grundgedeck

Erweitertes Grundgedeck

Tischgedecke

Nach dem Auflegen der Tischwäsche werden an jeden Platz ein Messer, eine Gabel, ein Glas und eine Serviette eingedeckt. Diese Bestandteile nennt man **Grundgedeck.** Zusätzlich können **Menagen** eingedeckt werden. Dazu gehören Salz, Pfeffer, Essig und Öl. Die einzelnen Bestandteile eines Gedeckes werden immer an einer bestimmten Stelle des Tisches eingesetzt (hingestellt). Wenn ein Gast mehrere Gänge bestellt, ist die **Erweiterung des Grundgedeckes** erforderlich. Bei einem Drei-Gänge-Menü, das z. B. aus Suppe, Hauptgang und Dessert besteht, werden zusätzlich ein Suppenlöffel und Dessertbesteck eingedeckt.

Gedeckbestandteile	Anordnung
Bestecke	– Messer und Löffel rechts, Messerklinge zeigt zur Serviette – Gabel links – Dessertbesteck oberhalb der Serviette
Gläser	oberhalb der Messerspitze
Servietten	in die Mitte der Gedecke
Menagen	in der Tischmitte, gut erreichbar für alle Gäste

1. Beschreibt die Verwendung einzelner Tischgegenstände
Bestecke: kleine Gabel, kleiner Löffel, große Gabel, großes Messer, großer Löffel
Standardgläser: Weinglas, Sektglas, Bierglas, Wasserglas
Geschirrteile: großer Teller, Mittelteller, tiefer Teller, Suppentasse

2. Welche Geschirrteile müssen zusätzlich gedeckt werden, wenn bei einem Drei-Gänge-Menü statt der Suppe ein Salat gegessen wird?

3. Warum wird der Essteller nicht eingedeckt, bevor das Essen kommt?

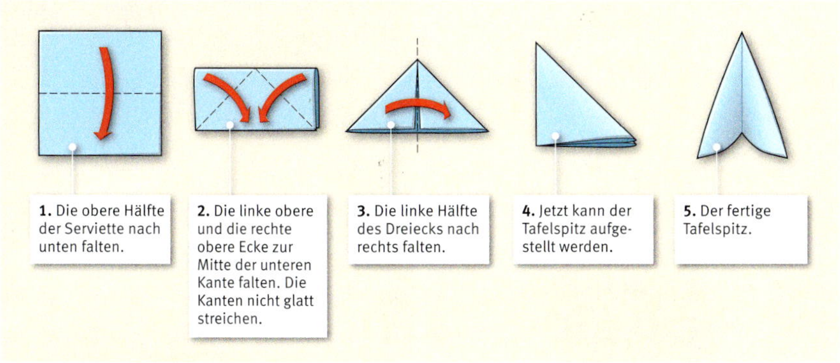

Einfacher Tafelspitz

Pyramide

Servietten
Stoff- und Papierservietten gibt es in unterschiedlichen Farben und Größen. Servietten haben mehrere Funktionen:
- Sie dienen dem Gast zum Mundabwischen,
- sie schützen die Kleidung vor Verschmutzung,
- sie sehen sehr dekorativ aus, wenn sie gefaltet sind.

Es gibt einfache Faltformen für alltägliche Anlässe, z. B. den Tafelspitz, und aufwendigere Formen für feierliche Anlässe, wie z. B. Hochzeiten, besonderer Geburtstag. Am besten funktioniert das Falten mit großen und festen Servietten. Sofern die Tafelrunde eine Sitzordnung hat, gibt es Namenskarten.

1. Nennt die Regeln für das professionelle Eindecken des Tisches

2. Deckt je einen Tisch professionell für verschiedene Anlässe:
a) Grundgedeck für eine Speise in einem Restaurant,
b) erweitertes Grundgedeck für einen festlichen Anlass in einem Restaurant.

3. Dekoriert den Tisch mit geeigneten Dekorationsgegenständen wie Blumen, Kerzen, Tischkarten, etc. für den jeweiligen Anlass.

4. Probiert weitere Serviettenfaltungen aus. Anregungen findet ihr in Kochbüchern und Zeitschriften.

Berufsbekleidung der Servicekräfte

2. Empfangen und Beraten der Gäste

Erscheinungsbild

Das Erscheinungsbild der Servicekraft trägt maßgeblich zum ersten Eindruck beim Gast bei. Bestimmt wird es durch die persönliche Hygiene, die Kleidung und die Körpersprache. Ein gepflegtes Äußeres ist die Voraussetzung für einen Beruf im Gastgewerbe.

Zu einem gepflegten Äußeren gehören:

- gewaschene und gekämmte Haare, lange Haare werden zusammengebunden,
- angenehmer, unauffälliger Körper- und Mundgeruch,
- saubere Hände, kurze Fingernägel,
- natürliches, dezentes Make-up, wenig und unauffälliger Schmuck.

Aus hygienischen Gründen und damit der Gast das Personal des Restaurants erkennt, gibt es eine einheitliche Berufsbekleidung. Sie wird in der Regel vom Arbeitgeber gestellt. Die Art und Farben der Berufsbekleidung können je nach Restaurant sehr unterschiedlich sein. Sie sind abhängig vom Stil des Restaurants. Die klassische Kleidung besteht aus einem schwarzen Rock oder einer schwarzen Hose und einer weißen Bluse oder einem weißen Hemd.

Körpersprache

Besonders in Berufen, in denen man direkt mit Menschen in Kontakt kommt, sind Körpersprache, Mimik und Gestik von großer Bedeutung. Eine gute Servicekraft zeichnet sich dadurch aus, dass sie freundlich und offen auf jeden neuen Gast zugeht. Sie gibt ihm das Gefühl, dass er willkommen ist und ihr die Arbeit Spaß macht.

1. Stell dich vor einen großen Spiegel und nimm eine aufrechte und offene Körperhaltung ein.

2. Zeige unterschiedliche Gesichtsausdrücke und lass die Klasse entscheiden, welcher den besten Eindruck auf den Gast machen würde.

Begrüßen der Gäste

Begrüßen der Gäste
Wenn ein Gast das Restaurant betritt, kommt die Servicekraft dem Gast freundlich entgegen und grüßt immer zuerst, je nach Tageszeit mit „Guten Tag“ oder „Guten Abend“. Wenn der Gast bekannt ist, ist es besonders aufmerksam, wenn sie ihn mit seinem Namen begrüßt. Nach dem Begrüßen folgen weitere Empfangsschritte: den Mantel abnehmen, den Gast zu seinem Platz begleiten, die Kerze anzünden, die Getränke- und Speisekarte überreichen.

Beraten der Gäste
Es gehört zu den Aufgaben einer Servicekraft, im Gespräch mit dem Gast herauszufinden, was er wünscht. Sie muss dabei aufmerksam zuhören und bei Unklarheiten nachfragen. Die Servicekraft erklärt dem Gast das Speisenangebot so, dass dieser weiß, was gemeint ist. Um die Gäste fachgerecht zu beraten, muss die Servicekraft das Getränke- und Speisenangebot sehr genau kennen. Nur so kann sie auf die Wünsche der Gäste eingehen und spezielle Empfehlungen aussprechen. Darüber hinaus informiert sie den Gast über Spezialitäten und aktuelle Angebote des Hauses.

Bestellannahme

Aufnehmen und Weiterleiten der Bestellungen
Wenn sich der Gast entschieden hat, nimmt die Servicekraft die Bestellung auf und gibt sie in eine Registrierkasse ein. In dieser werden alle Bestellungen des Tages gespeichert und sogenannte Bons ausgedruckt. Sie geben der Küche Auskunft über die zuzubereitenden Speisen und sind Grundlage für die Abrechnung mit dem Gast.

Registrierkasse

1. Übt in einem Rollenspiel, wie der Gast empfangen und beraten werden soll.

2. Erkundigt euch in verschiedenen Restaurants, nach welchen Kriterien ihre Speisekarten zusammengestellt werden. Bringt Beispiele mit und erläutert diese den Mitschülern.

Einschenken von Getränken

Abräumen der Teller

3. Servieren von Getränken und Speisen

Bedienen der Gäste

Damit sich der Gast im Restaurant wohl fühlt, ist planvolles, leises und zügiges Arbeiten von der Servicekraft gefordert. Planvoll heißt, die Arbeit so zu organisieren, dass keine unnötigen Wege anfallen. Leise bedeutet, z. B. das Klappern mit dem Geschirr zu vermeiden. Zügig zu arbeiten meint schnell, aber nicht hektisch zu sein. Wenn der Gast etwas zu beanstanden hat, muss die Servicekraft Verständnis zeigen, freundlich sein und eine Lösung finden.

Servieren von Getränken

Um Getränke fachgerecht zu servieren, werden spezielle rutschfeste Tabletts benutzt. Zu einem guten Getränkeservice gehört es, ein Getränk beim Gast so hinzustellen, dass das Etikett der Flasche, z. B. bei Bier oder Mineralwasser zu ihm zeigt. Das Bereitstellen der Erfrischungsgetränke erfolgt am Getränkebuffet. Dort füllt man sie in der Regel aus gekühlten Flaschen in die entsprechenden Gläser. Damit Heißgetränke wie Kaffee, Tee und Kakao heiß beim Gast ankommen, ist es in manchen Betrieben üblich, die Tassen vorzuwärmen.

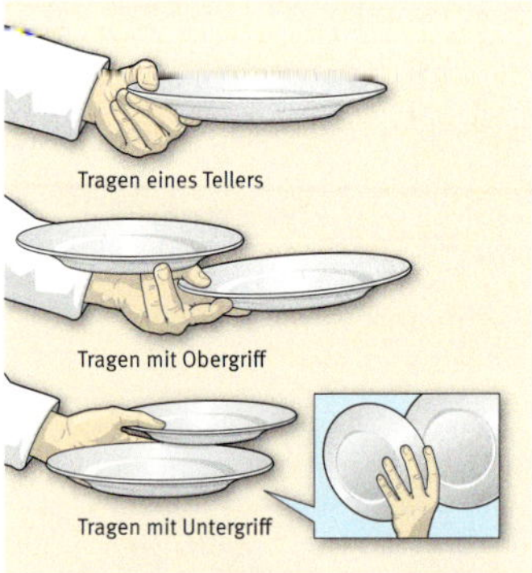

Anwenden der Tragegriffe

Servieren von Speisen

Die fertigen Speisen werden auf Tellern serviert. Damit alle Gäste auch zur selben Zeit ihr Essen bekommen, muss die Servicekraft mehrere Teller gleichzeitig tragen. Dafür gibt es bestimmte Tragetechniken. Man unterscheidet Ober- und Untergriff, siehe nebenstehende Zeichnung. Das Abräumen der Teller erfolgt, wenn der letzte Gast mit dem Essen fertig ist.

1. Probiere das richtige Einschenken und Servieren von Getränken aus:
- das Tragen von Flaschen und Gläsern auf einem rutschfesten Tablett
- das Einschenken von der rechten Seite des Gastes mit der rechten Hand

2. Übe mithilfe der nebenstehenden Zeichnungen das Tellertragen mit Über- und Untergriff.

Verabschieden der Gäste

4. Abrechnen mit den Gästen

Erstellen der Rechnung

Grundlage für die Rechnung sind die Getränke und Speisen, die in die Registrierkasse eingegeben worden sind. Die Rechnung kann handschriftlich auf einem Notizzettel erstellt werden oder maschinell durch einen Ausdruck der Registrierkasse. Die maschinell erstellte Form der Rechnung wird immer dann verwendet, wenn der Gast einen Bewirtungsbeleg wünscht. Dieser Beleg enthält u. a. Namen und Anschrift des Restaurants, das Datum, die verzehrten Getränke und Speisen, die Einzelpreise sowie die Endsumme und die Mehrwertsteuer.

Bargeldlos bezahlen

Kassieren

Nachdem die Rechnung erstellt wurde, folgt das Kassieren. Die Servicekraft nennt den zu zahlenden Betrag und legt dem Gast die Rechnung vor. Der Gast prüft die Rechnung und bezahlt. Die Servicekraft kassiert und bedankt sich freundlich. Der Gast hat verschiedene Möglichkeiten, seine Rechnung zu begleichen: Häufig wird bar mit Geldscheinen und Münzen bezahlt. Immer öfter wird mit EC- Karte oder Kreditkarte bargeldlos bezahlt. Das Restaurant benötigt dafür ein spezielles Lesegerät.

Verabschieden der Gäste

Wenn die Rechnung bezahlt ist, gibt es in manchen Restaurants ein kleines kostenloses „Dankeschön" in Form eines Abschiedgetränkes. Es gilt als freundliche Geste und trägt zum guten Ruf des Restaurants bei. Wenn die Gäste gehen möchten, gehört es zum guten Service, dass die Servicekraft die Gäste höflich verabschiedet und freundlich hinausbegleitet.

1. Wie kann die Servicekraft dazu betragen, dass das Restaurant einen guten Ruf hat?

2. Erkundet und beobachtet in einem Restaurant die einzelnen Aufgaben und Tätigkeiten einer Restaurantfachfrau/-mann und vergleicht sie mit den Ausführungen im Schulbuch.

Ihr könnt nun
- Regeln der Kommunikation und Interaktion erfassen,
- Soft skills definieren und deren Bedeutung für einzelne Berufe erörtern,
- verschiedene Berufsfelder und weiterführende Bildungswege im Berufsbildenden Schulwesen aus dem Bereich Gesundheit und Soziales beschreiben,
- Informationen über Anforderungsprofile, Zukunftschancen, Ausbildungs- und Weiterbildungsmöglichkeiten sammeln und auswerten,
- Vielfältigkeit von Lebensmodellen und Unterstützung bei Entscheidungsprozessen zur Lebenswegplanung benennen und diskutieren.

1. Welche Auswirkungen hat der demographische Wandel auf bestimmte Berufe in Gesundheit und Pflege?

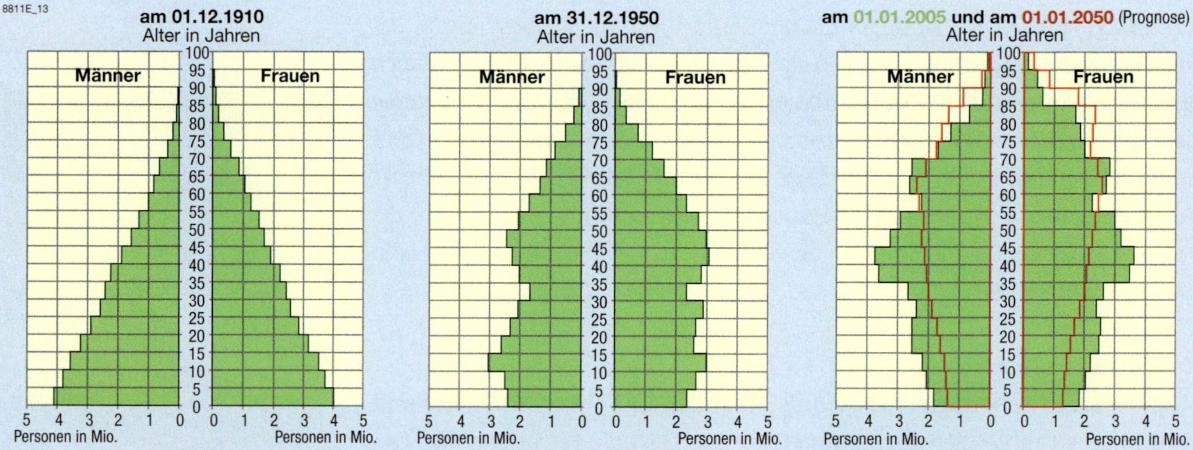

2. Worin unterscheiden sich Altenpflege und Krankenpflege?

3. Wie heißen die Distanzzonen der Kommunikation und was sind Abstände?

4. Handy und Internet beschleunigen unsere Kommunikation. Beschreibe die Möglichkeiten und Gefahren.

5. Was gehört zur modernen Informations- und Kommunikationstechnologie im Berufsfeld Gesundheit und Pflege? Wähle dafür einen Bereich (zum Beispiel: Arztpraxis, Krankenhaus, Einrichtung der Altenpflege).

6. Stelle zu einem von dir ausgewählten Beruf heraus, wie die Ausbildung erfolgen kann.

7. Welche Weiterbildungsmöglichkeiten gibt es für diesen Beruf? Wozu dient der EUROPASS?

8. Erkläre, weshalb Gesundheitsfachberufe krisenfest und chancenreich sind.

9. a) Welche Arbeiten fallen im privaten Haushalt täglich/wöchentlich an? Erstelle dazu eine Liste.
b) Fertige einen Arbeitsplan an, bei dem Mitglieder dieses privaten Haushaltes einbezogen werden.
c) Begründe, weshalb wer welche Tätigkeiten übernehmen sollte.

10. „Der Gast ist König", doch auch die Gäste im Restaurant müssen sich zu benehmen wissen. Notiert kurze Szenen über die Kommunikation in Hotellerie und Gastronomie und spielt einige vor.

B

Viktor und Laura gehen gern in das Restaurant am Markt. Immer werden sie freundlich begrüßt und an den Tisch gebracht. Nachdem sie sich für ein Menü und die Getränke entschieden haben, wird ihnen Brot und Butter gereicht. Sie freuen sich schon auf das krosse, noch warme Brot. Doch diesmal ist es kalt und altbacken. Sie beschweren sich. Schnell bekommen sie ein köstlich duftendes, noch warmes Brot. Auch der Chef des Hauses kommt vorbei, entschuldigt die Panne und dankt für die Kritik.

Ein forsch auftretendes Paar kommt in den Dorfkrug, blickt sich kurz um und steuert sogleich auf den Ecktisch am Fenster zu. Gerade wollen sie sich setzen, als eine Restaurantfachkraft ihnen freundlich einen guten Abend wünscht und fragt: „Haben Sie reserviert?"

Tante Lisbeth hat eine Schiffskreuzfahrt gewonnen und sich sogleich neu eingekleidet. Nun ist sie in Sorge über das Captains-Dinner. Ihr 70. Geburtstag fällt in die Reisezeit und so kann es sein, dass sie an den Ehrentisch gebeten wird. Diese vielen Gläser und Bestecke für ein 5-Gänge-Menue, und wie geht das mit der Stoffserviette? Ihre Nichte Sandra weiß Rat. Das hat sie gerade bei einem Benimmkurs gelernt. „Alles ganz easy. Verschiedene Gläser werden gleich eingedeckt, ein Wasserglas in Becherform, dazu zwei Weingläser, das schmalere ist für Weißwein, das breitere für Rotwein. Die Bestecke sind in der Menüfolge von außen nach innen gelegt, alles für Vorspeise, Suppe, Hauptgang. Oben über dem Teller liegt das Besteck für Dessert. Die Serviette faltet man auseinander, legt sie wieder halbiert zusammen und auf den Schoß mit den Außenkanten zum Körper. So kann man zum Abtupfen des Mundes die Serviette kurz anheben, dafür die Innenseite benutzen, die dann wieder halbiert aufeinander liegt. Nach dem Menü wird die Serviette zum Abräumen auf den Tisch gelegt und keinesfalls auf einen Teller." Jetzt ist Tante Lisbeth beruhigt. Zur Übung lädt sie Sandra noch zum Essen ins beste Restaurant der Stadt ein.

II Sozialpädagogik I

In diesem Kapitel lernt ihr die Aufgaben von Vätern, Müttern und Geschwistern innerhalb der Familie kennen und setzt euch mit ihren Rechten und Pflichten auseinander.
Ihr erarbeitet die Chancen und Herausforderungen verschiedener familiärer Lebensformen an ausgewählten Beispielen, vor allem die Probleme der Vereinbarkeit von Familie und Beruf. Unterschiedliche Konzepte von Familie und der durch die gesellschaftlichen Veränderungen bedingte Wandel der Familienformen werden dargestellt und diskutiert. Die Bedeutung der Befriedigung grundlegender Bedürfnisse von Kindern in der Familie wird erläutert sowie die Notwendigkeit der Erziehung als Orientierungshilfe für das Zusammenleben.

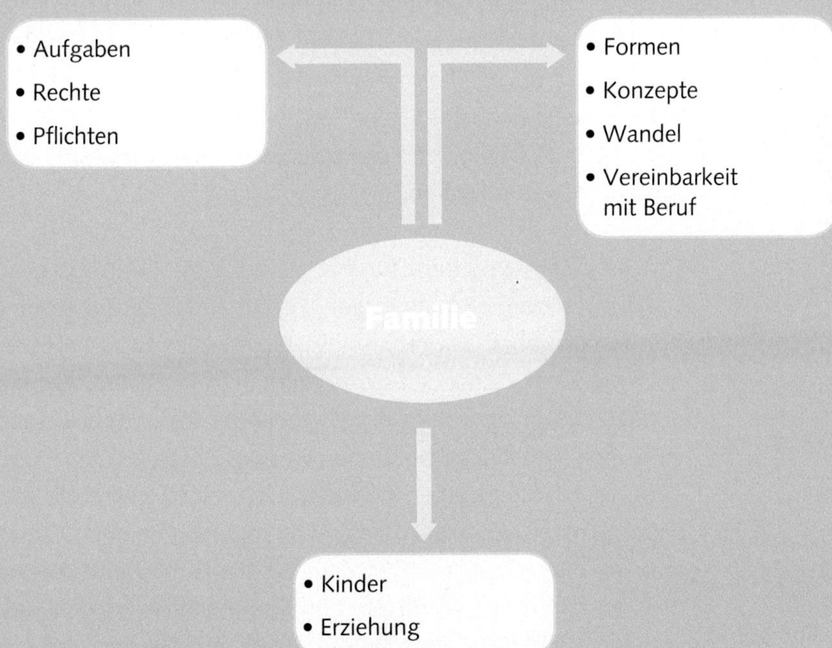

Familie am Esstisch

1 Die Familie als Lebensform

Familie bedeutet, miteinander zu leben, füreinander da zu sein. In der Familie werden neben den materiellen Grundbedürfnissen nach Nahrung, Kleidung und Wohnung die immateriellen Grundbedürfnisse nach Liebe, Zuwendung, Anerkennung und Geborgenheit befriedigt. Sie sind Voraussetzung für die seelische Entwicklung von Kindern, für das Wohlbefinden aller Familienmitglieder und für das harmonische Zusammenleben. Jedes Familienmitglied möchte seine Bedürfnisse der Persönlichkeit entsprechend befriedigen und seine Vorstellungen vom Zusammenleben und -arbeiten sowie von Freizeitgestaltung verwirklichen.

INFO

Werte sind Orientierungsmaßstäbe für das Verhalten von Menschen in einer Gruppe oder der Gesellschaft, z. B. Verantwortung, Frieden.

Normen sind Erwartungen an Menschen, ein bestimmtes Verhalten zu zeigen, um die Ziele und Werte einer Gruppe oder Gesellschaft zu erfüllen, z. B. Höflichkeit, Hilfsbereitschaft.

Familie ist da, wo Eltern für ihre Kinder emotional, sozial und auch wirtschaftlich Verantwortung tragen. Elternschaft begründet somit Familie. Die Kernfamilie, auch als traditionelle Kleinfamilie bezeichnet, ist auch heute noch die vorherrschende Familienform in Deutschland. Allerdings hat sich in den letzten Jahrzehnten ein tief greifender Bedeutungswandel von Familie vollzogen. Erziehungsfunktionen werden heute vermehrt durch sozialpädagogische Einrichtungen (Kindergarten, Hort) geleistet, Schul- und Ausbildungszeiten verlängern sich, eher zögerlich nehmen Ganztagsangebote in beiden Bereichen zu. Trotzdem hat die Familie auch heute noch für die meisten Kinder die wichtigste Sozialisationsfunktion. Für das Erlernen des sozialen Verhaltens, für das Vermitteln von Werten und Normen, ist die Familie die erste Gruppe. In ihrem Handeln und Verhalten orientieren sich die Kinder an Vorbildern, ihr „modellhaftes" Verhalten wird nachgeahmt und übernommen. Was zu Hause bei den Eltern erlebt wurde, wird später häufig auf die eigene Familie übertragen.

1. „Die eigene Kindheit". Schreibe auf, was deine Familie für dich bedeutet: Familie ist für mich …

Berufsleben

Familienleben

Hausarbeit

Aufgaben und Rollen von Vätern, Müttern und Geschwistern

Ob sich Berufsleben und Familienleben problemlos miteinander vereinbaren lassen, hängt davon ab, wer erwerbstätig ist und wie die Erwerbstätigkeit aussieht. Bei der herkömmlichen Rollenverteilung verdient der Mann das Geld für den Lebensunterhalt der Familie. Die Frau ist für den Haushalt zuständig und versorgt die Kinder. Diese klare Rollenverteilung herrscht noch sehr häufig vor, wobei viele Frauen zumindest in Teilzeit berufstätig sind.

In vielen Haushalten ergibt sich eine andere Situation dadurch, dass nicht nur der Mann, sondern auch die Frau berufstätig ist. Dabei hat der Gesetzgeber 1977 im Ehe- und Familienrecht die Partnerschaft in der Ehe festgeschrieben und auch Aussagen zur Stellung der Kinder innerhalb der Familie gemacht. Aber wer kennt schon die Regelungen?

1. Welche Rechte und Pflichten haben Eltern und Kinder in einem Familienhaushalt? Informiert euch im BGB über den Inhalt der Paragrafen.

2. Die im BGB festgelegten Rechte bezüglich Ehe und Familie sind nicht einklagbar. Was bedeutet das für das Zusammenleben innerhalb einer Familie?

3. Nimm zu dem Ausspruch Stellung: „Man sollte nicht nur seine Rechte in der Familie in Anspruch nehmen, sondern auch seinen Verpflichtungen nachkommen. Hausarbeit müssen alle Familienmitglieder leisten, nicht nur die Hausfrau."

4. Stelle in einer Übersicht dar: Wer übernimmt bei euch im Haushalt welche Aufgaben? Vergleicht eure Aufgaben- und Rollenverteilungen und macht ggf. Verbesserungsvorschläge.

INFO

Bürgerliches Gesetzbuch BGB
§ 1356 Haushaltsführung und Erwerbstätigkeit
§ 1360 Verpflichtung zum Lebensunterhalt
§ 1618a Gegenseitige Pflicht zu Beistand und Rücksichtnahme
§ 1619 Dienstleistungspflicht in Haus und Geschäft
§ 1626 Elterliche Sorge: Berücksichtigung der wachsenden Selbstständigkeit des Kindes

Die traute Freude vergeht manchen Eltern beim Blick in den Geldbeutel.

Q

Familienstudie „Frauen beklagen Rollenverteilung"

Eine gerechte Aufgabenverteilung streben zwar viele Paare an, doch nur den wenigsten gelingt sie auch, zeigt eine Forsa-Studie.

Nur eine kleine Minderheit der Eltern in Deutschland bevorzugt die klassische Rollenverteilung von Mann und Frau in der Familie. [...] Nur ein Viertel der Befragten findet es am besten, wenn der Vater berufstätig ist und die Mutter die Kinder versorgt. 62 Prozent der Eltern wünschen sich dagegen ein Modell, bei dem beide berufstätig sind und sich die Erziehung der Kinder teilen.

Die Wirklichkeit sieht jedoch anders aus: Die gleichberechtigte Rollenverteilung ist nur bei knapp einem Drittel verwirklicht (29 Prozent). Dennoch gaben 62 Prozent der Männer und 43 Prozent der Frauen an, zufrieden mit ihrer momentanen Arbeitsaufteilung zu sein. [...]

Obwohl es mehr als 150 Leistungen für Familien gibt, überwog bei den Befragten das Gefühl, dass sie als Eltern „draufzahlen" (77 Prozent). 44 Prozent gaben an, wegen der Kinder auf vieles verzichten zu müssen. [...]

Auch wenn Kinder und Beruf deutlich besser vereinbar sind als noch vor kurzem, liegt einiges im Argen: 44 Prozent der Frauen würden gern mehr arbeiten, können es aber nicht wegen der „momentanen Betreuungssituation der Kinder". 15 Prozent der Männer gaben das ebenfalls an.

Doch auch umgekehrt gibt es Probleme: Mehr als die Hälfte aller Befragten (57 Prozent) würde gern mehr Zeit mit den Kindern verbringen, aber die Arbeitswelt habe kein Verständnis dafür. Es mangele an flexiblen Modellen. [...] Die Familienpolitik [sollte sich] nicht so sehr um die Gutverdiener kümmern, sondern mehr um die Geringverdiener. In dieser Gruppe sei es besonders wichtig, dass Frauen berufstätig sind. „Nach der Trennung rutschen sie sonst zwangsläufig in die Sozialhilfe Hartz IV."

Quelle: www.sueddeutsche.de/leben/familienstudie-frauen-beklagen-rollenverteilung-1

1. Vergleiche die Ergebnisse der Umfrage über die derzeitigen Aufgaben- und Rollenverteilungen von Vätern und Müttern mit der eigenen Familie.

Mutter mit Kleinkind im Büro

Beruf – Kind – Familie?

Allen kinder- und familienpolitischen Offensiven zum Trotz – eine klare Mehrheit der Deutschen im Alter zwischen 25 und 45 Jahren kann gut ohne eigenen Nachwuchs leben.
Heiraten, Kinder kriegen – dies ist für viele heute nicht mehr selbstverständlich. Das hat Folgen. Es gibt immer weniger Kinder und immer mehr ältere Menschen in Deutschland. Als eine Ursache für den Geburtenrückgang wird die schwierige Vereinbarkeit von Beruf und Kindererziehung genannt. Viele Paare schätzen ihre Unabhängigkeit, die sie durch ein Kind beeinträchtigt sehen. Und immerhin 42 % Männer und Frauen wollen sich finanziell nicht einschränken, so ist das Ergebnis einer Umfrage. Außerdem spielen die gesellschaftlichen Rahmenbedingungen eine entscheidende Rolle. Gut ein Drittel gibt an, sich durch eine gute und verlässliche Kinderbetreuung umstimmen lassen zu können. Ein weiteres Drittel hält einen sicheren Arbeitsplatz für entscheidend. 30 % wünschen sich familienfreundliche Arbeitszeiten im Betrieb.

67 % der Befragten, die einen Kinderwunsch haben, stellen diesen zurück, weil der Beruf beziehungsweise die Ausbildung für sie Vorrang hat. Knapp die Hälfte der 25–29-Jährigen ist allerdings auch nicht bereit, ihren Lebensalltag „kindgerecht" umzustellen. Welche Lehren lassen sich aus der Studie ziehen? Dreh- und Angelpunkt der Entscheidung für ein Kind ist nach wie vor ein sicherer und ordentlich bezahlter Arbeitsplatz. Seit 20 Jahren rangiert die Arbeitsplatzsicherheit an vorderster Stelle der Bevölkerung. Außerdem ist eine bessere Kinderbetreuung gefordert.

INFO

Statistik an Geburten
Seit fast 40 Jahren reichen in Deutschland die Geburten nicht mehr aus, um die Bevölkerungszahl stabil zu halten. In jüngster Zeit kamen auf 10,4 Todesfälle noch 8,1 Geburten. 2009 bekamen Frauen im Westen im Schnitt 1,35 Kinder, im Osten 1,40.

1. Wie sind deine Einstellungen bezüglich Beruf – Kind – Familie? Erstelle eine Collage für deine persönlichen Wünsche:
- Das will ich erreichen …
- So stelle ich mir mein Leben vor …
- Mein größter Wunsch …

Was denkt er?

Was denkt sie?

Betreuungsangebote zur Vereinbarkeit von Familie und Beruf

Q

Rechtliche Grundlagen

Die Kinderbetreuung ist eine Leistung, die auch im Interesse der Gemeinschaft liegt und deren Anerkennung verlangt. Der Staat hat dementsprechend dafür Sorge zu tragen, dass es den Eltern gleichermaßen möglich ist, teilweise und zeitweise auf eine Erwerbstätigkeit zugunsten der persönlichen Betreuung ihrer Kinder zu verzichten wie auch Familientätigkeit und Erwerbstätigkeit miteinander zu verbinden.

Quelle: Bundesverfassungsgesetz, Pressemitteilung Nr. 5 vom 19.01.1999

Das Tagesbetreuungsausbaugesetz (TAG) vom 1.5.2005 schafft die rechtliche Grundlage für den Ausbau und den Erhalt eines qualitätsorientierten, bedarfsgerechten und deshalb zeitlich flexiblen Angebotes an Tagesbetreuung für Kinder. Eltern sollen aus einem vielfältigen Angebot wählen können. Die finanzielle Belastung der Eltern soll sich nach ihrem Einkommen richten und keinen Hinderungsgrund für die Nutzung der Tagesbetreuung darstellen. Ziel ist es,

- den Anspruch von Kindern auf Betreuung, Bildung und Erziehung einzulösen,
- die Eltern bei der Wahrnehmung ihrer Erziehungsverantwortung zu unterstützen und zu ergänzen,
- Eltern die Möglichkeit eröffnen, Erwerbstätigkeit und Familie miteinander zu vereinbaren und
- eine wesentliche Voraussetzung für die Verwirklichung des Kinderwunsches junger Paare und damit die Zukunftsfähigkeit unserer Gesellschaft zu schaffen.

INFO

qualitätsorientiert = Betreuung durch ausgebildete Erzieherinnen

bedarfsgerecht = Alle Eltern haben ein gesetzliches Anrecht auf eine Tagesbetreuung für ihr Kind

zeitlich flexibel = Die Öffnungszeiten der Kitas sollen flexibel sein, je nach Berufstätigkeit der Eltern

1. Betrachte die beiden Fotos: Was ist zu sehen? Wie wirken sie auf dich?

2. Erkundet vor Ort Betreuungsmöglichkeiten für Kinder und die anfallenden Kosten. Das Jugendamt gibt dazu Auskunft.
   a) Bringt die Ergebnisse in eine Übersicht zum Vergleich.
   b) Stellt die Vor- und Nachteile der einzelnen Einrichtungen dar.

Veränderungsmöglichkeiten von Aufgaben- und Rollenverteilungen in verschiedenen Familiensituationen

B **Familiensituation I: Karin und Michael erwarten ihr erstes Kind**

Karin hat in ihrem Beruf als Bankbetriebswirtin im Vermögensmanagement viel Erfolg und möchte auch nach der Geburt ihres Kindes möglichst weiter berufstätig sein. Gerade in diesem Beruf ist sie schnell weg vom Fenster, wenn sie für eine längere Zeit aufhört.
Michael ist im Flugzeugbau als Fluggeräteelektroniker tätig und hat es schon in seiner Abteilung zu einer leitenden Position gebracht. Auch er möchte weiterhin seine berufliche Karriere ausbauen.
Bislang haben sie die anfallenden Aufgaben im Haushalt partnerschaftlich bewältigt. Beide möchten die Elternzeit nutzen, um sich möglichst ganz oder teilweise um das Kind zu kümmern. Sie informieren sich über ihre rechtlichen Möglichkeiten.

Elternzeit und Elterngeld

Die Eltern können eine sog. **Elternzeit** von maximal drei Jahren pro Kind nehmen. Während dieser Zeit können sie bis zu 30 Wochenstunden arbeiten und es besteht Kündigungsschutz. Beide Eltern können sich sowohl der Betreuung des Kindes als auch ihrem Beruf widmen. Das **Elterngeld** fängt einen Einkommenswegfall nach der Geburt des Kindes auf. Es ist abhängig von der Höhe des Einkommens, das vor der Geburt monatlich verfügbar war. Ein Elternteil kann dabei höchstens 12 Monate für sich in Anspruch nehmen. Für zwei weitere Monate wird gezahlt, wenn sich der Partner an der Betreuung des Kindes beteiligt und dabei Erwerbseinkommen wegfällt.

1. Informiert euch genauer über die Regelungen zur Elternzeit und zum Elterngeld anhand von Broschüren oder im Internet.

2. Findet in Partnerarbeit Lösungsmöglichkeiten, wie Karin und Michael ihre Elternzeit untereinander aufteilen können, ohne dass ihr berufliches Fortkommen beeinträchtigt wird. Diskutiert und bewertet eure Lösungen.

INFO

Informationsmöglichkeiten
Broschüren:
- Bundeszentrale für gesundheitliche Aufklärung „Die erste Zeit zu dritt"
- Bundesministerium für Familie, Senioren, Frauen und Jugend „Elterngeld und Elternzeit"

Internet:
- www.vernetzungsstelle.de
- www.familien-mit-zukunft.de
- www.bmfsfj.de

Tagesbetreuung im Kindergarten

Betreuung durch eine Tagesmutter

B Familiensituation II: Karin und Michael suchen nach der Elternzeit eine Betreuungsmöglichkeit für ihr Kind.

Karin kann nach der Elternzeit von drei Jahren halbtags von 9.00-13.00 Uhr im Vermögensmanagement ihrer Bank arbeiten. Michael hat als Leiter seiner Abteilung im Flugzeugbau keine Chance, Stunden zu reduzieren. Sie überlegen, welche Tagesbetreuung für ihr Kind die beste Lösung ist und wie sie Familie und Beruf in Einklang bringen können.

Modell: Tagesmütter

Tagesmütter werden für ihre Aufgaben in Kursen geschult. Sie betreuen altersunabhängig in einer Familiensituation bei sich zu Hause höchstens 5-6 Kinder und sind in den Betreuungszeiten flexibel.

Modell: Tagesbetreuung im Kindergarten

Hier werden die Kinder durch Erzieherinnen betreut. Kinder lernen Toleranz und Gemeinschaftssinn sowie den Umgang bei Auseinandersetzungen mit anderen Kindern in einer größeren Gruppe. Sie werden spielend auf die Schulzeit vorbereitet.

Alter der Kinder: ab ca. 3 Jahren bis zum Schulantritt

Öffnungszeiten:

- Regelkindergärten: vormittags 8.00–12.00 Uhr, evtl. bis 13.00 Uhr mit Mittagessen, 2/3 Plätze von 8.00–14.00/15.00 Uhr mit Mittagessen
- Ganztagskindergärten: durchgehende Öffnungszeiten, 8–10 Stunden mit Mahlzeiten und Schlafmöglichkeit

1. Erkundigt euch beim Tagesmütterverein über die Aus- und Weiterbildung der Tagesmütter und die Betreuungsmöglichkeiten vor Ort.

2. Stellt einen Preis- und Qualitätsvergleich der beiden Betreuungsmöglichkeiten an und fällt eine Entscheidung für diese Familiensituation.

B **Familiensituation III: Familienalltag bei Neumanns, eine eigentlich ganz normale Familie.**

Montagmorgen bei Neumanns. Anne, 10 Jahre, und Mike, 6 Jahre, sitzen verschlafen am Frühstückstisch. Herr Neumann ist in der Küche beschäftigt und richtet die Pausenbrote für die beiden. Frau Neumann trinkt ihren Kaffee und schaut noch kurz in die Zeitung. Um 7.30 Uhr verlässt sie das Haus und geht zur Arbeit. Danach bringt Herr Neumann Mike in den Kindergarten und Anne fährt mit dem Fahrrad in die Schule.

Herr Neumann arbeitet halbtags als Lagerist von 12.00 bis 18.00 Uhr, sodass er vormittags zu Hause ist und die anfallenden Hausarbeiten erledigen kann. Frau Neumann ist ganztags berufstätig als Assistentin des Vorstands und kommt um 17.00 Uhr nach Hause. Sie bereitet abends für alle eine warme Mahlzeit zu.

Mike geht in einen Ganztagskindergarten und Anne ist nach der Schule bei einer Tagesmutter. Da Mike nach den Sommerferien in die Schule kommt, überlegen Neumanns für beide eine gemeinsame Betreuungsmöglichkeit nach der Schule. Zwei Möglichkeiten kommen in Betracht: Ein Kinderhort oder die erweiterte Betreuung in einer Grundschule mit Ganztagsangebot.

Modell: Kinderhort

Alter der Kinder: Schulkinder bis 12 Jahren

Öffnungszeiten: Schulkinder werden innerhalb bestimmter Zeiten vor und nach dem Unterricht betreut.

Modell: Grundschule mit Ganztagsangebot

mit warmem Mittagessen, Hausaufgabenhilfe und Arbeitsgemeinschaften, meistens bis 16.00 Uhr.

1. Diskutiert die Rollenverteilung von Herrn und Frau Neumann.

2. Informiert euch über die regionalen Betreuungsmöglichkeiten und Kosten für die beiden Grundschulkinder bei Berufstätigkeit beider Eltern. Stellt die Vor- und Nachteile der beiden Einrichtungen dar.

3. Welche Möglichkeiten einer Aufgabenverteilung haben die Familienmitglieder, damit sie am Feierabend und am Wochenende möglichst viel gemeinsame Freizeit miteinander verbringen können.
Stellt einen Tagesarbeitsplan mit einer gerechten Aufgabenverteilung auf. Vergleicht und bewertet eure Ergebnisse.

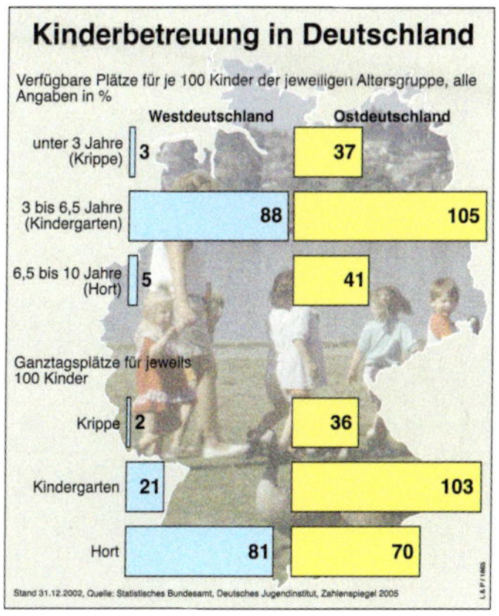

Herr Neumann	Frau Neumann	Anna	Mike
6.30–11.30 18.30–20.00	17.00–20.00	17.00–20.00	17.00–19.00

Frau Weber im Chemielabor

B

Familiensituation IV: Frau Weber will in ihren Beruf zurück

Frau Weber hat ihren Beruf zugunsten der Familie vor 17 Jahren aufgegeben und will nun, da die Kinder groß sind, wieder in ihren erlernten Beruf als Chemielaborantin zurück. Sie hat zwischenzeitig immer wieder Urlaubsvertretungen gemacht und so den Kontakt zu ihrer Firma aufrechterhalten und kann dort wieder anfangen. Sie muss allerdings mit voller Stundenzahl einsteigen, von 8.30 bis 17.00 Uhr, sodass die Familie eine neue Arbeitsverteilung im Haushalt organisieren muss.

Herr Weber ist von 8.00 – 17.00 Uhr bei der Stadtverwaltung tätig und kommt in der Mittagspause zum Essen nach Hause. Frau Weber könnte in der Kantine der Firma mittags etwas essen, der Weg ist zu weit, um zwischenzeitig nach Hause zu kommen.

Die beiden Söhne Jan und Martin sind 14 und 17 Jahre alt und gehen noch zur Schule. In der Schulmensa können sie eine warme Mittagsmahlzeit einnehmen. Ihre Nachmittage sind ausgefüllt mit Arbeitsgemeinschaften, Hausaufgaben und sportlichen Aktivitäten, sodass vor 17.30 Uhr niemand so richtig Zeit für die Hausarbeit hat.

In einer Familienkonferenz überlegt die Familie, wie die Arbeit neu verteilt werden kann. Bislang hat Frau Weber mittags für alle eine warme Mahlzeit gekocht und war im Wesentlichen für die Haushaltsführung zuständig. Jetzt müssen die Aufgabenbereiche Nahrungszubereitung, Reinigung der Wohnung, Wäschepflege, Einkauf und Vorratshaltung neu organisiert werden.

1. Ordnet in Vierergruppen den Aufgabenbereichen entsprechende Tätigkeiten zu. Übernehmt die Rollen von Vater, Mutter, Jan und Martin.

2. Verteilt die täglich und wöchentlich anfallenden Arbeiten gerecht auf alle vier Familienmitglieder.

3. Stellt eure Ergebnisse der Familienkonferenz vor und diskutiert die Veränderungsmöglichkeiten von Aufgaben innerhalb der Familie.

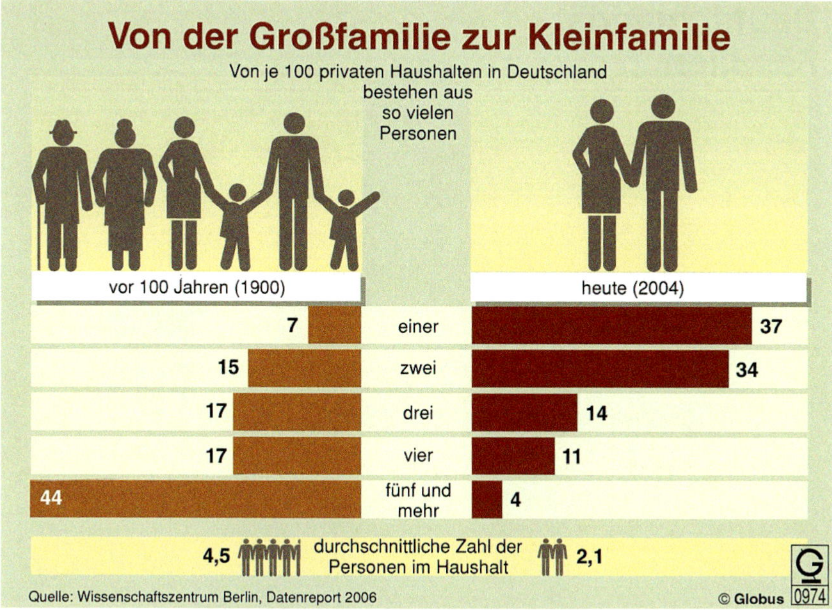

Familienformen im Wandel

Bäuerliche Familie

Familienformen zu Beginn des 20. Jahrhunderts

Eine bäuerliche Familie war in der Regel eine Großfamilie, denn auf dem Hof lebten Eltern, oft ledige Geschwister der Eltern, Kinder, Knechte und Mägde sowie die Großeltern auf „Altenteil" zusammen. Der Bauer traf zwar die wichtigsten Entscheidungen, aber die Arbeit der Frau war genauso notwendig, deshalb konnte sie auch ein gewichtiges Wort mitreden.

Bürgerliche Familie

Eine bürgerliche Familie gehörte zur oberen oder gehobenen Schicht des Bürgertums, z. B. der Oberregierungsrat im Dienste des preußischen Staates. Seine Frau war nicht berufstätig, sondern kümmerte sich ausschließlich um den Haushalt. Sie bekam vom „Ernährer der Familie" wöchentlich Haushaltsgeld zum Wirtschaften, über das sie Rechenschaft ablegen musste. Dienstpersonal war im Haus angestellt, dieses putzte, wusch, bügelte und kümmerte sich gelegentlich um die Kinder.

Arbeiterfamilie

Eine Arbeiterfamilie gehörte zur unteren Schicht der Gesellschaft. Es herrschte zu der Zeit viel Armut. Die Familien lebten in kleinen, oft feuchten Wohnungen mit vielen Kindern in der Stadt. Die Männer arbeiteten meist in der Fabrik, oftmals 12 Stunden am Tag. Die Frauen versuchten durch Heimarbeit, z. B. mit Nähen von Hemden für eine Wäschefabrik, dazuzuverdienen, oftmals neben der Hausarbeit mehr als 10 Stunden am Tag. Wenn die Kinder größer waren, halfen sie bei der Heimarbeit mit oder verdienten als Dienstmädchen dazu.

1. Vergleiche die Rollen der Frauen und Männer in der damaligen Zeit innerhalb der einzelnen Familie sowie untereinander.

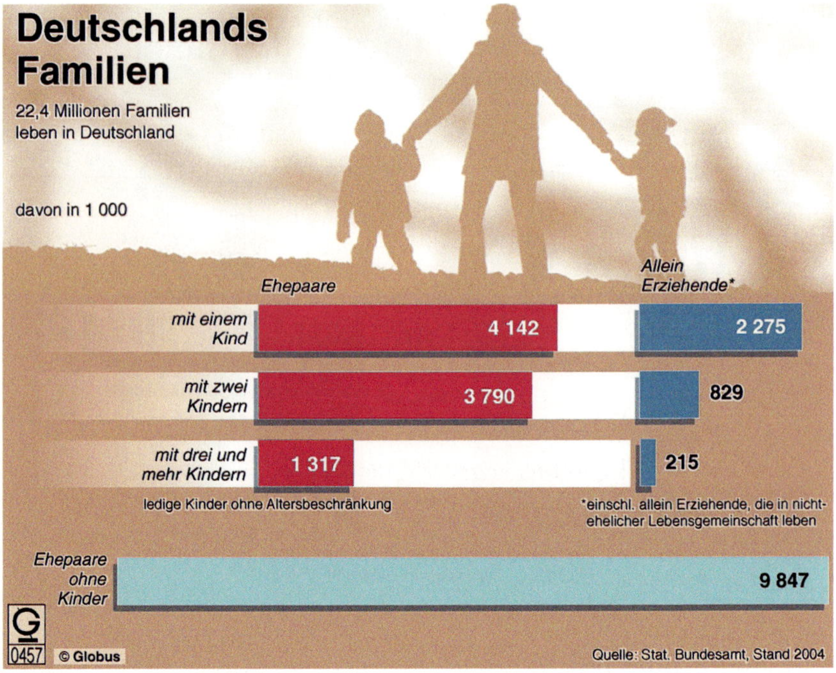

Kernfamilie

Alleinerziehende Mutter

Familienformen heute

Familien werden heute aufgrund ihrer Zusammenstellungen, die sich auch mehrmals ändern können, als Kernfamilie, Ein-Eltern-Familie oder Alleinerziehende sowie als Patchwork- oder Fortsetzungsfamilie bezeichnet.

Eine Kernfamilie ist ein Paar mit mindestens einem Kind. Diese Familienform entspricht idealtypisch den traditionellen Aufgaben einer Familie:

- Sicherstellung einer gesundheitsfördernden Ernährung einschließlich der Nahrungszubereitung,
- Ausgestaltung der Wohnung zu einem gemütlichen Zuhause und Reinigung der Wohnung,
- Einkauf und Vorratshaltung,
- Erholung und Freizeitgestaltung,
- Wirtschaften mit Geld, Zeit und Arbeitskraft,
- Betreuung und Erziehung von Kindern inkl. Hausaufgabenhilfe,
- Pflege und Versorgung von Kranken und Hilfsbedürftigen.

Eine Ein-Eltern-Familie bezeichnet alleinerziehende Mütter und Väter mit Kindern unter 25 Jahren. Die meisten Ein-Eltern-Familien bilden sich nach einer Scheidung oder Trennung. Zunehmend entscheiden sich Frauen bewusst für ein Kind, ohne verheiratet zu sein oder mit einem Partner ständig zusammenleben zu wollen. Heute leben 85 % der Kinder alleinerziehender Elternteile bei der Mutter und 15 % beim Vater. Häufig werden besondere Probleme verkannt: neben dem schmalen Familienbudget und der Doppelbelastung Beruf und Kind/er, ist die Erziehung allein nur schwer zu bewältigen.

Patchwork- oder Fortsetzungsfamilien sind Familien, in denen Mütter oder Väter in neuen Ehen (Partnerschaften) mit den „mitgebrachten" Kindern zusammenleben. Diese Form der Familie entsteht durch den Tod eines Partners, Scheidung oder Trennung. Mitglieder der früheren Kernfamilien oder Partnerschaften bilden somit eine Fortsetzungsfamilie. Dies führt häufig zu Problemen in Bezug auf Besuchsregelungen, Unterhaltszahlungen und unterschiedlichen Auffassungen bei der Erziehung. Die Kinder fühlen sich oftmals von dem neuen Elternteil nicht akzeptiert und möchten zum leiblichen zurück. Umgekehrt akzeptieren sie auch nur schwer den neuen Elternteil. Sie brauchen Zeit, um in die neue Familie hineinzuwachsen und sich in den neuen verwandtschaftlichen Verhältnissen zurechtzufinden, z. B. hat ein Kind plötzlich vier Omas. Wenn in der neuen Ehe dann noch gemeinsame Kinder geboren werden, fühlen sich die nicht ehelichen Kinder häufig im Nachteil und es kommt zu Rivalitäten untereinander.

Patchworkfamilie

INFO

Die Normalfamilie der 1950er- und 1960er-Jahre in Deutschland und in anderen Industrieländern war geprägt von niedrigem Heiratsalter, hoher Geburten- und geringer Scheidungsrate. Mittlerweile hat sich das Bild erheblich verändert. Laut Statistik hat sich die Scheidungsrate zwischen 1960 und 2010 vervierfacht. Das Heiratsalter verschob sich bei Männern von durchschnittlich 25,9 Jahren auf 28,4 Jahre, das bei Frauen von 23,7 auf 25,9. Die Geburtenrate sinkt. In der Altersstruktur und den Lebensformen der Gesellschaft schlägt sich die Geburtenentwicklung nieder: Lebte 1972 noch jeder zweite Erwachsene in einem Haushalt mit Kindern (69 %), zeigte sich 2000 bereits ein Rückgang auf 54 %. Weitere Faktoren fördern diese Tendenzen: anderer Lebensstil, ein verändertes Rollenbild der Geschlechter, die Berufstätigkeit der Frau sowie Reformen im Familienrecht. Menschen können sich heute bewusst für eine Lebensform entscheiden.

Vielfalt an Familien- und Lebensformen

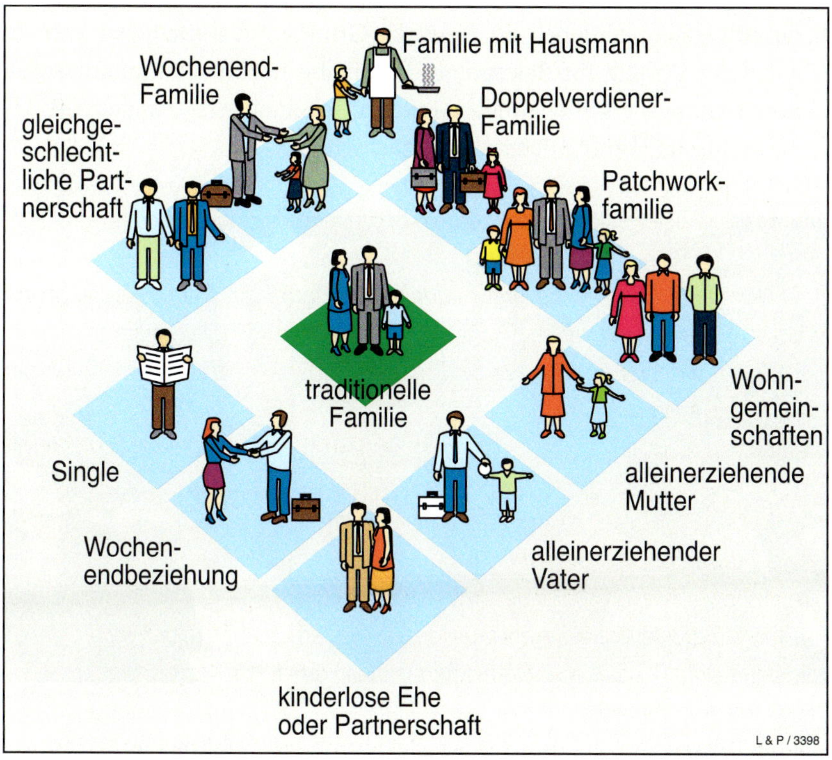

1. Macht eine Umfrage in eurer Klasse über die Familienformen
   a) eurer heutigen Familie,
   b) der Familie eurer Großeltern.

   Stellt das Ergebnis in einem Säulendiagramm dar und präsentiert es.

2. Diskutiert die Vor- und Nachteile neuer und traditioneller Familien- und Lebensformen aus eurer Sicht.

2 Zusammenleben in der Familie

Mit Auseinandersetzungen leben

B

Bei Familie Wohlfahrt ist mal wieder Stress angesagt. Lena, 14 Jahre alt, und ihre Mutter haben unterschiedliche Vorstellungen von Ordnung. Lena hinterlässt überall in der Wohnung Chaos, sie räumt ihr Zimmer nicht auf und lässt ihre gebrauchten Sachen da liegen, wo sie sich gerade umgezogen hat bzw. wo sie gerade gegessen oder gearbeitet hat.

Außerdem hat sie keine Lust, ihre Hausaufgaben bereits am Nachmittag zu erledigen, so wie ihre Mutter es sich wünscht, damit die Familie abends gemeinsame Freizeit hat. Lena möchte sich lieber abends in ihr Zimmer zurückziehen und bei den Schularbeiten ihre Lieblingsmusik hören.

Lena meint, dass ihre Mutter viel zu pingelig in Bezug auf Ordnung ist, während Frau Wohlfahrt meint, dass die Einhaltung von Ordnung für ein Zusammenleben im Haushalt Grundvoraussetzung ist und ein wichtiges Prinzip für das spätere berufliche Leben. Es kommt wegen der Meinungsverschiedenheit häufig zu Auseinandersetzungen, die das harmonische Familienleben beeinträchtigen.

Chaos in Lenas Zimmer

1. Versucht für die Familie Wohlfahrt eine Konfliktlösung zu finden.
- Führt ein Rollenspiel in Gruppen durch: Je zwei Schüler/innen schlüpfen in die Rolle von Frau Wohlfahrt, je zwei in Lenas Rolle.
- Orientiert euch dabei an den Abbildungen auf der folgenden Seite und der Beschreibung über den Ablauf einer Konfliktlösung.
- Spielt eure entwickelte Konfliktlösung zunächst in eurer Gruppe durch.
- Danach führen verschiedene Gruppen vor der Klasse ihr Rollenspiel vor. Anschließend werden die gefundenen Lösungen diskutiert.

Konfliktbewältigung

Möglichkeiten der Konfliktbewältigung

Achtung, Toleranz und Kompromissbereitschaft sind Grundvoraussetzungen für eine Konfliktlösung und ein friedliches Miteinander.

Achtung heißt, den anderen in seinem Anderssein als Mensch zu respektieren. **Toleranz** heißt, die Anschauungen, Bräuche und Gewohnheiten anderer zu dulden. **Kompromissbereitschaft** heißt, eine gemeinsame Lösung zu finden. Jeder überdenkt kritisch seine Anschauungen und versucht, die Argumente des anderen zu verstehen. Jeder gibt nach, um eine Übereinkunft zu treffen, die von allen akzeptiert wird.

Ablauf einer Konfliktlösung

1. Problem erkennen und analysieren

Zunächst muss gemeinsam überlegt werden, welche Ursachen es für den Konflikt gibt, z. B. aus der Sicht des Kindes und aus der Sicht der Eltern. Jedes Familienmitglied sollte ehrlich alle seine Kritik- und Problempunkte nennen können, die für es wichtig sind.

2. Bedürfnisse erkennen

Gründe für einen Konflikt sind häufig unterschiedliche Bedürfnisse und Vorstellungen von der Lebensgestaltung. In dieser Phase geht es darum, die Probleme und Kritikpunkte ins Positive zu wenden und als Wünsche zu formulieren. Jeder sollte seine Wünsche offen nennen können und die Wünsche des anderen akzeptieren.

3. Sammeln von Lösungsmöglichkeiten

Gemeinsam wird überlegt, welche Lösungsmöglichkeiten es geben kann, damit die Bedürfnisse des Einzelnen berücksichtigt werden. Wichtig ist, dass jeder seine Vorstellungen und Ideen nennen kann, ohne dass sie gleich bewertet werden. Es sollen möglichst vielfältige Lösungsmöglichkeiten gesammelt werden.

4. Diskussion der Lösungsmöglichkeiten

Jeder einzelne Lösungsvorschlag soll jetzt auf seine Umsetzungsmöglichkeit überprüft werden. In einer Pro- und Kontra-Diskussion werden Argumente dafür und dagegen gesammelt und auf ihre gegenseitige Akzeptanz beurteilt. Hier ist Kompromissbereitschaft notwendig.

5. Konfliktlösung – sich entscheiden und handeln

Die Familie einigt sich auf einen von allen akzeptierten Lösungsvorschlag, der auch eingehalten werden muss. Dies kann nur erreicht werden, wenn in der Familie Regeln aufgestellt bzw. feste Abmachungen getroffen werden, die für alle verbindlich sind.

Probleme analysieren

Bedürfnisse erkennen

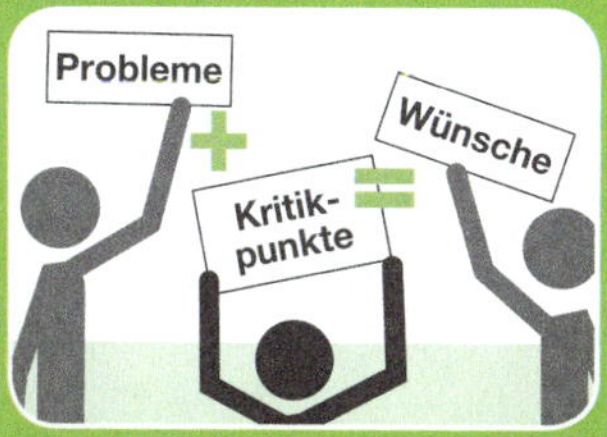

Lösungsmöglichkeiten sammeln

Lösungsmöglichkeiten diskutieren

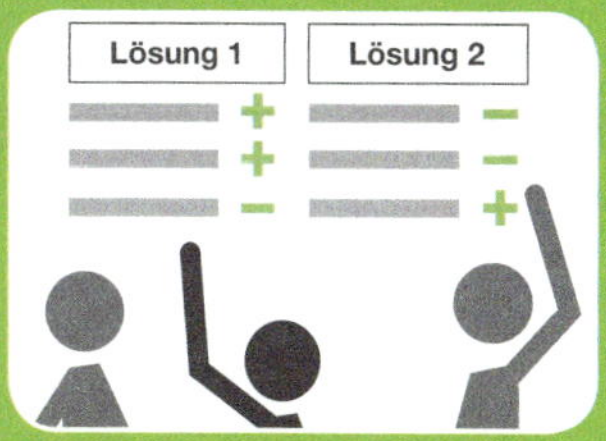

Gemeinsame Lösung finden

Befriedigung grundlegender Bedürfnisse von Kindern

Am Beispiel der Familie Wohlfahrt habt ihr kennengelernt, wie wichtig gemeinsam aufgestellte und von allen akzeptierte Regeln als Orientierungshilfe für das Zusammenleben und den Umgang miteinander sind. Eltern sollten jedoch nicht alles regeln wollen, denn ein Kind braucht auch Freiräume und individuelle Entfaltungsmöglichkeiten.

Vertrauensvolle Beziehung

Dies muss bei der Betrachtung der Grundbedürfnisse immer mit berücksichtigt werden, um den Kindern auch wirklich gerecht zu werden, sie zu unterstützen, zu fördern und ihnen damit eine gesunde Entwicklung zu ermöglichen. Folgende **elementare Bedürfnisse** sind von besonderer Bedeutung:

Vertrauensvolle Beziehungen

Eine vertrauensvolle Beziehung wird bestimmt von Wertschätzung, Liebe, Respekt und Akzeptanz der kindlichen Eigenarten. Klare und eindeutige Erklärungen sowie vor allem logische Begründungen machen das elterliche Verhalten bei der Erziehung verständlich und einschätzbar und vermitteln dem Kind Orientierung. Einfühlsames Verständnis, aktives Zuhören bei allen Sorgen, Nöten und Ängsten sind Voraussetzungen, um eine verlässliche Beziehung aufzubauen. Nur so kann das Kind Vertrauen finden und sich verstanden fühlen.

Kindersichere Wohnung: Steckdosensicherung

Sicherheit und Schutz

Kinder sind auf Sicherheit und Schutz durch die Eltern angewiesen. Ein Kind muss nicht nur davor geschützt werden, sich an Gegenständen zu verletzen, es braucht auch Schutz für seine Seele. Aufgabe der Eltern ist es, die Wohnung „kindersicher" zu machen, solange die Kinder noch klein sind und ihre Umgebung erforschen. Auch im fortgeschrittenen Alter brauchen Kinder Schutz vor Gefahren jeglicher Art und eine Erziehung, die sie selbstbewusst und selbstsicher werden lässt.

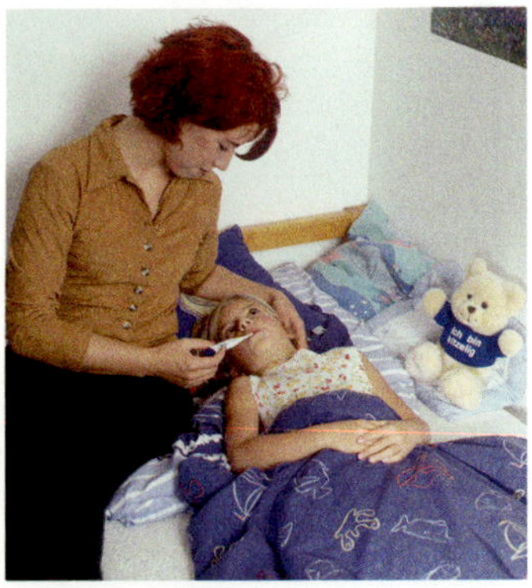

Geborgenheit

Geborgenheit

Bei Kleinkindern besteht die Erfahrung von Geborgenheit vor allem im Körperkontakt. Die Kinder suchen und brauchen die körperliche Nähe, um sich gesund zu entwickeln. Diese Nestwärme gibt ihnen Sicherheit und wirkt beruhigend.

Geborgenheit hängt stark mit dem Bedürfnis nach Sicherheit und Schutz zusammen. So erfährt ein Kind auch durch die Zeit und die Zuwendung, die ihm geschenkt werden, Geborgenheit von seinen Bezugspersonen. Vorschulkinder flüchten noch häufig in den Schoß ihrer Eltern. Grundschulkinder suchen häufig andere Formen der Geborgenheit. Sie haben das Bedürfnis nach längeren Gesprächen mit den Bezugspersonen, danach, ihnen erzählen zu dürfen und angehört zu werden.

Zugehörigkeit

Jedes Kind benötigt das Gefühl der Zugehörigkeit, das ihm anfangs im Säuglings- und Kleinkindalter vor allem seine Eltern als vertraute Personen durch ihre Nähe geben. Sobald die Kinder sich jedoch von der engen Bindung durch den Besuch des Kindergartens etwas lösen, werden andere Kinder und die Erzieherin wichtig und damit auch die Zugehörigkeit zu anderen Personen und Gruppen außerhalb der Familie.

Spätestens im Grundschulalter brauchen die Kinder das Gefühl der Zugehörigkeit zu einem oder mehreren Freunden, zu einer Klasse oder Gruppe, mit der sie langsam beginnen, sich zu identifizieren und sich damit immer mehr, auch emotional, von den Eltern lösen.

Zugehörigkeit

Anerkennung

Anerkennung bedeutet vor allem Lob und Zuspruch für alles, was ein Kind bereits kann, was es macht, was es versucht, auch wenn ihm nicht immer alles gelingt. Es bedeutet aber auch, das Kind so anzunehmen, es anzuerkennen, wie es ist, mit all seinen Eigenarten. Während dem Kleinkind in der Regel die Anerkennung der Bezugsperson genügt, braucht ein Kindergarten- und Schulkind immer mehr Anerkennung von außen, von der Erzieherin, der Lehrerin und Freunden. Der Kontakt zu gleichaltrigen Spielkameraden ist wichtig. An diesen können sie sich messen, um sich selbst einschätzen zu lernen.

Anerkennung

Verständnis

Kindliche Sorgen, Ängste, Nöte und Anliegen jeder Art müssen ernst genommen werden, auch wenn sie uns Erwachsenen banal oder sogar lächerlich erscheinen mögen. Für Kinder ist lange Zeit die Angst z. B. vor Monstern auf der Toilette oder vor der Dunkelheit bedrohlich. Sie haben eine eigene Denkweise und können oft nicht zwischen Phantasie und Wirklichkeit unterscheiden. Für sie ist einfach alles real, auch ihre Träume und Phantasie. Umso wichtiger ist es, sich Zeit zu nehmen, ihnen zuzuhören, ihre Ängste, Sorgen und Nöte nicht herunterzuspielen oder sich sogar darüber lustig zu machen.

Verständnis bei Ängsten

Neben diesen **zwischenmenschlichen Bedürfnissen** sind für die geistige Entwicklung vielfältige Anregungen, z. B. durch altersgerechte Bilderbücher und Spiele, erforderlich.

Weiter sind die **körperlichen Bedürfnisse** nach Bewegung, Schlaf- und Ruhephasen, Pflege und Kleidung sowie nach gesunder, ausreichender Nahrung elementare Grundbedürfnisse. Die besondere Bedeutung einer gesunden Ernährung für die körperliche und geistige Entwicklung des Kindes und für die Ausprägung von Essgewohnheiten sollen wegen ihrer vielfältigen Einflussfaktoren näher betrachtet werden.

1. Findet zu jedem elementaren Grundbedürfnis Beispiele.

INFO

Regeln für die Mahlzeiten mit Kindern
- Mahlzeiten möglichst mit dem Kind gemeinsam einnehmen.
- In ruhiger, entspannter Atmosphäre essen.
- Hauptmahlzeiten möglichst zur gleichen Zeit einnehmen.
- Kleine Zwischenmahlzeiten anbieten wie Obst, Joghurt.
- Abwechslungsreiche Mahlzeiten zubereiten, nett garnieren.
- Kindern nur kleine Mengen auf den Teller geben, lieber nachreichen.
- Süßes nicht verbieten, sondern in Maßen nach den Hauptmahlzeiten anbieten, z. B. süßer Nachtisch.

Ernährung von Kindern

Die Essgewohnheiten gehören zu den beständigsten Verhaltensmustern des Menschen. Sie entwickeln sich vorwiegend in der Familie, werden aber auch durch Spielgruppen, Kindergarten, Schule und Werbung beeinflusst. Ein Kind orientiert sich an seinen Bezugspersonen und Vorbildern, den Eltern, Erzieherinnen und Lehrkräften, und ahmt sie nach. So auch beim Essen und Trinken.

Die Einstellung der **Eltern** gegenüber bestimmten Lebensmitteln, die Art der Zubereitung und die Essgewohnheiten überträgt sich auf die Kinder. Für die Ausprägung des Essverhaltens ist deshalb von Bedeutung, womit die Kinder aufwachsen, ob mit Pausenbrot von zu Hause oder dem Snack vom Kiosk, ob mit Mahlzeiten aus Mutters bzw. Vaters Kochtopf oder aus der Frittenbude. Kinder, die von klein auf Müsli, Vollkornbrot, Rohkost, ungesüßten Tee, Mineralwasser und Säfte angeboten bekommen, betrachten diese Lebensmittel als normal und akzeptieren sie.

In **Spielgruppen oder im Kindergarten** kommen neue Einflüsse hinzu. Diese umfassen das Kennenlernen von Neuem, Bestätigung oder Einschätzung des Essverhaltens von anderen Kindern oder der Erzieherin bis hin zur Verführung zu bisher „Verbotenem". Was Kinder zu essen bekommen, darauf können die Eltern nur durch Anregungen und Wünsche Einfluss nehmen.

Durch die **Schule** werden die Kinder erneut beeinflusst: durch das, was andere Kinder mit zur Schule bringen und deshalb besonders reizvoll und appetitanregend erscheint. Weitere „Versuchungen" bietet der Schulweg: ein Bäcker, ein Kiosk oder der Schülerkiosk. Einige Schulen bieten den Schülerinnen und Schülern neben Milch und Kakao auch die Möglichkeit ein Pausenfrühstück zu kaufen. Bevorzugt angeboten werden allerdings oft helle Brötchen, süße Riegel und Fruchtsaftgetränke statt Vollkornbrötchen, frisches Obst und Milchprodukte.

Essgewohnheiten in der Familie

Was und wie viel brauchen Kinder?

Gesund und fit bleiben Kinder am sichersten mit einer vollwertigen Ernährung. Vollwertig heißt: Alle Nährstoffe werden in optimaler Menge mit den Lebensmitteln zugeführt – sinnvoll kombiniert und schonend zubereitet. Die körperliche und geistige Entwicklung, die Konzentrations- und Leistungsfähigkeit sowie die Widerstandskraft werden entscheidend beeinflusst durch das, was wir essen und trinken. Das gilt für Kinder und Erwachsene gleichermaßen. Kinder brauchen zusätzlich für ihr Wachstum Eiweiß, Mineralstoffe und Vitamine. Aufgrund ihres großen Bewegungsdrangs verbrauchen Kinder viel Energie, die ihnen mit der Nahrung wieder zugeführt werden muss.

Essen und Trinken mit Genuss

Kinder essen gerne, was nicht nur gut schmeckt, sondern auch appetitlich und lecker aussieht. Eine farbenfrohe Zusammenstellung der Mahlzeiten mit bunten Früchten oder bunten Gemüsearten, Nudeln in verschiedenen Farben und Formen regt den Appetit an. Ebenso kann eine nette Dekoration, buntes Geschirr, farbige Sets, verschiedene Kerzen und Blumen die gute Laune beim Essen fördern. Essen und Trinken dient auch dem seelischen Wohlbefinden, wenn es schmeckt und in angenehmer Atmosphäre eingenommen wird. Gemeinsame Mahlzeiten helfen dabei, dass die Familie zusammenkommt, an einem Tisch sitzt, sich unterhält, die Gemeinsamkeit und das Essen genießt.

1. Begründet den Sinn der aufgeführten Regeln für die Mahlzeiten von Kindern (siehe S. 72).

2. Wie werden bei euch zu Hause die Mahlzeiten eingenommen? Vergleicht eure Essgewohnheiten mit den aufgeführten Regeln.

3. Welche Tipps könnt ihr für ein vollwertiges Frühstück außer Haus (Kindergarten, Schule) geben?

4. Was haltet ihr von den Mahlzeiten im „Schlaraffenland" – oder ist es eher eine „Horror"-Vision?

5. Lasst ihr euch von der Werbung beeinflussen? Nennt Lebensmittel, die ihr aus der Werbung kennt und die ihr gerne esst. Wie lautet der Werbeslogan?

6. Macht Vorschläge, wie Kinder ihren zusätzlichen Bedarf an den Baustoffen (Eiweiß, Mineralstoffe), an Vitaminen sowie an Kohlenhydraten zur Energielieferung durch Lebensmittel oder Speisen decken können.

7. „Kinder sollten täglich einen halben Liter Milch trinken." Beurteilt diese Aussage.

„Schlaraffenland" – oder „Horror"-Vision?

Was würde ein Kind von folgenden Mahlzeiten halten?

Zum Frühstück:
Helle Brötchen, Weißbrot oder Toastbrot mit Butter, Nuss-Nougat-Creme, Marmelade, Wurst, Flakes mit Milch und Zucker

In der Pause:
Milchsnacks, süße Riegel, gesüßte Milchmischgetränke, Fruchtsaftgetränke, Fruchtjoghurts und Fruchtquark

Mittagessen:
Helle Nudeln oder Ravioli mit Soße, Hamburger mit Pommes und Cola, Pizza, Pudding mit Sahne

Zwischenmahlzeit:
Kuchen, Kekse, Süßigkeiten, gesüßte Getränke, Salzgebäck, Fast-Food-Imbiss

Abendessen:
Weißbrot mit Leberwurst, süße Aufstriche, süße Getränke, Fertigsalat mit Mayonnaisedressing

Als Betthupferl:
Schokolade, Süßigkeiten, Chips

Aufmerksamkeit ...

... und Zuwendung

Bedeutung der Erziehung als Orientierungshilfe für das Zusammenleben

Jede Familie hat andere Vorstellungen von der Lebensgestaltung. Diese ist abhängig von den finanziellen Gegebenheiten, den Bedürfnissen der Familienmitglieder und dem sozialen Umfeld. Sie ist u.a. das Ergebnis vorgelebter Werte und Normen aus den Herkunftsfamilien der Eltern und den außerfamiliären Bezugsgruppen wie Freundeskreis, Mitschüler, Kollegen, Bekannte, Verwandte sowie der jeweiligen Kultur.

Aufmerksamkeit und „wertvolle Zeit"
Ohne ein positives Verhältnis zum Kind sind alle Erziehungsanstrengungen vergeblich. Dazu gehört, mit dem Kind zu reden, ihm mit Interesse zuzuhören, Fürsorgen und Zuneigung zu zeigen. Als „wertvolle Zeit" bezeichnen Forscher über den Tag verteilte kurze Zeitspannen, in denen die Eltern dem Kind ungeteilte Aufmerksamkeit schenken. Viele solcher „Inseln" der Beachtung sind wichtiger für das Kind und die häusliche Harmonie als eine einzelne Stunde Zuwendung am Tag.

Familienregeln und „direktes Ansprechen"
Familien sollten sich wenige wichtige Regeln geben, die für alle Mitglieder gelten, etwa: Es wird am Tisch gegessen. Oder: Wir schlagen nicht und schreien uns nicht an – was auch für die Geschwister untereinander gilt. Entscheidend ist: Wird eine dieser Grundregeln verletzt, müssen die Eltern sofort einschreiten und auf der Einhaltung beharren („direktes Ansprechen"). Nur so lernen Kinder die Verbindlichkeit von Übereinkünften.

Klare Anweisungen und „logische Konsequenzen"
Viele Konflikte in Familien resultieren aus mangelhafter Kommunikation. Eltern geben beiläufige oder unklare Anweisungen, Kinder wissen nicht, was sie tun sollen. Wenn Mütter und Väter etwas von ihrem Kind verlangen, sollten sie dessen Aufmerksamkeit gewinnen, genau sagen, was sie von ihm erwarten, ihm Zeit geben, der Aufforderung nachzukommen – und es anschließend loben. Weigert sich das Kind, sollten „logische Konsequenzen" folgen.

INFO

Beispiele für logische Konsequenzen:
Kinder streiten sich lauthals über das Fernsehprogramm, also wird das TV-Gerät ohne Debatte für zehn Minuten abgeschaltet.

Ein Sohn will den Fahrradhelm nicht aufsetzen, also wird das Fahrrad für eine halbe Stunde oder einen halben Tag weggestellt.

Wichtig: Eltern, die nicht bereit sind, eine Konsequenz durchzusetzen, sollten ein Problemverhalten erst gar nicht ansprechen. Tadeln und Drohen ohne Folgen führt nur zu Streit.

1. Wo gibt es in euren Familien immer wiederkehrende Konflikte? Sammelt die Probleme an der Tafel und ergründet die Ursachen.

2. Berichtet, welche „Regeln" oder „Rituale" es in euren Familien gibt, die eine Orientierungshilfe für euer Zusammenleben bilden. Sammelt die Regeln ebenfalls an der Tafel.

3. Diskutiert die drei Strategien (siehe Infokasten) als Grundlage einer effektiven Erziehung. Decken sich die Regeln mit euren häuslichen Regeln?

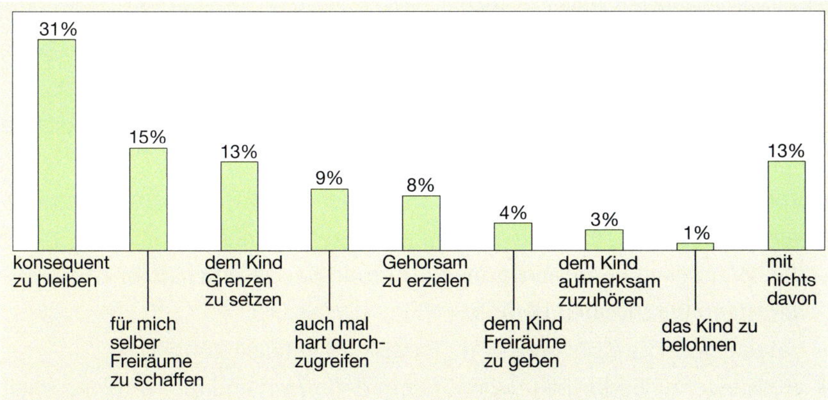

Womit haben Sie bei der Erziehung die meisten Schwierigkeiten?

Möglichkeiten gemeinsamer Freizeitgestaltung

In der Familie will nicht nur der Alltag mit seinen Aufgaben und Pflichten geregelt sein. Die Freizeit muss ebenfalls geplant und auf die Bedürfnisse der Familienmitglieder abgestimmt werden, damit sie für alle eine Zeit der Entspannung und Erholung ist. Gemeinsame Erlebnisse und Freizeitvergnügen stärken das Zusammengehörigkeitsgefühl und sind von großer Bedeutung für ein harmonisches Miteinander. Freizeit sollte allen Spaß und Freude bereiten, wobei die Planung einer Freizeitaktivität bereits Vorfreude und Spannung mit sich bringt.

1. Betrachtet das Säulendiagramm. Warum haben die Eltern wohl diese Schwierigkeiten?

2. Sammelt weitere Freizeitaktivitäten für die Familie, die nicht zu teuer sind, aber allen Spaß machen.

3. Erkundet, welche Freizeitangebote es in eurer Stadt/Gemeinde für Familien gibt.

4. Erstellt eine Collage: „So stelle ich mir meine Freizeit mit meiner Familie vor."

Freizeitsport

Am Ende dieses Kapitels sollst du
- die Aufgaben und Rollen von Vätern, Müttern und Geschwistern bzw. anderer Bezugspersonen innerhalb der Familie beschreiben können,
- Aufgaben- und Rollenverteilungen im Alltag von Familien vergleichen können,
- Veränderungsmöglichkeiten von Aufgaben- und Rollenverteilungen in verschiedenen Familiensituationen aufzeigen können,
- den Wandel von Familienformen aufgrund der gesellschaftlichen Veränderungen beschreiben können,
- unterschiedliche Konzepte von „Familie" darstellen können,
- grundlegende Bedürfnisse von Kindern definieren und die Notwendigkeit der Bedürfnisbefriedigung begründen können,
- Einflussfaktoren auf die Ernährung von Kindern nennen können,
- die Bedeutung der Erziehung als Orientierungshilfe für das Zusammenleben erläutern können,
- Möglichkeiten gemeinsamer Freizeitgestaltung für ein harmonisches Miteinander recherchieren können.

1. Beschreibe die Bedeutung der Familie für Kinder zum Erlernen des sozialen Verhaltens für das Vermitteln von Werten und Normen.

2. Erläutere die nach dem BGB festgelegten Rechte und Pflichten bezüglich Ehe und Familie und ihre Auswirkungen auf das Zusammenleben in der Familie.

3. Interpretiere die Karikatur und beschreibe die vielfältigen Aufgaben der Hausfrau in einer Kernfamilie, wenn sie allein für die Haushaltsführung und Kinderbetreuung zuständig ist.

Vater in Elternzeit

4. Nenne Hinderungsgründe für eine gleichberechtigte Rollenverteilung innerhalb der Familie.

5. Mache einen Vorschlag für eine partnerschaftliche Aufgabenverteilung für folgenden Fall:
Lisa und Michael haben vor Kurzem geheiratet und sind beide von 8.00 bis 17.00 Uhr berufstätig.
Liste die täglich und wöchentlich anfallenden Aufgaben im Haushalt auf und verteile sie gerecht auf beide Partner.

6. Beschreibe die rechtlichen Grundlagen, die das „Tagesausbaubetreuungsgesetz" (TAG) für die Kinderbetreuung schafft.

Zeit miteinander verbringen

7. Wähle geeignete Betreuungsangebote für die Familiensituation aus, damit Beruf und Familie in Einklang gebracht werden können:
Brigitte will sich nach 12-jähriger Ehe scheiden lassen, weil sich ihr Mann wegen einer neuen Beziehung von ihr getrennt hat. Sie hat 2 Kinder im Alter von 7 und 9 Jahren, für die sie in Zukunft das Sorgerecht erhält. Sie muss dann für den Lebensunterhalt im Wesentlichen alleine aufkommen, denn sie bekommt von ihrem Ex-Mann nur geringfügige Pflichtunterhaltszahlungen.
Brigitte war immer halbtags als Steuerfachgehilfin berufstätig, die Kinder waren vormittags im Kindergarten und in der Schule untergebracht. Nun muss sie ganztags arbeiten, um genügend Geld für den Unterhalt der Familie zu verdienen.

Zeit miteinander verbringen

8. Beschreibe den Wandel der Familienformen aufgrund der gesellschaftlichen Veränderungen.

9. Stelle unterschiedliche Familienformen dar:
a) Kernfamilie
b) Ein-Eltern-Familie
c) Patchwork-Familie

10. Begründe, weshalb die Befriedigung der grundlegenden Bedürfnisse für eine positive Entwicklung von Kindern notwendig ist.

11. Nenne Einflussfaktoren auf das Essverhalten von Kindern und mache Vorschläge für eine gesunde, vollwertige Ernährung.

12. Beschreibe Regeln für eine effektive Erziehung, die Eltern auf keinen Fall missachten sollten.

13. Mache Vorschläge von Freizeitaktivitäten für eine Familie mit zwei kleinen Kindern im Alter von drei und sechs Jahren.

III Ernährung und Hauswirtschaft I

In diesem Kapitel lernt ihr anhand eines Expertengesprächs die industrielle Lebensmittelproduktion an einem ausgewählten Beispiel kennen und beurteilt diese in Bezug auf Nachhaltigkeit mithilfe einer Produktlinienanalyse. Ihr erkundet die handwerkliche Herstellung von Lebensmitteln, stellt entsprechende Vergleichsprodukte selbst her und bewertet beide unter den Aspekten Kosten, Zeitaufwand, Qualität und Umweltbelastung. Ihr setzt euch mit den gesetzlichen Vorschriften zur Lebensmittelkennzeichnung und Lagerung von Produkten auseinander und lernt die Organisationen und Möglichkeiten der Überwachung von Lebensmitteln zum Schutz der Verbraucher kennen.

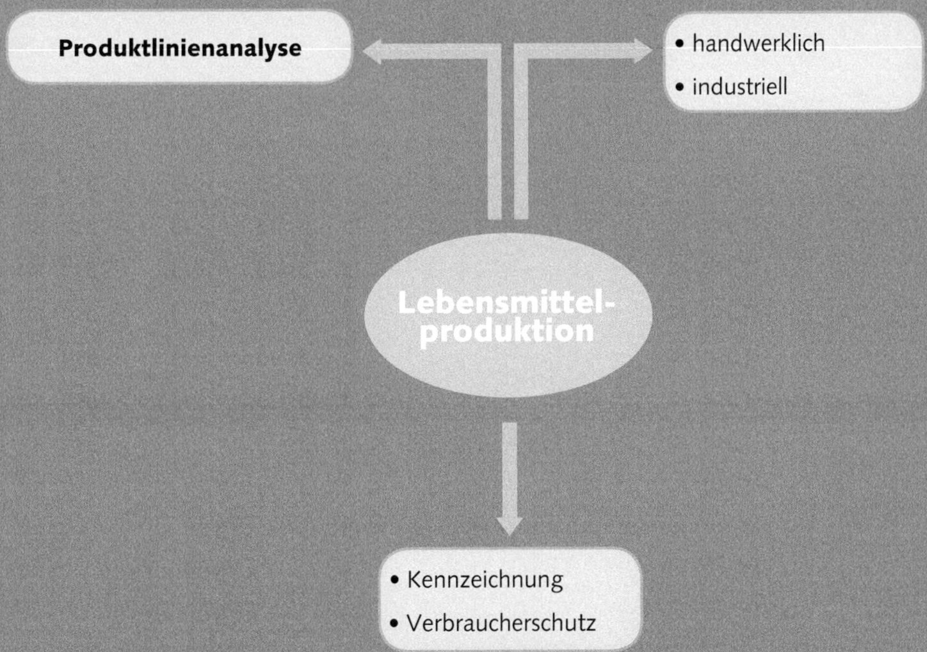

1 Industrielle Lebensmittelproduktion und nachhaltige Entwicklung

Grundfunktionen von Produktionsbetrieben

Produktion ist die Erstellung von Sachgütern mit dem Streben nach Gewinn und Wirtschaftlichkeit. Aus Inputgütern (Rohstoffe, Vorprodukte) werden Outputgüter (Produkte) hergestellt. Es ist ein Wertschöpfungsprozess, bei dem die Produktionsfaktoren Arbeitskräfte, Betriebsmittel und Werkstoffe kombiniert werden.
Jedes Unternehmen, ob ein Handwerksbetrieb oder ein Industriebetrieb, muss drei immer wiederkehrende Grundfunktionen erfüllen: Beschaffung, Produktion, Absatz.

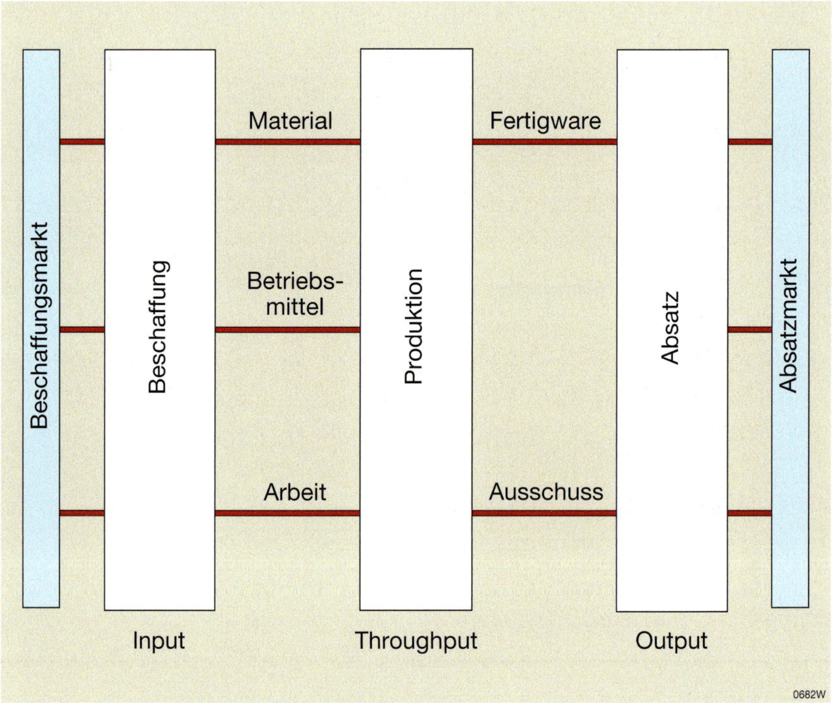

Merkmale der industriellen Lebensmittelproduktion

Die industrielle Produktion ist gekennzeichnet durch die Herstellung und Weiterverarbeitung von Lebensmitteln und Vorprodukten in Fabriken.
Merkmale sind unter anderem:
- Massenproduktion,
- hoher Grad an Mechanisierung und Automatisierung,
- hoher Technologisierungsgrad,
- Arbeitsteilung in der Produktion,
- Standardisierung und Normung der Produkte,
- Produktion auf Vorrat für einen anonymen Absatzmarkt,
- Handel.

Industrielle Lebensmittelproduktion und Nachhaltigkeit

B „Ich wollte herausfinden“, erklärte Stefanie Böge, „wie viel Raum überwunden werden muss, um so ein wirklich simples Konsumprodukt wie Erdbeer-Eiskrem herzustellen. Wie viele Kilometer werden gefahren, welche Transportkosten fallen an, welche Schadstoffe werden freigesetzt, wie viel Energie und Wasser werden verbraucht, kurzum, was nimmt man in Kauf, wenn man so ein alltägliches Produkt ersteht? Betriebswirtschaftlich nämlich, aus der Sicht des Unternehmens, sind die Transportwege, Rohstofflieferungen und Produktionskosten genau berechnet und gewinnträchtig kalkuliert. Die Unternehmen stellen immer weniger Teile selbst her und beziehen von immer mehr Fremdfirmen, was zu einer transportintensiven Produktion führt. Ökologisch hingegen nimmt sich der Verkehrsstrom ganz anders aus. Die Schadstoffbelastung bei der landwirtschaftlichen Erzeugung, die damit verbundenen gesundheitlichen Auswirkungen, der Energieverbrauch, die durch Stickstoffoxyde verunreinigte Luft, der Lärm, die Staus belasten unsere Umwelt und Mitmenschen.“

Produktlinienanalyse als Mittel zur Erfassung der Nachhaltigkeit eines industriell produzierten Lebensmittels

Bei einer Produktlinienanalyse wird der gesamte Lebenslauf eines Produktes von der Gewinnung der Rohstoffe über die Produktion und Verteilung bis hin zur Verwertung bzw. Beseitigung in den Blick genommen. Hier stehen also neben der Wirtschaftlichkeit auch die Umwelt- und Sozialverträglichkeit im Mittelpunkt.

Ziel der Methode ist die Analyse von Produkten des täglichen Bedarfs mit der gleichzeitigen Suche nach einer „zukunftsfähigen“ Produktions- und Lebensweise, welche auch die Lebensbedingungen künftiger Generationen sichert (Nachhaltigkeit).

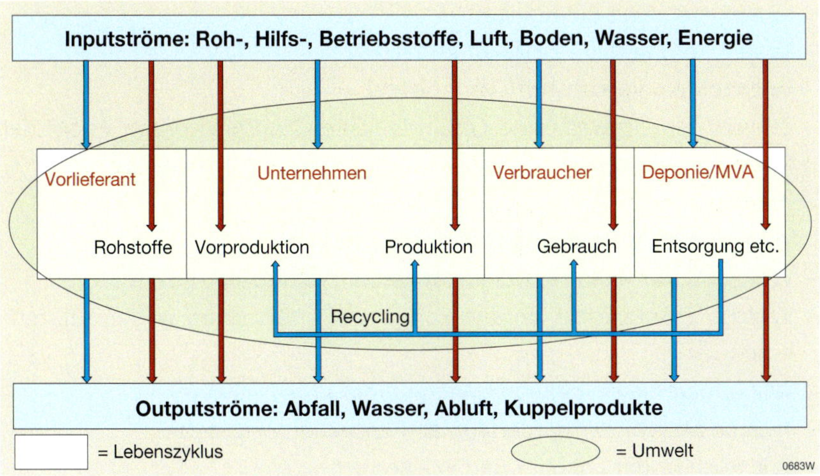

Expertenbefragung

Um Genaueres über die industrielle Lebensmittelproduktion und nachhaltige Entwicklung zu erfahren, kann es notwendig und hilfreich sein, die Schule zu verlassen und außerschulische Lernorte zu nutzen, wie z. B. einen Lebensmittel verarbeitenden Industriebetrieb in der Umgebung. Dort wird Zusatzmaterial und Expertenwissen zur Verfügung gestellt.

Vorbereitung

1. Vorbereitung
Thema: Produktlinienanalyse
Folgende Fragen könnt ihr an einen Experten eines Lebensmittel verarbeitenden Industriebetriebes stellen:

Informationen zur Rohstoffgewinnung
- Woher beziehen Sie Ihre Rohstoffe für die Verarbeitung/Herstellung?
- Aus welchen Gründen wurden diese Rohstofflieferanten gewählt?
- Wie sehen die sozialen Bedingungen bei der Rohstoffgewinnung aus?
- Wie werden diese Rohstoffe gewonnen?
- Woher stammen die Rohstoffe?
- Woher kommt das Verpackungsmaterial?
- Wie werden die Rohstoffe verarbeitet?
- Zu welchen Umwelt- und Gesundheitsbelastungen kommt es bei der Rohstoffgewinnung?

Informationen zu Produktionsbedingungen
- Welche Vorprodukte werden eingesetzt, z. B. Fruchtkonzentrate?
- Welche Zusatzstoffe werden verwendet und warum (siehe Zutatenliste)?
- Wie erfolgt die Produktion? Wie sind die Arbeitsabläufe?
- Welche Maschinen werden für die Produktion eingesetzt?
- Wie hoch ist der Energie- und Wasserverbrauch?

- Was passiert mit dem Abwasser?
- Wie und wie lange werden die fertigen Produkte gelagert?
- Wurden bei der Produktion auch Umweltaspekte berücksichtigt?
- Welche Maßnahmen werden im Betrieb ergriffen für sozialverträgliche Arbeitsbedingungen der Arbeitnehmer, z. B. Lärmschutz, Pausen?

Informationen über Transportvorgänge
- Wie weit sind die Transportwege für die Beschaffung der Rohstoffe und Vorprodukte?
- Wie erfolgt die Beschaffung?

Informationen über Handel und Verkauf
- Wer sind Ihre Hauptabnehmer? Werden Ihre Produkte an bestimmte Handelsketten geliefert?
- Werden Ihre Produkte nur unter einem Markennamen verkauft oder gibt es No-Name oder handelseigene Bezeichnungen?
- Wie weit ist Ihr Auslieferungsbereich: regional, bundesweit, europaweit, weltweit?
- Vertreiben Sie Ihre Produkte selbst oder über fremde Logistikfirmen?

Informationen über Verpackung und Entsorgung
- Wurden bei der Wahl der Verpackung auch umweltgerechte Entsorgungsaspekte berücksichtigt?
- Werden die Produkte in Einweg- oder Mehrwegbehältern angeboten?
- Wie erfolgen die Reinigung, der Rücklauf und das Recycling?
- Welche Transportwege sind dafür erforderlich?

2. Festlegen der Arbeitstechnik

Vor dem Gespräch solltest du den Fragebogen dem Experten/der Expertin zusenden, damit er/sie sich darauf vorbereiten kann. Dann muss noch festgelegt werden, wie die Befragungsergebnisse festgehalten werden sollen, z. B. mit einem schriftlichen Protokoll, einer Videoaufzeichnung oder einem Tonmitschnitt.

Festlegung der Arbeitstechnik

3. Durchführung

Die Durchführung hängt vor allem davon ab, welche Arbeitstechnik gewählt wurde.

Durchführung

4. Auswertung

Es bietet sich an, ein Protokoll vom Expertengespräch anzufertigen und das Ergebnis der Produktlinienanalyse in einem Schaubild darzustellen – siehe nächste Seite. Die Ergebnisse solltest du auch dem Experten zuschicken, damit er sehen kann, wie seine Ausführungen angekommen sind. Die Auswertung sollte auf jeden Fall auch die Kritik an dir selbst enthalten: Was habe ich gut gemacht, was kann ich verbessern?

Auswertung

Beispiel einer Produktlinienanalyse

Eiskremproduktion, Produkt: Erdbeer-Eis
Die industrielle Eiskremproduktion begann Ende des 19. Jahrhunderts, als die ersten mechanischen Kühlgeräte entwickelt wurden. Eiskrem und verwandte Produkte lassen sich in verschiedene Sorten einteilen, je nach ihrem Fettgehalt, z. B. in Milch-Eis, Wasser-Eis, Frucht-Eis (Sorbet), Eiskrem.

Die ausgewählte Sorte Erdbeer-Eis besteht aus:
10 % Fett (Pflanzenfett und Butter)
11 % fettfreie Milchtrockenmasse (Eiweiß, Laktose, Salze)
15 % Zucker (Glukose, Fruktose, Kristallzucker)
0,5 % Emulgatoren E 471 und Stabilisatoren (Guarkernmehl)
63,5 % Erdbeerfruchtzubereitung (Erdbeeren püriert, aufgekocht, sterilisiert).
Wasser und andere Zutaten wie Rote-Betesaft-Konzentrat zur Farbgebung, Erdbeeraroma zur Geschmacksintensivierung, Zitronensäure zur Einstellung des Säuregehaltes, können zugesetzt werden.

INFO

Beschaffung der Rohstoffe und Vorprodukte
Die Zutaten werden aus ganz Europa bezogen. Gründe für die Wahl der Bezugsquellen sind Qualität, Preis und Verfügbarkeit. Die Anlieferung der Vorprodukte erfolgt ausschließlich per Lkw.

Absatz des Produktes Erdbeer-Eis
Das Produkt wird europaweit vertrieben. Dabei übernehmen die Tiefkühlfahrzeuge fremder Logistikunternehmen oder der Kunden den Transport der Ware zum Zielgebiet. Dieses sind der Lebensmitteleinzelhandel (LEH), die Discounter und die Heimdienste. Der Vertrieb erfolgt zum überwiegenden Teil unter dem Logo und der Marke der jeweiligen Lebensmittelkette.

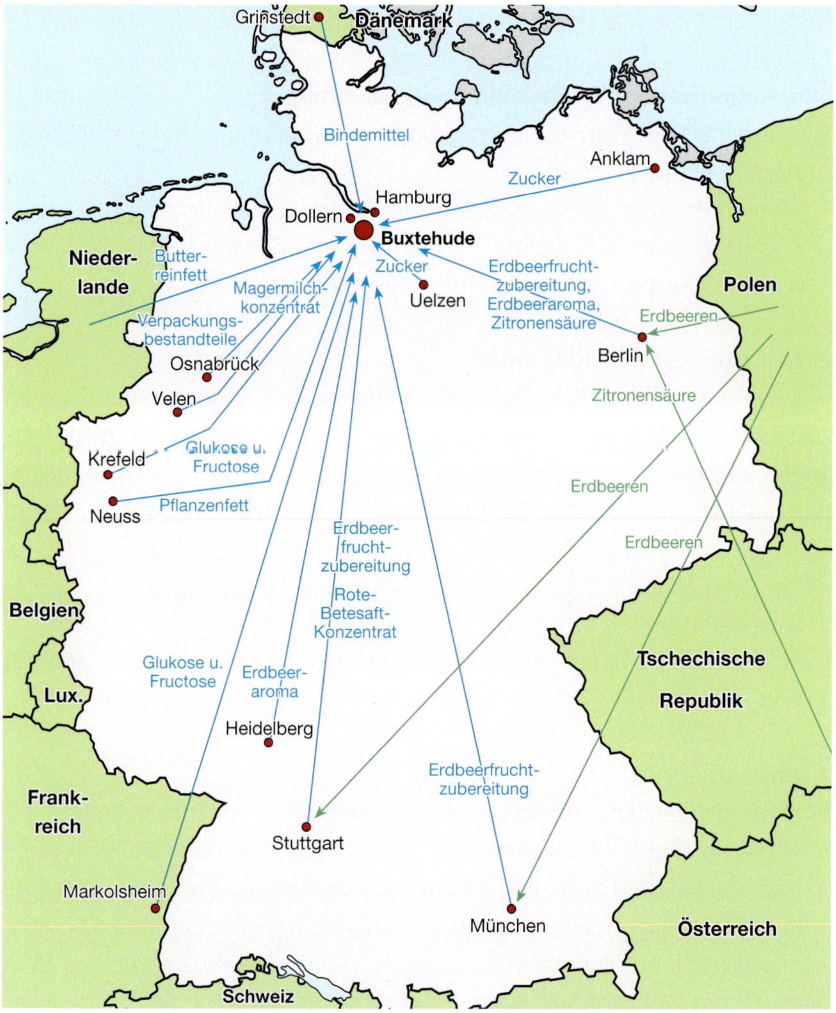

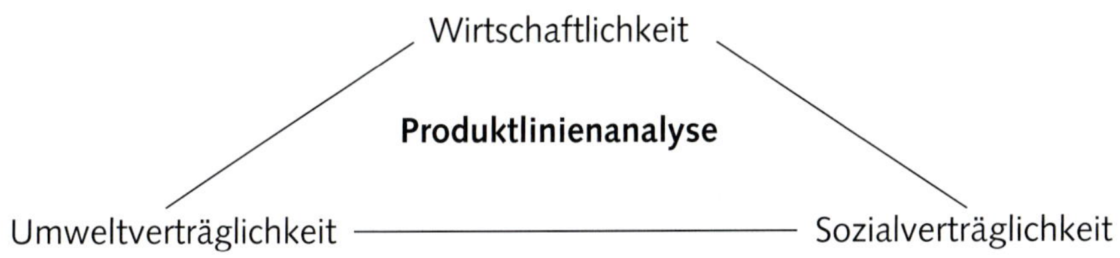
Wirtschaftlichkeit
Produktlinienanalyse
Umweltverträglichkeit
Sozialverträglichkeit

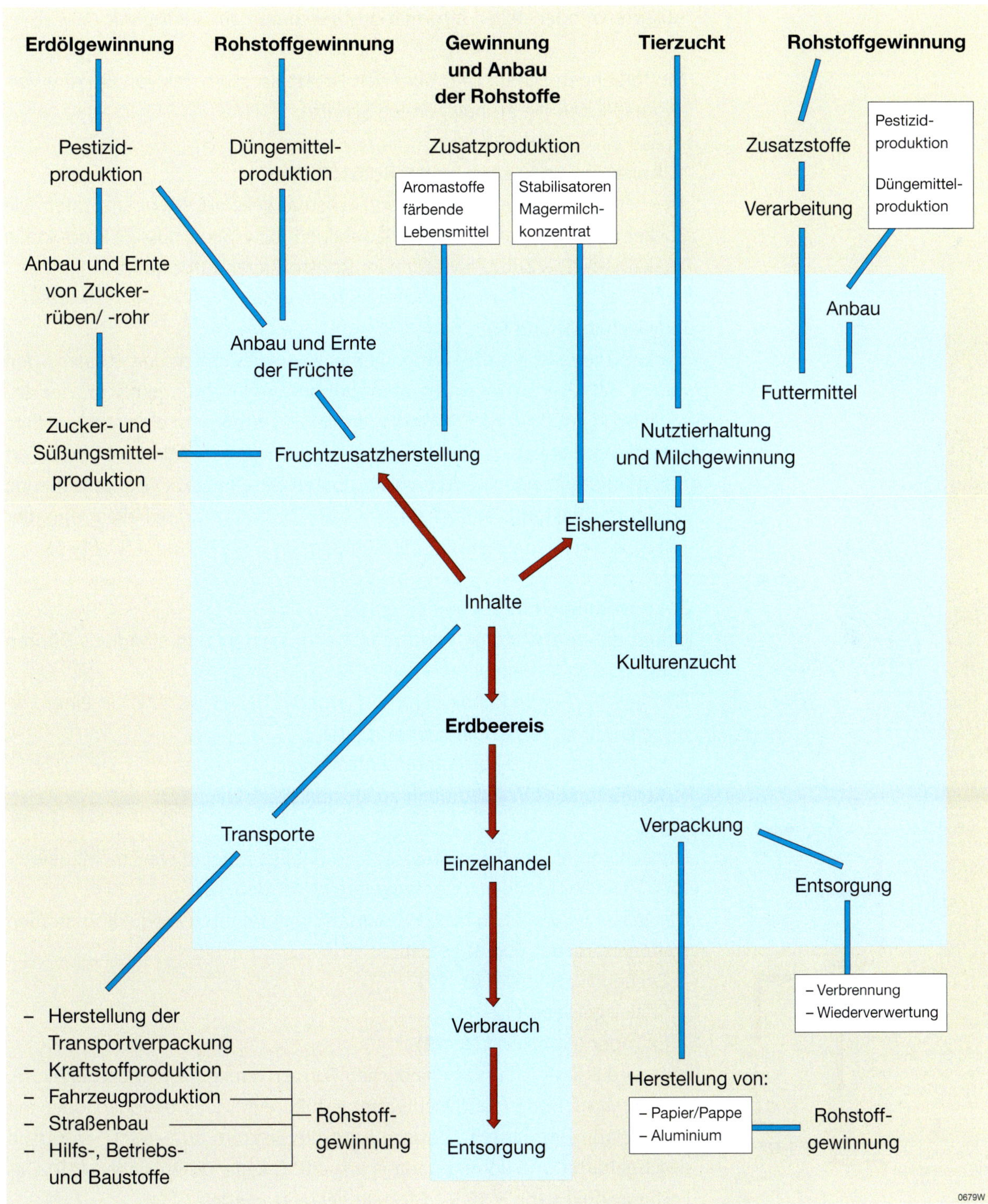
Erdölgewinnung
Rohstoffgewinnung
Gewinnung und Anbau der Rohstoffe
Tierzucht
Rohstoffgewinnung
Pestizid-produktion
Düngemittel-produktion
Zusatzproduktion
Zusatzstoffe
Pestizid-produktion
Düngemittel-produktion
Aromastoffe färbende Lebensmittel
Stabilisatoren Magermilch-konzentrat
Verarbeitung
Anbau und Ernte von Zucker-rüben/ -rohr
Anbau
Anbau und Ernte der Früchte
Futtermittel
Zucker- und Süßungsmittel-produktion
Fruchtzusatzherstellung
Nutztierhaltung und Milchgewinnung
Eisherstellung
Inhalte
Kulturenzucht
Erdbeereis
Transporte
Verpackung
Einzelhandel
Entsorgung
– Verbrennung
– Wiederverwertung
– Herstellung der Transportverpackung
– Kraftstoffproduktion
– Fahrzeugproduktion
– Straßenbau
– Hilfs-, Betriebs- und Baustoffe
Rohstoff-gewinnung
Verbrauch
Herstellung von:
– Papier/Pappe
– Aluminium
Rohstoff-gewinnung
Entsorgung
0679W

Produktion von Eiskrem

Die Eiskremproduktion erfolgt in einer großindustriellen Anlage vollautomatisch unter strengen Hygieneauflagen. Daher wird es in den seltensten Fällen möglich sein, einen Lebensmittel verarbeitenden Industriebetrieb zu besuchen. Viele Firmen bieten aber Präsentationsfilme über betriebliche Abläufe an oder stellen Informationsbroschüren zur Verfügung.

Die folgenden Schaubilder über den Herstellungsprozess von Eiskrem veranschaulichen die grundlegenden Schritte.

1. Annahme und Lagerung der Rohstoffe (A)

Trockenprodukte werden meist in Säcken angeliefert, Mengenzutaten wie Zucker und Milchpulver meist in Containern bzw. Silos, flüssige Produkte in Tankzügen. Die Zutaten werden im Rohstofflager aufbewahrt.

2. Mischen (B und C).

Tankgelagerte Rohstoffe werden gemeinsam mit Zutaten und Zusatzstoffen auf ca. 50 °C erwärmt und zu einem homogenen Mix gemischt, der anschließend erhitzt wird. Die Homogenisierung ermöglicht eine gleichmäßige Verteilung des Fettes. Die Aufschlagfähigkeit des Eis-Mix wird verbessert und man erhält einen glatten vollmundigen Geschmack. Die anschließende Erhitzung (Pasteurisierung) sorgt für die Abtötung krankheitserregender Mikroorganismen. Es erfolgt die Kühlung des Eismixes auf 4 °C. **(1–5)**

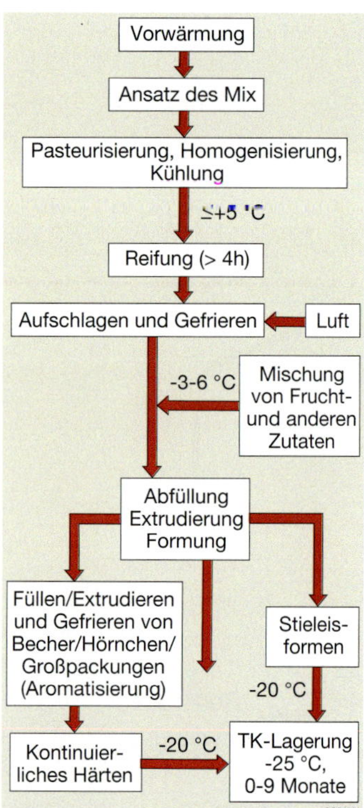

3. Eisproduktion und Abpackung (D)

Durch die 4-6-stündige Reifung in Reifungstanks und ständiges Rühren wird die Beschaffenheit verbessert. **(6)**

Das anschließende kontinuierliche Gefrieren bei –3 bis –7 C° in einer Eismaschine (Freezer) erfüllt zwei Aufgaben:

- Einschlagen einer bestimmten Luftmenge,
- Ausfrieren des Wasseranteils zu kleinen Eiskristallen **(7)**.

Danach können trockene, stückige und flüssige Zutaten wie Fruchtzubereitung, Saucen, Mandeln o. Ä. beigemischt werden. **(8)**

Die Masse wird jetzt, je nach Produktart, in getrennten Produktionsstraßen weiterverarbeitet und abgefüllt:

- Becher/Waffelfüller **(9–11)**
- Stieleisgefrierer **(12–14)**
- Extruder (Abfüller) **(15–18)**

Hier wird Eiskrem in unterschiedlichen Formen direkt in einen Becher/Dose, in eine Waffel oder Sandwichwaffel gefüllt, evtl. noch dekoriert oder mit Schokolade ummantelt. Danach wird die Eiskrem auf –40 °C gründlich durchgehärtet und kommt danach ins –28 °C kalte Tiefkühllager. **(19)** Das Fertigprodukt kann 9 bis 24 Monate gelagert werden.

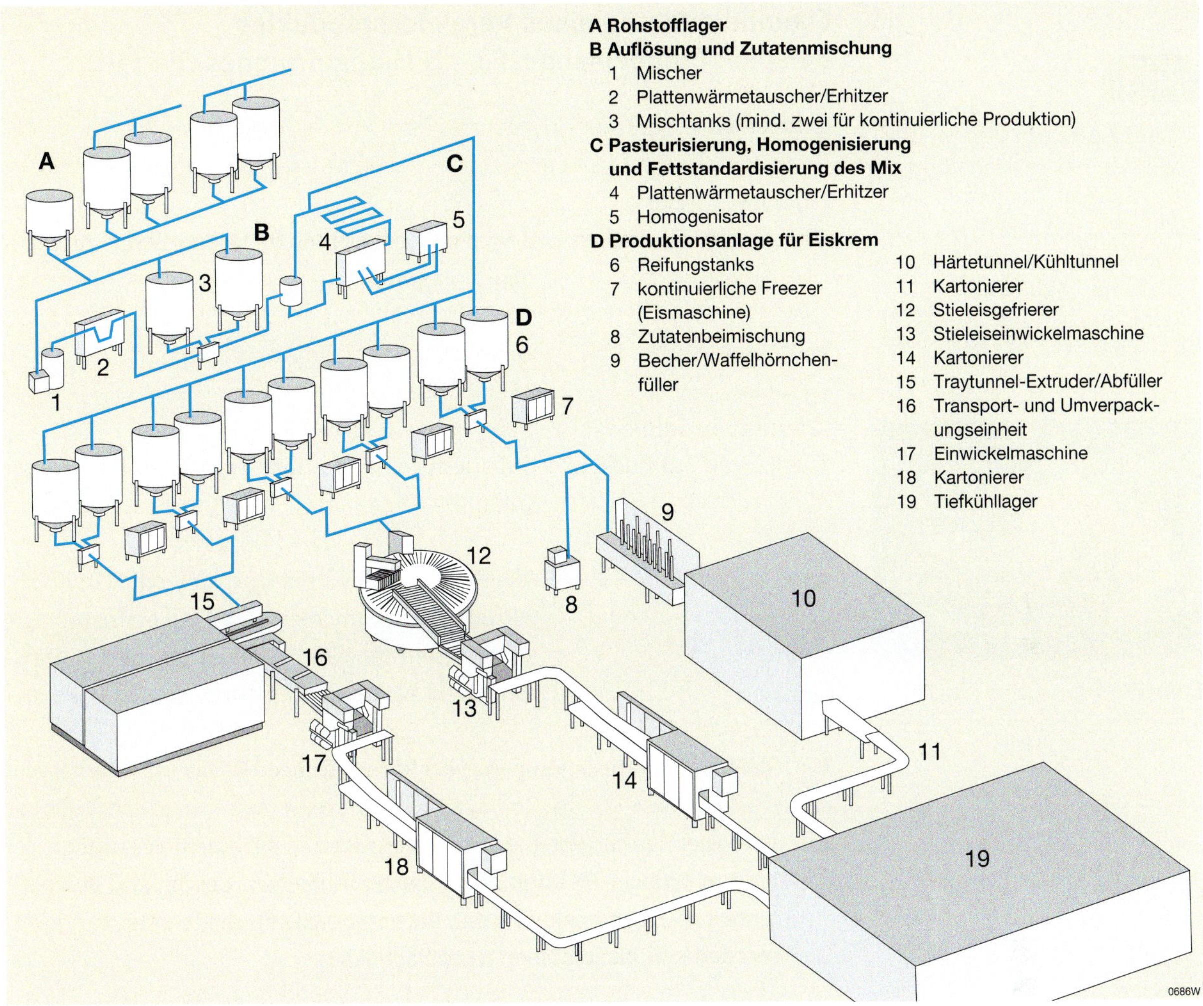

Bewertung des Produktes Erdbeer-Eis unter dem Aspekt der Nachhaltigkeit

Für die europaweite **Beschaffung** per Lkw und den **Vertrieb** der Produkte in Kühlwagen wird viel Treibstoff verbraucht und es werden Schadstoffe freigesetzt.

Bei der **Produktion** von Eiskrem ist der Stromverbrauch sehr hoch. Das vorherige Erhitzen auf 85 °C beim Pasteurisieren und das anschließende Abkühlen auf 4 °C und später im Freezer auf −3 bis −7 °C erfordert sehr viel Energie.

Für die Lagerung der Fertigprodukte bei −28 °C bis zu 24 Monaten wird ebenfalls viel Strom verbraucht. Allerdings wird als Energiesparmaßnahme die Abwärme von großen Kühlmaschinen gewonnen und für unterschiedliche Produktionsprozesse weiter verwendet. Außerdem ist der Wasserverbrauch für die Kühlprozesse, die Betriebshygiene und für den eigentlichen Wasseranteil in den Endprodukten sehr hoch.

Eigenherstellung eines Vergleichsproduktes
Beispiel: Erdbeersahne-Eis als Halbgefrorenes (Parfait)

INFO

Da die **Eier** roh verarbeitet werden, sollte man wegen der Salmonellengefahr auf Bio-Qualität sowie vor allem auf die Frische der Eier und Sauberkeit bei der Verarbeitung achten.

Erdbeer-Eis

2 frische Bio-Eier
60 g (3 geh. El) Zucker — 8 Min. mit dem elektrischen Handrührgerät schaumig schlagen

250 g Erdbeeren — waschen, putzen, im Mixer pürieren

125 ml süße Sahne
40 g (2 geh EL) Zucker — mit dem elektrischen Handrührgerät steif schlagen

Alle drei Zutaten vorsichtig mit einem Handmixer verrühren, in Förmchen füllen und einfrieren. Die Masse reicht für 10–12 Förmchen, z. B. Muffinsförmchen. Mit einer halben Erdbeere verzieren.

Erdbeereis

1. Stellt in den Arbeitsgruppen je ein Rezept Erdbeer-Eis her und friert es ein.

2. Verkostet das hergestellte Eis und vergleicht es mit einem gekauften Produkt Erdbeer-Eis unter den Aspekten Aussehen, Geschmack, Beschaffenheit, Preis und Zeitaufwand. Bewertet beide Produkte unter ökonomischen und ökologischen Gesichtspunkten.

3. Sucht euch selbst einen industriellen Lebensmittelproduktionsbetrieb in eurer Nähe und führt entsprechend der vorgestellten Produktlinienanalyse ein Expertengespräch über Beschaffung, Produktion und Absatz des Produktes. Dokumentiert das Ergebnis.
Stellt, wenn möglich, ebenfalls ein Vergleichsprodukt in Eigenherstellung her.

4. Führt eine Pro- und Kontra-Diskussion:
a) Vorteile und Nachteile der industriellen Lebensmittelproduktion
b) Ist die industrielle Lebensmittelproduktion zur Sicherung der Ernährung der Bevölkerung notwendig?

5. Entwickelt Handlungsalternativen zum vorwiegenden Konsum industrieller Lebensmittel für eine nachhaltige Entwicklung.

6. Lust zum Weitermachen?
Ihr könnt das Erdbeereis auch in größeren Mengen im Rahmen eines Projektes herstellen und in der Schulpause verkaufen.

2 Handwerkliche Brotherstellung und nachhaltige Entwicklung: Fabrikbrot oder Handwerksbäcker?

Ein ökologischer Vergleich von Brot im Supermarkt und Bäckereibrot

Brot ist unser wichtigstes Lebensmittel. Aber ist es ökologisch? Neben Mehl, Wasser, Salz und einigen weiteren Inhaltsstoffen steckt Umweltbelastung in unserem Brot. Diese kommt von der landwirtschaftlichen Produktion des Getreides, dem Energieeinsatz beim Mahlen und Backen, den Transporten und vielem mehr. Um die Umweltbelastungen bei der Herstellung von Brot zu erfassen und zu bewerten, wendet man die bereits vorgestellte Produktlinienanalyse, auch Ökobilanz genannt, an. Damit werden mittlerweile standardmäßig Produkte miteinander verglichen.

Getreideernte

Das fängt an bei der Herstellung von Düngemitteln für die landwirtschaftliche Produktion. Phosphatdünger kommt mit großem Transportaufwand aus den USA und Russland, Stickstoffdünger wird mit hohem Energieeinsatz in Europa produziert. Saatgut muss hergestellt werden und – je nach Anbauverfahren – auch Pflanzenschutzmittel. Anbau, Ernte, Lagerung, Trocknung, Transporte, Mahlen, Backen sowie Produktion und Transport der weiteren Inhaltsstoffe wie Salz und Hefe dürfen nicht vergessen werden.

Industrielle Brotproduktion und nachhaltige Entwicklung

B

Harry-Brot

Die Geschichte von Harry-Bäcker in Hamburg-Altona reicht bis in das Jahr 1688 zurück. Heute hat Harry neun Produktionsstätten und ist die starke Nr. 2 im deutschen Brot- und Backwarenmarkt. Für die Harry-Bäcker steht der gesunde Genuss ihrer Backwaren im Vordergrund und dass bei ihrer Herstellung Verantwortung für die Belange einer gesunden Umwelt übernommen werden. Das geschieht durch Senkung des Energie- und Wasserverbrauchs, das intelligente Schalten und Nutzen der Backanlagen und schließlich die Verwertung von Lebensmittelresten zu Tierfutter.

Harry kauft ausschließlich Rohwaren ein, die gentechnisch nicht verändert sind. Sämtliche Backwaren werden ohne Konservierungsstoffe produziert. Zusatzstoffe werden nur dann verwendet, wenn sie die Produktqualität entscheidend verbessern.

INFO

Eine weitere Informationsquelle ist die DVD vom aid „Brot und Kleingebäck“, www.aid.de; E- Mail: aid@aid.de

1. Informiert euch genauer über die umweltgerechte industrielle Brotproduktion von Harry unter www.harry-brot.de.

2. Stellt anhand der Informationsmaterialien die industrielle Brotproduktion von Harry in Form einer Produktlinienanalyse dar.

Blick in die Backstube

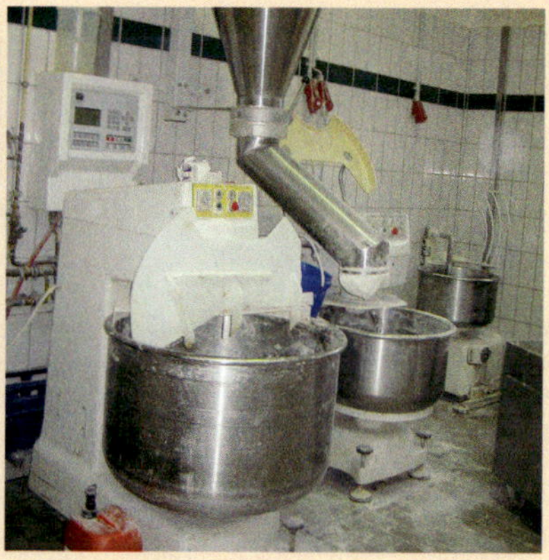
Teigmaschine

Brötchen formen

Der Hefeteig muss gehen

Backofen

Fertiges Brötchen

Wir erkunden eine Bäckerei: Beispiel Brötchenherstellung

Eine wichtige Methode, etwas über den Herstellungsprozess von Lebensmitteln zu erfahren, ist die Erkundung von handwerklichen Betrieben, die euch vom Handwerksmeister oder Betriebsinhaber persönlich gezeigt werden, und wo euch vor Ort die einzelnen Stationen anschaulich erklärt werden und ihr Fragen stellen könnt.

Hier findet ihr einen Vorschlag, wie ihr eine Betriebserkundung in einer Bäckerei vorbereiten, durchführen und nachbereiten könnt, um die betrieblichen Grundfunktionen Beschaffung, Produktion und Absatz unter ökonomischen und ökologischen Gesichtpunkten kennenzulernen und eine Produktlinienanalyse von einem ausgewählten Produkt zu erstellen.

In den meisten Fällen sind die heutigen Bäckereien Großbäckereien mit modernen, energieeffizienten Maschinen und Anlagen, quasi eine Brotfabrik im Kleinen, mit mehreren Verkaufsfilialen.

Vorbereitung der Erkundung:
Zur Vorbereitung müsst ihr zunächst mit eurer Lehrkraft einen Bäckereibetrieb auswählen, der für eure Erkundung infrage kommt. Dann muss im Betrieb angefragt werden, ob ihr in einem bestimmten Zeitraum einen Besuch machen könnt. Im Anschluss könnt ihr im Unterricht die Erkundungsschwerpunkte festlegen und Fragen entwickeln. Diese solltet ihr aufschreiben und dem Ansprechpartner im Unternehmen rechtzeitig zukommen lassen, damit dieser sich gut vorbereiten kann. Folgende Fragen könnt ihr stellen:

Vorbereitung

Informationen zum Betrieb
- Seit wann gibt es den Betrieb?
- Wie viele Filialen hat der Betrieb? Wie groß ist der Lieferbereich?
- Wie viele Mitarbeiter haben Sie?
- Welche Berufe gibt es in der Bäckerei? Welche Berufe bilden Sie aus?
- Welche Anforderungen stellen Sie an Ihre Angestellten?

Informationen zu den Grundfunktionen
Beschaffung
- Woher beziehen Sie Ihr Mehl und weitere Zutaten?
- Woher stammen die Rohstoffe?
- Wie werden die Rohstoffe gewonnen?
- Werden Umweltaspekte berücksichtigt?

Produktion
- Wie viele verschiedene Brotsorten stellen Sie her?
- Wie viele Brötchen und andere Backwaren stellen Sie pro Tag her?
- Wie erfolgt die Produktion? Wie sind die Arbeitsabläufe?
- Welche Maschinen werden für die Produktion eingesetzt?
- Wie hoch ist der Energie- und Wasserverbrauch?
- Werden bei der Produktion Umweltaspekte mit berücksichtigt?
- Wie sind die Arbeitszeiten und -bedingungen der Arbeitnehmer?

Absatz
- Wann öffnen Ihre Läden?
- Wie organisieren Sie die Lieferung zu den Filialen, sodass dort immer ausreichend Ware im Angebot ist?
- Wie betreiben Sie Werbung für Ihre Produkte?

Durchführung

Durchführung der Erkundung
Vor der Durchführung müsst ihr klären, wer welche Aufgaben übernimmt. Während der Erkundung solltet ihr euch in Gruppen aufteilen und die Erkundungsaufgaben ausführen. Die Ergebnisse haltet ihr schriftlich fest.

Auswertung

Auswertung
Die Ergebnisse der Erkundung sollten die wichtigsten Antworten auf eure Fragen enthalten. Ihr könnt eine Produktlinienanalyse als Schaubild erstellen, auf einer Wandzeitung oder einer PowerPoint-Präsentation.

Eigenherstellung eines Vergleichsproduktes
Beispiel: Weizenbrötchen

Zutaten mischen

Teig herstellen

500 g Weizenmehl	in eine Rührschüssel geben
1 Paket Trockenhefe	mit dem Mehl gut vermengen
300 ml lauwarmes Wasser	
1 TL Salz 1 TL Zucker 1 EL Öl	zufügen.
	Alle Zutaten kräftig durchkneten, zu einem geschmeidigen Teig verarbeiten, 20 Min. ruhen lassen.
	Kleine Kugeln rollen, ca. 12 bis 16 Stück, auf ein Backblech geben, mit Wasser bestreichen, eventuell mit
Mohn, Sesam	bestreuen, einschneiden. Teig 10 Min. ruhen lassen.
	20 Min. bei 225 °C mit Dampf backen (Schale oder Tasse mit Wasser in den Backofen stellen).

1. Stellt in Arbeitsgruppen je ein Rezept Weizenbrötchen her.

2. Fertigt auch hier eine Produktlinienanalyse/Ökobilanz von euren selbst gebackenen Brötchen an. Erkundigt euch anhand der Angaben auf der Verpackung bei den Herstellern über die Herkunft ihrer Rohstoffe und im Supermarkt über den Vertriebsweg der Produkte.

3. Verkostet die Brötchen und vergleicht sie mit entsprechenden gekauften Brötchen aus der industriellen Produktion (Aufbackbrötchen) und aus der Bäckerei unter den Aspekten Aussehen, Geschmack, Beschaffenheit, Preis und Zeitaufwand.

4. Bewertet die industrielle, handwerkliche und eigene Brötchenproduktion unter dem Aspekt der umweltgerechten Herstellung und nachhaltigen Entwicklung. Nehmt dazu die Informationen auf der nächsten Seite zu Hilfe. Weitere Informationen erhaltet ihr unter www.baeckerhandwerk.de.

Ergebnisse: Das ökologischere Brötchen

Welches ist das ökologischere Brötchen: Das Aufbackbrötchen aus dem Supermarkt, vom Handwerksbäcker oder aus dem heimischen Backofen? Um es gleich vorweg zu nehmen: Wie bei vielen Ergebnissen von Produktlinienanalysen/Ökobilanzen hängen die Ergebnisse von vielen verschiedenen Details ab.

Entscheidend ist, woher das **Mehl** stammt, aus ökologischem oder konventionellen Anbau. Ebenso entscheidend ist, wo das Brot gebacken wird. Zu Hause wird ein Mehrfaches an **Energie** benötigt als beim Handwerksbäcker oder in der Brotfabrik. Diese schneidet mit Abstand am günstigsten ab, weil sie am energieeffizientesten arbeitet, moderne Bäckereien aber ebenso. Weniger entscheidend ist, ob das Mehl gekauft oder erst zu Hause gemahlen wird und welche **Inhaltsstoffe** wie Salz noch hinzukommen. Ausschlaggebend ist, wo und wie der Verbraucher sein Mehl oder seine Brötchen kauft: zu Fuß, mit dem Fahrrad oder mit dem Auto, ob er wegen der Brötchen extra zum Bäcker fährt oder ob er beim Großeinkauf im Supermarkt gleich die Brötchen mitnimmt.

Am ökologischsten ist die Verwendung von Ökomehl und ein möglichst umweltfreundlicher Einkauf der Zutaten. Viele Supermärkte und Bäckereien bieten in extra ausgewiesenen Regalen Bioprodukte an.

Die Frage, ob Vollkornprodukte solchen aus Weißmehl vorgezogen werden sollten, ist eher eine Sache der Ernährung als der Ökobilanz. Ökomehl schneidet aus Umweltsicht besser ab als ein solches aus konventionellem Mehl – und beide schmecken gleich gut.

Neben der Ökobilanz gibt es viele weitere Argumente, die unsere Kaufentscheidung beeinflussen: die Lust, zu Hause zu backen, die Vielfalt des Angebots beim Handwerksbäcker, die sozialen Kontakte beim Bäckereieinkauf, die Bequemlichkeit des Einkaufs von abgepackten Industrieprodukten, die Lagerfähigkeit und natürlich auch die Kosten der Brötchen.

Selbst gebackenes Brötchen

Brötchen aus der Bäckerei

Industrieware

3 Gesetzliche Vorschriften zum Verbraucherschutz

Organisationen zum Verbraucherschutz und ihre Zielsetzungen

Das Bundesamt für Verbraucherschutz (BVL) ist eine Dienstleistungsorganisation für die Verbraucher, die auf die Sicherheit der Lebensmittel in Deutschland vertrauen, und für die Wirtschaft, die in einem fairen Wettbewerb Produkte mit hoher Qualität auf den Markt bringen will. Ziel der Organisation ist, kritische Entwicklungen für die Lebensmittelsicherheit so früh zu erkennen, dass vor Ausbruch einer Krise wirksame Gegenmaßnahmen getroffen werden.
Das BVL unterstützt das Bundesministerium für Ernährung, Landwirtschaft und Verbraucherschutz beim Krisenmanagement und begleitet Inspektionen der EU und von Drittstaaten in Deutschland. Es ist zuständig für die Koordinierung einer bundeseinheitlichen Lebensmittelüberwachung und für die Zulassung von Pflanzenschutzmitteln, Tierarzneimitteln und gentechnisch veränderten Organismen. Durch ein breites Internetangebot und Veröffentlichungen setzt es sich für mündige Verbraucher ein.

INFO

www.bvl.bund.de

Die öffentliche Diskussion zur Lebensmittelsicherheit wird bestimmt durch Schlagzeilen von vermeintlichen und tatsächlichen Lebensmittelskandalen wie
- BSE: Herbst/Winter 2000
- Salmonellen in Schokolade: Dezember 2001
- Dioxin-Belastung von Futter durch Trockenwerk, Frühjahr 2003
- EHEC, hochinfektiöser Darmkeim in Sprossen: Frühjahr 2011

Diese Lebensmittelskandale haben das Vertrauen in die Funktionstüchtigkeit der deutschen Lebensmittelüberwachung schwer erschüttert. Verstärkte Maßnahmen zur Lebensmittelkontrolle sind gefordert, und zwar die lückenlose Überwachung von der Primärproduktion bis zum Verbraucher über alle Verarbeitungs- und Handelstufen, u. a.
- Lebensmittelüberwachung,
- Überwachung der pflanzlichen Produktion,
- Futtermittelüberwachung.

Rechtsgrundlagen der Lebensmittelkontrollen:
Allgemeines Lebensmittelrecht, u. a.
- Lebensmittelhygiene-Verordnung
- Fleischhygiene-Verordnung

Spezielles Lebensmittelrecht, u. a.
- Lebensmittelkennzeichnungsverordnung
- Zusatzstoff- Zulassungsverordnung

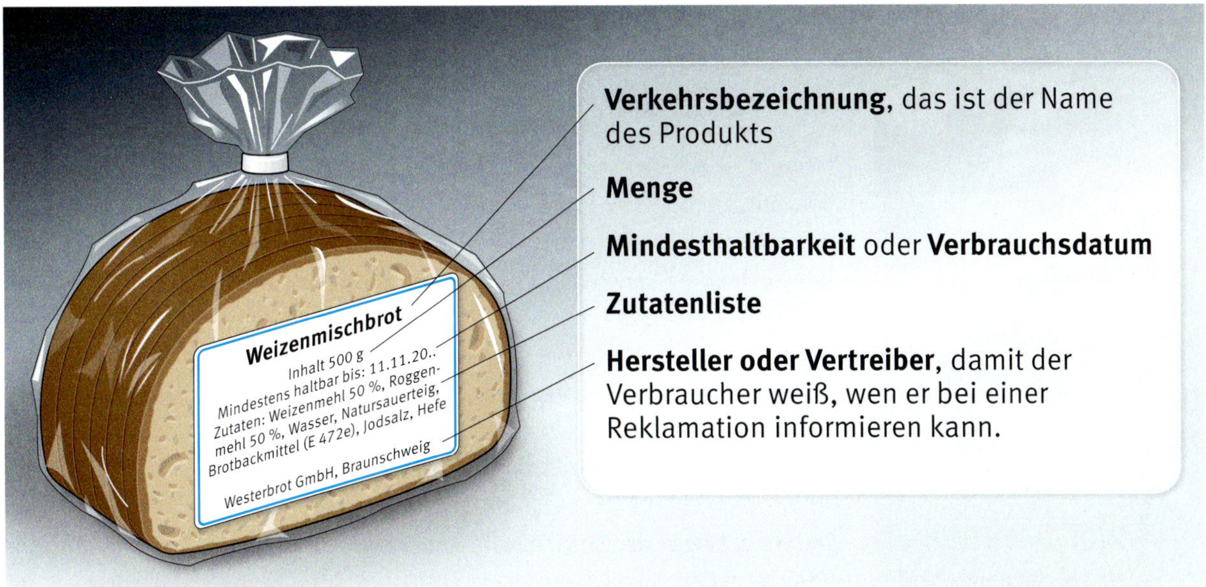

Gesetzliche Vorschriften zur Lebensmittelkennzeichnung

Die Lebensmittel-Kennzeichnungsverordnung
Sie regelt in Deutschland die notwendigen Angaben auf den Lebensmitteln, die in verpackten Produkten an den Verbraucher abgegeben werden. Sie gibt dem Käufer wichtige Informationen über die Lebensmittel und deren Zusätze und ist eine Hilfe für einen gesundheits- und verbraucherbewussten Einkauf.

Elemente der Lebensmittelkennzeichnung:
- die Verkehrsbezeichnung,
- der Name oder die Firma und die Anschrift des Herstellers, des Verpackers oder Vertreibers,
- das Verzeichnis der Zutaten (in absteigender Reihenfolge ihres Gewichtsanteils, ohne Mengenangabe, die größte Menge zuerst, die kleinste zuletzt),
- das Mindesthaltbarkeitsdatum oder bei leicht verderblichen Lebensmitteln das Verbrauchsdatum,
- die Mengenangaben/Füllmengen.

1. Analysiert die Zutatenliste verschiedener Lebensmittel in arbeitsteiligen Gruppen, z. B. Getränke, Brot, Gebäck, Wurstwaren und Milchprodukte. Erläutert die Kennzeichnungen und dokumentiert die Ergebnisse auf Plakaten mit einer Abbildung des jeweiligen Produkts.

2. Wie werden Obst und Gemüse gekennzeichnet? Erkundigt euch im Supermarkt und schreibt die Lebensmittelkennzeichnung von frischer Ware auf.

Zusatzstoff-Zulassungsverordnung

Eine industrielle Lebensmittelproduktion ist ohne Zusatzstoffe nicht denkbar, denn sie sind nützlich in der Herstellung. Die Zulassungsverordnung schreibt aber Höchstmengen und eine gesundheitliche Unbedenklichkeit vor. Zurzeit sind 319 Stoffe europaweit zugelassen und es werden ständig mehr. Die E-Nummern („E“ steht für Europa), sind Bezeichnungen für Zusatzstoffe, die in allen Ländern der Europäischen Union (EU) und teilweise auch weltweit gelten.

Dass es auch anders geht, zeigen die Bio-Anbieter. Sie benötigen keine Farbstoffe und Geschmacksverstärker. Gesetzlich geregelt ist, dass sie nur 44 meist unbedenkliche Stoffe einsetzen dürfen.

Sinn und Zweck der Zusatzstoffe in der industriellen Lebensmittelproduktion:

- **Farbstoffe** sorgen für ein appetitliches Aussehen und sollen den Verkauf fördern.
- **Konservierungsstoffe** erleichtern die Produktion, Lagerung und den Transport.
- **Antioxydationsmittel** behindern Reaktionen von Sauerstoff und sorgen für eine längere Haltbarkeit.
- **Emulgatoren** verbinden ursprünglich nicht miteinander vermischbare Stoffe, z. B. Fett und Wasser.
- **Verdickungsmittel** binden Flüssigkeiten und verfestigen sie. Sie beeinflussen das Schmelzverhalten im Speiseeis oder das Kaugefühl bei Süßwaren.
- **Geschmacksverstärker** verstärken den Geschmack von Rohstoffen. Als Grundstoff für fertige Gewürzmischungen prägen sie den Normgeschmack von Fertigprodukten.
- **Süßungsmittel** machen Lebensmittel süß, insbesondere Getränke und Diätprodukte.
- **Säuerungsmittel** vermitteln einen sauren Geschmack, konservieren und verstärken gleichzeitig den Geschmack.

Durch den Einsatz von Zusatzstoffen wird eine scheinbare Qualität erzeugt, die die eingesetzten Zutaten selbst nicht hervorbringen. Lebensmittel werden häufig so verfremdet, dass ihr Ursprung kaum noch erkennbar ist.
Aus technologischen Gründen werden zur schnelleren und kostengünstigeren Lebensmittelproduktion zusätzliche Stoffe eingesetzt, z. B. Backtriebmittel bei Brot, Festigungsmittel, Füllstoffe, modifizierte Stärken, Stabilisatoren, Schaummittel.

1. Erläutert die Zusatzstoffe (E-Nummern) von euren ausgewählten Produkten anhand einer Lebensmittel-Zusatzstoffliste.

Lebensmittelkennzeichnung von Joghurt

Aromen: Der künstliche Geschmack von Lebensmitteln

Erdbeer-Eis, das fruchtiger schmeckt als natürliche Erdbeeren, Fertiggerichte, z. B. Gulasch, die würziger sind als Selbstgekochtes: Aromastoffe in Lebensmittelprodukten prägen zunehmend unser Geschmacksempfinden.

Viele Anbieter drucken Abbildungen von frischen Erdbeeren und anderen Früchten auf ihre Verpackungen, doch diese enthalten oft nur billig hergestellte Aromen. Mit 1 g Aroma kann 1 kg Lebensmittel mit Geschmack versehen werden.

Das Problem für Verbraucher: Die Aromen in Puddings, Eis oder Süßigkeiten schmecken intensiv und besonders Kinder verlieren ein natürliches Geschmacksempfinden. Das feine, natürliche Aroma einer Frucht wird als flach und fade empfunden, das Kunst-Aroma als geschmackvoll. Außerdem verführt der intensive Geschmack dazu, sehr viel zu essen und begünstigt damit Übergewicht.

Das steht auf der Verpackung:

Vanille, Erdbeeren: natürliche Erdbeeren oder Vanille

Natürliches Erdbeer- und Vanillearoma ist natürlicher Herkunft und wird aus Erdbeeren oder Vanille hergestellt.

Natürliches Aroma ist natürlicher Herkunft, muss aber nicht aus Erdbeeren gewonnen sein. Es kann mithilfe von Bakterien, Pilzen oder Hefen aus natürlichen Grundstoffen, wie z. B. Sägespänen hergestellt werden.

Aroma: ein chemischer Stoff mit Aromaeigenschaften, in dem Substanzen dem Erdbeeraroma chemisch gleich sind, z. B. Erdbeeraroma, Vanillearoma.

1. Vergleicht verschiedene Angebote eines Produktes, z. B. Erdbeerjoghurt. Bewertet aufgrund der Lebensmittelkennzeichnung die Qualität der Produkte.

2. Stellt als Alternative einen Erdbeerjoghurt aus Naturjoghurt und pürierten Erdbeeren her und vergleicht den Geschmack mit einem aromatisierten Erdbeerjoghurt.

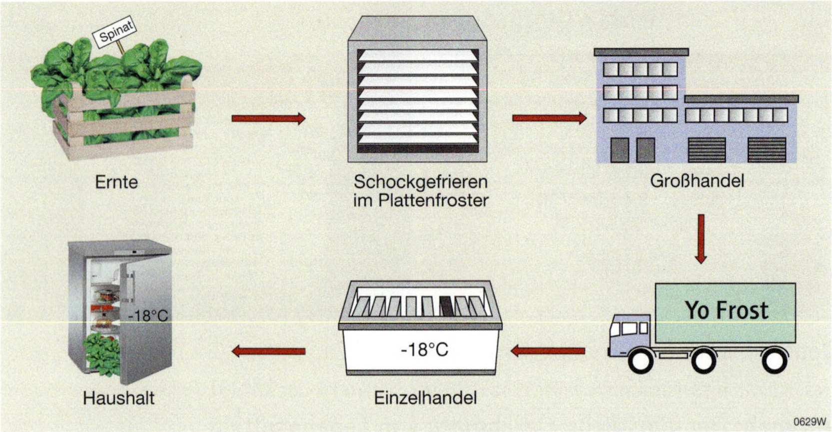

Gesetzliche Vorschriften für die Lagerung von Lebensmitteln

Tierische Lebensmittel-Hygieneverordnung

Hackfleisch ist wegen seiner schnellen Verderblichkeit ein besonders empfindliches Lebensmittel. Es bietet durch seine lockere Oberflächenstruktur und den hohen Eiweißgehalt einen idealen Nährboden für Salmonellen. Frisches Hackfleisch darf nur am Tag der Herstellung verkauft werden und darf nicht aus aufgetautem, sondern nur aus frischem Fleisch hergestellt werden. Frisches, verpacktes Hackfleisch muss ein Verbrauchsdatum tragen und die Aufbewahrungstemperatur muss angegeben sein. Die Innentemperatur von Verkaufstheken darf höchstens 7 °C betragen.

Verordnung über tiefgefrorene Lebensmittel (TLMV)

Die **Tiefkühlkette** ist die Bezeichnung für die einzelnen Stationen von der Herstellung über den Transport, der Lagerung und den Vertrieb von Tiefkühlkost in den Lebensmittelhandel oder in die einzelnen Bereiche der Außer-Haus-Verpflegung. Die Tiefkühlkette unterliegt den Vorschriften der TLMV. Vom Hersteller bis zum Händler oder der Außer-Haus-Verpflegung muss ständig eine Produkttemperatur von mindestens –18 °C eingehalten werden. Der Gesetzgeber erlaubt kurzfristige Schwankungen um bis zu 3 °C, sie lassen sich bei Umladestationen oft nicht vermeiden. Nur so ist eine hohe Qualität der Tiefkühlware gewährleistet.

Generell sollten tief gefrorene Lebensmittel für den Heimweg in Isolier- oder Kühltaschen oder zumindest in Zeitungspapier eingewickelt transportiert werden, um ein Antauen zu verhindern. Damit zu Hause die Ausgangsqualität tiefgekühlter Ware bis zum Ablauf des Mindesthaltbarkeitsdatums erhalten bleibt, sollte auf eine geschlossene Verpackung der Tiefkühlkost geachtet werden, z. B. in speziellen Gefrierbeuteln oder in verschließbaren Behältern aus Kunststoff.

1. Leitet die kritischen Punkte der Kühlkette wie Herstellung, Transport und Lagerung am Beispiel von tiefgefrorenem Putenhackfleisch ab.

Maßnahmen und Mittel der staatlichen Lebensmittelüberwachung

Die amtliche Lebensmittelüberwachung kontrolliert, ob alle rechtlichen Vorschriften im Verkehr mit Lebensmitteln eingehalten werden. In Deutschland sind die Länder verantwortlich für die amtliche Lebensmittelüberwachung, und zwar die Kreisverwaltungsbehörden. Dort übernehmen Lebensmittelüberwachungsbeamte die Kontrolle der Betriebe sowie die Entnahme von Proben. Tierärzte und Ärzte der Behörden vor Ort unterstützen sie dabei. Im Bedarfsfall wirken auch Wissenschaftler und Fachkontrolleure des jeweiligen Landesamtes für Gesundheit und Lebensmittelsicherheit (LGH) mit.

INFO

www.laves.niedersachsen.de

Nach der Entnahme werden die Proben an das LGH geschickt und dort untersucht. Das Spektrum reicht von der Untersuchung und Begutachtung von Lebensmitteln bis zur Beratung und Aufklärung der Bevölkerung. Zuständig für das Einleiten von Maßnahmen gegen Lebensmittelhersteller, Händler oder Importeure sind jedoch die Kreisverwaltungsbehörden. Entspricht die Probe nicht den rechtlichen Bestimmungen, liegt eine sog. „Beanstandung" vor, die von der Gesundheitsschädlichkeit über die Überschreitung von Höchstmengen für bestimmte Stoffe bis hin zur Verbrauchertäuschung durch mangelhafte Kennzeichnung gehen kann.

Maßnahmen bei Verstößen

Das Ziel ist, Schaden vom Verbraucher abzuwenden und künftige Verstöße gegen das Lebensmittelrecht zu vermeiden. Um Schaden zu verhindern, kann es notwendig sein, den Betrieb zum Rückruf eines Produktes zu verpflichten oder in den Medien öffentlich vor einem bestimmten Erzeugnis zu warnen. Auch eine Betriebsschließung kann im Einzelfall erforderlich sein.

Festgestellte EHEC-Bakterien in Gurken, Tomaten, Blattsalat, Sprossen etc. führten im Frühjahr 2011 zur Vernichtung der entsprechenden Gemüsetransporte aus Spanien und zur Sperrung eines Bio-Sprossenbetriebs in Bienenbüttel bei Uelzen. Die Bakterien führen zu schlimmen Durchfallerkrankungen, Darmbluten, Nierenversagen und in Einzelfällen sogar zum Tod. Die sofortige Warnung vor dem Verzehr der Lebensmittel in den Medien hat dazu geführt, dass die Erzeuger und Händler ihre Waren nicht mehr absetzen konnten. Solche weitreichenden Lebensmittelskandale führen zu Umsatzeinbußen bei den Händlern und ziehen immense finanzielle Schäden für die Erzeugerbetriebe nach sich.

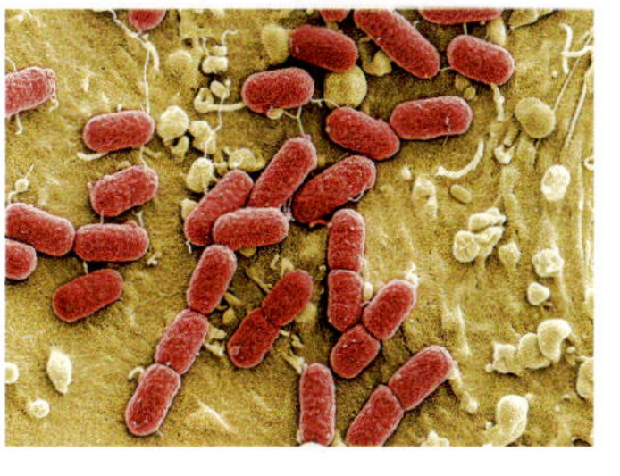

EHEC-Bakterien

1. Sammelt aktuelle Berichte über Lebensmittelskandale und berichtet darüber.

2. Informiert euch im Internet unter www.bvl.bund.de über Maßnahmen zur Lebensmittelkennzeichnung und stellt sie in einer Übersicht dar.

Am Ende dieses Kapitels sollst du
- die Merkmale der industriellen Lebensmittelproduktion an einem Beispiel beschreiben können,
- eine Produktlinienanalyse als Mittel zur Beurteilung der Nachhaltigkeit eines Produktes erläutern können,
- Beschaffung, Produktion und Absatz eines Produktes in Bezug auf nachhaltige Entwicklung beurteilen können,
- die handwerkliche Herstellung von Backwaren sowie die Eigenherstellung an einem Vergleichsprodukt beschreiben und einen sensorischen Vergleich durchführen können,
- eine einfache Produktlinienanalyse selbst durchführen und bewerten können,
- den Mitteleinsatz (Zeit und Geld) für die Eigenherstellung und den Kauf von industriell produzierter Ware vergleichen können,
- Organisationen zum Verbraucherschutz und ihre Zielsetzungen nennen können,
- Maßnahmen und Mittel der staatlichen Lebensmittelüberwachung beschreiben können,
- gesetzliche Vorschriften zur Lebensmittelkennzeichnung kennen,
- die Zutatenliste ausgewählter Lebensmittel erläutern können,
- den Begriff der Kühlkette definieren können,
- gesetzliche Vorschriften für die Lagerung von Lebensmitteln am Beispiel der Tiefkühlware kennen und Verhaltensregeln ableiten können.

1. Nenne die Merkmale einer industriellen Lebensmittelproduktion.

2. Stelle wesentliche Leitfragen, nach denen eine Produktlinienanalyse durchgeführt werden kann, und zwar zu
a) Beschaffung,
b) Produktion,
c) Absatz.

Fleischer

3. Bewerte den Konsum des Produktes „Apfel" im Winter unter dem Aspekt Umweltverträglichkeit
a) aus regionalem Anbau, z. B. Elstar aus dem Kühlhaus,
b) Import aus Neuseeland, z. B. Braeburn aus neuer Ernte.

4. Beurteile die industrielle Lebensmittelproduktion, inwieweit sie jetzt und in Zukunft zur Sicherung der Ernährung der Bevölkerung wichtig ist (nachhaltige Entwicklung).

5. Informiere dich unter http:\\berufenet.arbeitsagentur.de über Berufe in der Lebensmittelproduktion und beschreibe einen Beruf genauer.

6. Welche Gründe gibt es, Brot oder Brötchen selbst zu backen?

7. Nenne die Vor- und Nachteile der Produktion von Brot und Backwaren
   a) in der Brotfabrik,
   b) beim Bäcker.

8. Bewerte beide Produktionsarten unter ökologischen Aspekten.

9. Vergleiche alle drei Produkte unter ökonomischen Aspekten und fälle eine rationale Kaufentscheidung.

	Zeitaufwand	Kosten
Brötchen aus der Fabrik		
Brötchen aus der Bäckerei		
Brötchen selbst gebacken		

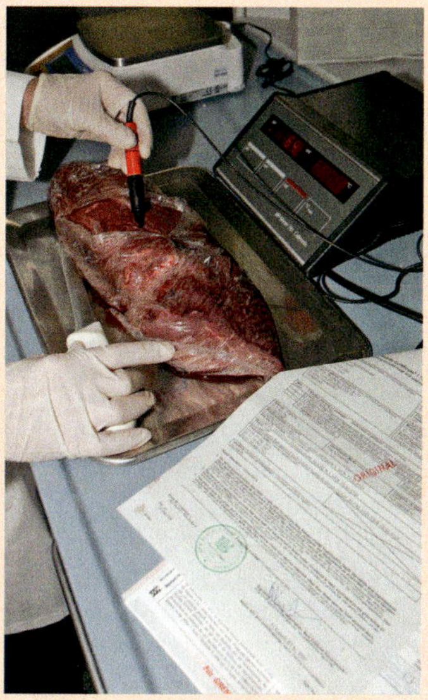

Kontrolle von importiertem Fleisch

10. Beschreibe die Maßnahmen und Mittel der staatlichen Lebensmittelüberwachung bei Verstößen gegen das Lebensmittelrecht, um Schaden vom Verbraucher abzuwenden.

11. Informiere dich unter http:\\berufenet.arbeitsagentur.de über Berufe der Lebensmittelkontrolle und ihre Aufgaben bei der Überwachung der Lebensmittel.

12. Eine Aufgabe der Lebensmittelüberwachung besteht darin, den Verbraucher vor Täuschung zu schützen.
Untersuche im Supermarkt Süßigkeiten, Joghurt, Light-Produkte, Energy-Drinks, wo mit den Aufschriften „gesund", „schlank machend", „steigert die Ausdauer" etc. Werbung gemacht wird.
Schreibe von je einem Produkt die Zutatenliste auf und bewerte die Inhaltsstoffe in Bezug auf die Aussagen.

Light-Produkte

IV Gesundheit

Dieses Kapitel schafft Zugang zu den vielfältigen Aspekten der Gesundheit. Zusammenhänge zwischen Lebensführung und gesundheitlichen Konsequenzen werden so dargestellt, dass sie genauer reflektiert werden können. Bewusste Wahrnehmungen über alle Sinne sollen erkennen lassen, dass die Selbstverantwortung hier beginnt. Schönheitsideale und Trends werden kritisch hinterfragt.

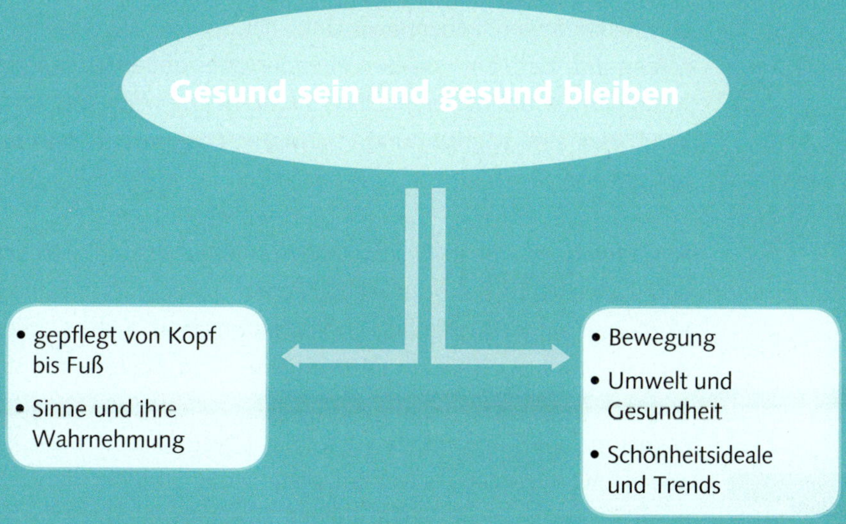

INFO

„Wenn wir jedem Individuum das richtige Maß an Nahrung und Bewegung zukommen lassen, hätten wir den sichersten Weg zur Gesundheit gefunden." Hippokrates von Kos, um 460 bis 370 v. Chr., berühmter Arzt des Altertums

„Wer nicht jeden Tag etwas Zeit für seine Gesundheit aufbringt, muss eines Tages sehr viel Zeit für seine Krankheit opfern." Sebastian Kneipp, 1821–1897, Priester und Wassertherapeut

INFO

Pharmazie ist die Arzneimittelkunde. Apothekerinnen und Apotheker studieren Pharmazie, bevor sie eine Apotheke eröffnen können.

Apotheke

1 Gesund sein

Was ist Gesundheit?

Die Weltgesundheitsorganisation WHO hat folgende Begriffserklärung gefunden: „Gesundheit ist ein Zustand des vollständigen körperlichen, geistigen und sozialen Wohlergehens und nicht nur das Fehlen von Krankheit oder Gebrechen."

Gesundheit ist ein persönliches Gut. Mit der Geburt beginnt die Lebensaufgabe der täglichen Versorgung und Pflege. Menschen brauchen Nahrung (Essen und Trinken), Körperpflege, Bewegung und emotionale Zuwendung. Mit den Entwicklungsstufen vom Säugling zum Kind erfolgt eine zunehmende Selbstständigkeit. Kinder wollen sich selbst waschen, anziehen und ihren Bewegungsradius erweitern. Die familiale Fürsorge und Verantwortung wechselt zur individuellen Verantwortung. Jugendliche müssen aufgeklärt werden, dass sie zwischen gesundheitsförderlichem und gesundheitsschädlichem Verhalten unterscheiden können und entsprechend selbstbewusst und verantwortungsbewusst handeln.

Niemand ist ausschließlich selbst für seine Gesundheit verantwortlich. Lebensbedingungen, Lebenslagen und Lebensereignisse (Unfälle, Krankheiten) zeigen auf, dass ein vorübergehender oder dauerhafter Verlust der vollständigen Gesundheit oder eine Einschränkung von Gesundheit geschehen kann. Hier sind Medizin und Pharmazie, Diagnostik, Therapie und Pflege gefragt.

Ausgehend vom Idealfall einer allgemein guten gesundheitlichen Verfassung eines Menschen gehören die täglichen Verrichtungen der persönlichen Hygiene zum körperlichen Wohlbefinden dazu. Sich zu pflegen ist nicht nur ein Muss, sondern ein Wert im Sinne von Achtsamkeit sich selbst und anderen gegenüber.
Manchmal wird uns erst bewusst, was „gesund sein" bedeutet, wenn uns etwas fehlt, wenn etwas weh tut, wenn wir uns verletzt haben. Dann wissen wir das „gesund sein" erst so richtig zu schätzen. Morgens aufstehen, zur Toilette gehen, sich waschen, Zähne putzen, duschen, Haare bürsten und kämmen, sich anziehen, all das sind alltägliche Verrichtungen, die bei gesunden Menschen automatisch und ohne Schwierigkeiten passieren. Allein ein Gipsbein, eine verbundene Hand oder eine Grippe können bewirken, dass all diese alltäglichen Dinge zur Herausforderung werden. Manchmal benötigt auch ein ansonsten gesunder Mensch schon bei der täglichen Hygiene vorübergehend Hilfe.

1. Es gibt sehr viele Produkte zur Körperreinigung, Körperpflege und Kosmetik. Sammelt und analysiert Werbeanzeigen.

Gepflegt von Kopf bis Fuß

Händewaschen

Das A und O der allgemeinen persönlichen Körperpflege ist das tägliche Waschen und das mehrmals tägliche Waschen nach Bedarf. Schon im Alten Ägypten legten die Menschen Wert auf Körperpflege. Für das Baden und Eincremen der Haut wurden wertvolle Aromaöle und Duftstoffe verwendet. In den Anfängen der Industrialisierung wurden beispielsweise Möglichkeiten zur Reinhaltung nach getaner Arbeit an den Arbeitsplätzen angeboten. Die Ausbreitung von Grippeerkrankungen hat die Bundeszentrale für gesundheitliche Aufklärung (BZgA) zu einer verstärkten Aufklärungskampagne über das richtige Händewaschen gebracht.

Richtiges Händewaschen

HACCP

Hinter diesem Kürzel verbirgt sich ein EU-weit verbindliches Konzept, das die Einhaltung der Lebensmittelhygiene von der Produktion bis zur Auslieferung gewährleistet. Die Begriffe, deren Anfangsbuchstaben als Kürzel für HACCP verwendet werden, haben folgende Bedeutung:

H = Hazard steht für eine Gefährdung bzw. die Gefahr, die Gesundheit betreffend

A = Analysis meint, dass Gefährdungen nicht nur erkannt, sondern auch analysiert werden müssen.

C = Critical, bedeutet übersetzt: kritisch. Es geht hier um kritische Umstände, die die Beherrschung der Lage beeinträchtigen können.

C = Control. Das zweite C in der Abkürzung steht für Kontrolle, Lenkung und Überwachung. Dies betrifft vor allem die Bedingungen, die in dem Unternehmen herrschen.

P = Point. Es geht hier um die einzelnen Stellen (Punkte) im gesamten Verarbeitungs- bzw. Herstellungsverfahren.

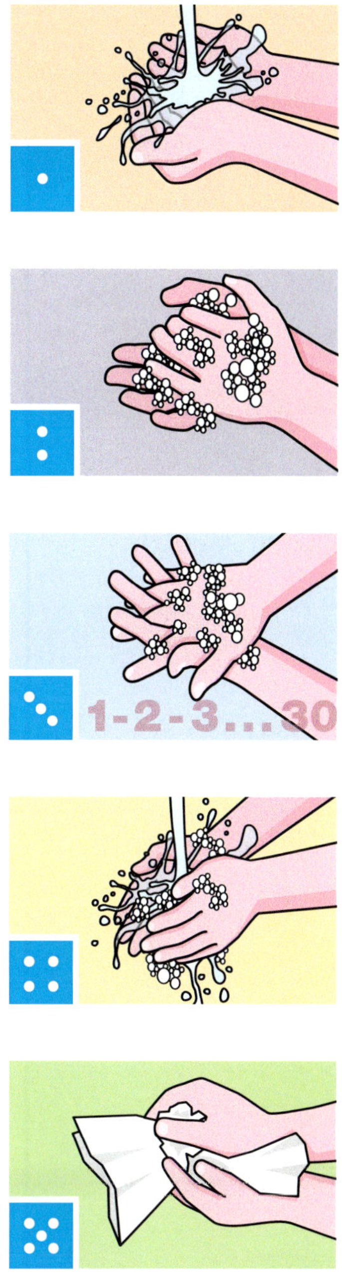

BzgA: Richtiges Händewaschen

INFO

www.haccp.de/fachinfo

1. Weshalb ist die HACCP von Bedeutung für die Gesundheit?

2. Wie wird die HACCP an deiner Schule umgesetzt?

Joachim „Jogi" Löw

Quelle: „Ich bin schon ziemlich emotional" Welt am Sonntag Nr. 17. 24. April 2011.

Körperpflege

Körperpflege und Hautschutz tragen bei zum menschlichen Wohlbefinden. Sich wohlzufühlen in seiner Haut braucht Pflege. Hautschutz richtet sich auch aus nach der Jahreszeit. Die ausgewählten Pflegeprodukte wechseln so beispielsweise zwischen Sonnenschutz und Kälteschutz.

Q Dagmar von Taube trifft Joachim Löw. Ein Gespräch mit dem gepflegten Mann: „Dusche oder Vollbad? Hängt von den Gelegenheiten und der Zeit ab: morgens oder im Sommer ausschließlich duschen, je nach dem Sportprogramm zwei-, manchmal auch dreimal am Tag. Im Winter, abends, wenn ich nach Hause komme nach einer langen Reise, nehme ich schon auch gern mal ein warmes Bad. Außerdem gehe ich manchmal zur Fußpflege – das muss sein, wenn man viel Sport macht, Fußball spielt, joggen geht. Was mach ich noch? Hände eincremen, unbedingt. Gesicht auch, klar. Meine Haut ist empfindlich und auch relativ trocken. Und dann rasiere ich mich natürlich täglich. Das kostet mich eigentlich am meisten Zeit. Aber es muss sein, weil ich nicht unbedingt einen Dreitagebart möchte."

Hautpflege nach Jahreszeit

Hautpflegeprodukte werden in großer Vielfalt angeboten, sodass Hauttyp, Hautalter und Verwendungszweck dabei berücksichtigt werden. Die Inhaltsstoffe von allen Kosmetikprodukten sind deklariert nach INCI (International Nomenclature of Cosmetic Ingredients). Auf der Verpackung oder dem Beipackzettel sind die Basisstoffe, Wirkstoffe und Hilfsstoffe aufgelistet.

Im Winter braucht die Haut besondere Pflege. Die Temperaturunterschiede zwischen Innenräumen und Außenräumen sind enorm. Wer nach einem Spaziergang bei klirrender Kälte und Minusgraden wieder in Räume mit Zentralheizung kommt, spürt den Wechsel, es kann sein, dass die Haut leicht angespannt ist. Für den Hautschutz braucht man Pflegemittel, die Feuchtigkeitsverluste ausgleichen.

Im Sommer ist die Haut einer erhöhten Sonnenstrahlung ausgesetzt. Es heißt: „Die Haut vergisst nichts". Daher ist es wichtig, jeglichen Sonnenbrand zu vermeiden. Bereits eine halbe Stunde vor einem Sonnenbad sollte ein geeignetes Sonnenschutzmittel sehr sorgfältig auf die Haut aufgetragen werden, damit es rechtzeitig wirksam werden kann. Für das Baden und Schwimmen bei Sonnenschein gibt es wasserfeste Sonnenschutzmittel. Ein Sonnenbad sollte beendet sein, bevor sich die Haut rötet. Nach dem Sonnenbad und anschließendem Duschen tut eine Pflegelotion gut.

B Tim ist ein begeisterter Radfahrer. Gleich bei der ersten Radtour im Frühjahr hat er sich jedoch einen Sonnenbrand geholt. Er informierte sich sofort über Sonnenschutzmittel und ihre Anwendung.

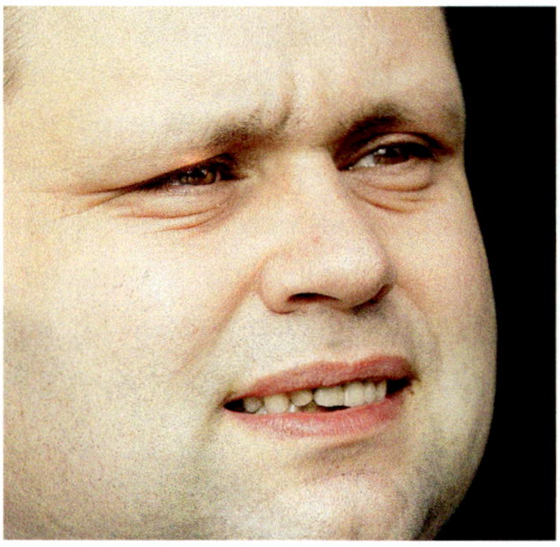

Paul Potts mit schiefen Zähnen

Paul Potts mit gerichteten Zähnen

INFO

Paul Potts, Jahrgang 1970, jobbte vor seinem Auftritt 2007 bei der Castingshow „Britain's Got Talent" als Handyverkäufer. Seine Stimme überzeugte die Jury. Inzwischen ist er als Tenor weltweit bekannt. 2009 erhielt er einen Echo in der Kategorie Rock/Pop international.

Zahnpflege

Richtiges Zähneputzen geht so: mindestens zwei Mal täglich drei Minuten in kreisenden Bewegungen von rot nach weiß (vom Zahnfleisch zum Zahn) putzen, erst die Kauflächen (K), dann die Außen- (A) und zum Schluss die Innenflächen (I). Welche Zahnpasta bevorzugt wird, ob Pfefferminze, Kräuter, Ingwer oder Jasmin, ist eher eine Geschmacksfrage. Der Gebrauch von Zahnseide und Zahnbürstchen empfiehlt sich für die Zahnzwischenräume, ein regelmäßiger Wechsel der Zahnbürsten ist nötig, Vorsorgeuntersuchungen und Zahnprophylaxe sollten in regelmäßigen Abständen mehrmals jährlich erfolgen.

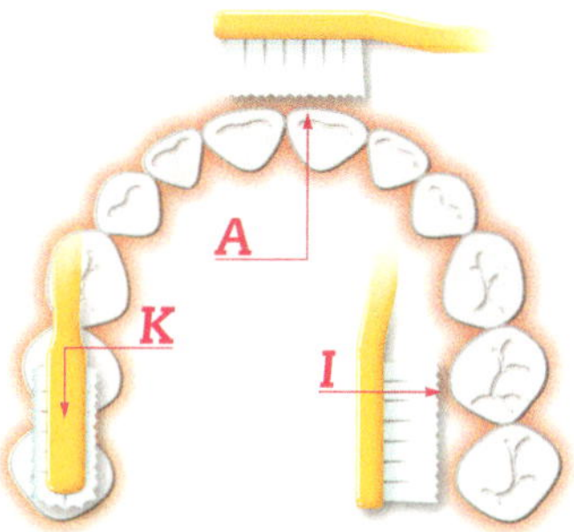

Das KAI-Prinzip

Füße wollen Pflege

In der Hitliste der Körperpflege stehen die Füße meist ganz unten. Erst wenn Beschwerden auftreten, werden die Füße spürbar. Die Füße tragen den ganzen Körper, die Beweglichkeit der Füße bewirken unsere Fortbewegung als aufrecht gehender Zweibeiner. Wir können stehen, langsam gehen, schnell laufen, springen, klettern, Turner landen nach einem Salto wieder auf beiden Füßen.

Die Profis für Fußpflege heißen **Podologen**. Sie arbeiten nach den Grundsätzen der Hygieneverordnung. Sie tragen übermäßig verdickte Hornhaut und Schwielen ab, schneiden Nägel, entfernen Hühneraugen und Warzen fachgerecht, sie fertigen Nagelspangen und Druckpolster sowie künstlichen Nagelersatz an und verabreichen therapeutische Massagen. Podologen sind durch ihre Ausbildung berechtigt, Risikopatienten wie Diabetiker und Bluter fachgerecht zu behandeln.

1. Welche Bedeutung hat die Zahnpflege für die allgemeine Gesundheit des Menschen?

2. Analysiert Werbeanzeigen zu Zahnpflegemitteln und zahnästhetischen Angeboten.

INFO

www.zahnjob.de

Aus- und Weiterbildungsberufe in der Zahnarztpraxis

Zahnmedizinische Fachangestellte/Zahnmedizinischer Fachangestellter
Dieser duale Ausbildungsberuf wird in drei Jahren erlernt. Zum Lernort Betrieb gehören Zahnarztpraxen, Zahn-, Mund- und Kieferkliniken sowie universitäre Zentren für Zahn-, Mund- und Kieferheilkunde. Verantwortungsbereitschaft, Sorgfalt und Einfühlungsvermögen sind notwendig, um mit den Patienten so umzugehen, wie es erfordert wird.

B Anke lacht gern. Auf ihre persönliche Zahnpflege legt sie besonderen Wert. Nach ihrem Realschulabschluss möchte sie mit der Berufsausbildung beginnen und Zahnmedizinische Fachangestellte/ZFA werden. Anke hat sich genau informiert.

Die duale Ausbildung dauert drei Jahre, doch nach dem zweiten Lehrjahr kann bei guten berufsschulischen Leistungen eine Verkürzung beantragt werden.
Aufstiegsmöglichkeiten gibt es nach mindestens zweijähriger Berufstätigkeit als Zahnmedizinische Prophylaxehelferin/ Prophylaxeassistentin (ZMP). Die Aufgaben sind die systematische Reinigung der Zähne und Kontrolle des Zahnfleisches. Eine Zahnmedizinische Prophylaxehelferin ist in der Lage, sämtliche Prophylaxemaßnahmen bei den Patienten durchzuführen. Eine Zahnmedizinische Prophylaxeassistentin kann auf Fragen und Ängste der Patienten mit menschlicher und fachlicher Kompetenz eingehen. Sie arbeitet vorwiegend selbstständig am Patienten, unter Aufsicht und in enger Absprache mit dem Zahnarzt. Die Weiterbildung zur Zahnmedizinischen Prophylaxehelferin kann als berufsbegleitende Aufstiegsfortbildung (eher länger) oder in Vollzeit (eher kürzer) erfolgen.

Eine Prophylaxeassistentin bei der Arbeit

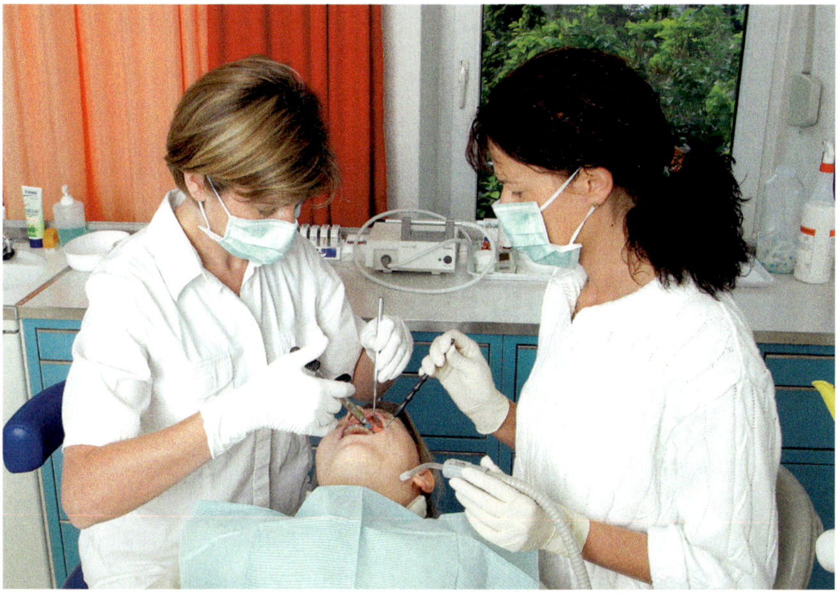

Behandlung eines Patienten

Es gibt auch die Aufstiegsfortbildung zur Zahnmedizinische Fachassistentin/Fachhelferin (ZMF). Die Ausbildung beinhaltet selbstständige Prophylaxe-Maßnahmen, selbstständige Assistenz am Behandlungsstuhl, Abrechnung und Praxisverwaltung. Die Fortbildung dauert drei bis sechs Monate und wird berufsbegleitend oder als Vollzeit angeboten.

Dann gibt es noch die Fortbildung (sechs Monate Vollzeit oder 13 Monate berufsbegleitend) zur Dentalhygienikerin (DH) als Spezialisierung im Bereich der Parodontologie. Das Aufgabengebiet ist die Therapie von Zahnbett- und Zahnfleischerkrankungen, Anleitung und Motivation zur Zahn- und Mundgesundheit sowie die Ernährungsberatung.

B Jetzt muss Anke sich um einen Ausbildungsplatz bewerben, zu Vorstellungsgesprächen eingeladen werden, Erfolg haben mit der Bewerbung, den Ausbildungsvertrag unterschreiben und motiviert anfangen. Von ihren künstlichen Fingernägeln hat sie sich schon verabschiedet, denn die passen nicht zur Hygieneverordnung für Zahnarztpraxen.

1. Erkundige dich nach der Hygieneverordnung für Zahnarztpraxen und notiere die Hauptpunkte.

2. Begründe, weshalb modische Besonderheiten wie etwa künstliche Fingernägel nicht in die Zahnarztpraxis gehören.

3. Regelmäßige Kontrolluntersuchungen beim Zahnarzt werden den gesetzlich Versicherten in einem Bonus-Heft bestätigt. Wozu dient ein solches Bonus-Heft? Erkundige dich und fasse die Ergebnisse zusammen.

Sehen: positiv wahrgenommener Raum

Sehen: Ein trüber Tag, grau in grau, wird negativ wahrgenommen.

Sinne und ihre Wahrnehmung: Sehen, Hören, Fühlen, Riechen, Schmecken

Ganzheitlichkeit von Körper, Geist und Seele

„Der Mensch lebt nicht vom Brot allein" ist eine alte Weisheit. Sie besagt, dass neben der Versorgung des Körpers mit Lebensmitteln (Essen und Trinken) auch Geist und Seele versorgt sein müssen. „Nahrung für den Geist" ist gefragt. Menschen wollen von Natur aus lernen, hierfür braucht das Gehirn Reize und Signale. „Emotionale Nahrung" ist gut für die Seele und erfolgt über die sinnliche Wahrnehmung, die sehr wohl Wissenserkenntnisse transportiert, aber auch sensitive Erkenntnisse erlangt.

Sehen: Über das Sehen nehmen wir alle optischen Signale und Informationen in unzählig vielen Farbtönen und Hell-Dunkel-Kontrasten wahr. Farben und Formen haben eine enorme Wirkung auf die Befindlichkeit. Ob sich jemand in einem Raum wohlfühlt oder nicht, hängt daher auch von der Raumgestaltung und vom Raumklima ab.

Hören: Über das Hören sind wir 24 Stunden täglich auf Empfang gestellt. Wir hören gesprochene Nachrichten, akustische Signale und Klänge, Musik und Gesang, aber auch Geräusche der Natur und Umwelt. Manche der akustischen Wahrnehmungen werden als Lärm empfunden und sind damit ein Stör- und Belastungsfaktor des Alltags.

Musik hören

1. Die optische Wahrnehmung von Einrichtungen und Institutionen wirkt sehr unterschiedlich auf die Menschen.

a) Sammelt in arbeitsteiliger Gruppenarbeit Kriterien für eine angenehme Raumatmosphäre zu einer Einrichtung (Kita, Pflegeheim, Restaurant).

b) Erstellt dazu Plakate und stellt sie als Galeriegang vor.

Fühlen: Fühlen bezieht sich auf den Tastsinn des Menschen. Über die Haut nehmen wir Temperaturen wahr und empfinden Kälte, Wärme, Hitze, Trockenheit, Feuchtigkeit und Nässe. Mit den Händen können raue, stumpfe, rissige und glatte Oberflächen erfühlt werden. Etwas mit den Händen anzufassen schafft Zugang für das Erfassen von Formen und Strukturen und damit für das Begreifen von Zusammenhängen. Zum Fühlen gehört die Berührung. Eine hohe Empfindlichkeit der Menschen für diesen Bereich der Sinneswahrnehmung wird auch als Fingerspitzengefühl bezeichnet.

Riechen: Riechen geschieht über die Nase, die mit der Atemluft auch Aromen und Gerüche wahrnimmt. Wenn es heißt, „die können sich nicht riechen", beschreibt dies eine Abneigung von Menschen, die tatsächlich über den „Nasenfaktor" bestimmt wird. Andererseits gibt es den Spruch „die Chemie stimmt", der über Menschen gesagt wird, die sich sympathisch sind und sich gut verstehen.

Schmecken: Menschen können über Zunge und Gaumen fünf verschiedene Geschmacksrichtungen wahrnehmen: süß, sauer, salzig, bitter und umami, (der sogenannte Fleischgeschmack). Es heißt: „Über Geschmack kann man nicht streiten". Ob jemand z. B. Kiwis, Grapefruits, Ingwerkonfekt oder Oliven mag oder nicht, ist reine Geschmackssache.

Die Arbeit in der Küche und am Herd erfordert die Wahrnehmung mit allen Sinnen. Wer geübt ist, erkennt die Frischegrade von Produkten, es ist zu hören, wenn Gemüse knackig frisch ist, es ist zu hören, wenn das Steak in eine heiße Pfanne gelegt wird und es zischt, es ist zu hören, wenn eine Suppe simmert (was sie soll) oder brodelnd kocht (was sie nicht soll). Es ist zu fühlen, welchen Reifegrad Früchte haben, z. B. Pfirsiche, Pflaumen, Mangos, Avocados. Es ist zu riechen, wenn Lebensmittel frisch vom Feld, vom Baum, aus dem Garten, aus dem Meer sind, oder überfällig. Es ist zu sehen, wenn ein Joghurt, ein Stück Käse oder eine Zitrone Schimmel gebildet haben, dann muss es entsorgt werden.

Da es schnell passieren kann, dass ein Gericht versalzen und überwürzt wird, ist das richtige Abschmecken von großer Bedeutung für die Kochkunst. Frische Kräuter sollten erst kurz vor dem Servieren zu den Speisen dazugegeben werden. Mit Pfeffer und Salz kann jeder selbst bei Tisch nachwürzen.

1. Fasst Lebensmittel, für die süß, sauer, salzig bzw. bitter ein vorrangiges Kennzeichen ist, in einer nach diesen Kategorien geordneten Tabelle zusammen.

2. Stellt Geschmacksproben zu den Geschmacksrichtungen süß, sauer, salzig und bitter zusammen und lasst einzelne Probanden mit verbundenen Augen die jeweiligen Geschmacksproben bestimmen.

INFO

Holzminden gilt als Stadt der Düfte und Aromen, dort ist der Hauptsitz des größten deutschen Duft- und Geschmackstoffunternehmens. Weltweit gehört das Unternehmen Symrise zu den fünf größten der Branche. Eine Vielzahl von allen bekannten Parfums wurde von Parfumeuren dieser Firma kreiert.

Holzminden lädt ein zu einem duftenden Spaziergang. Säulen mit Duftstoffen sind aufgestellt und lassen unter anderem Vanille, Apfel, Pfefferminze, Weihrauch oder Fichtennadel erschnuppern.

Duftstoff-Säule in Holzminden

Teearten und Teesorten

Wenn dir kalt ist, wird Tee dich erwärmen,
Wenn du erhitzt bist, wird er dich abkühlen,
Wenn du bedrückt bist, wird er dich aufheitern,
Wenn du erregt bist, wird er dich beruhigen.
William Gladstone, (1809–1898), englischer Politiker

Tee erleuchtet den Verstand, schärft die Sinne, verleiht Leichtigkeit und Energie, und vertreibt Langeweile und Verdruss.
Aus China.

INFO

www.sommelier-union-deutschland.de

In der Gastronomie gelten Qualifikationen, es gibt z.B. ein Zertifikat für den Ronnefeldt Teamaster. Die Industrie- und Handelskammer Bonn/Rhein-Sieg bietet eine Weiterbildung an zum Tee-Sommelier. **Sommelier** ist eine Bezeichnung für den Beruf „Genuss-Manager" für Getränke (Wein, Bier, Spirituosen, Tee, Kaffee ...) und Genussmittel (Schokolade, Zigarren ...). Die geprüften und ausgezeichneten Teamaster und Sommeliers arbeiten in den Hotels der Spitzenklasse und in Fachgeschäften. Ziel solcher Zusatzausbildungen ist es, die Geschmacksnerven zu trainieren sowie Unterschiede der Sorten und Qualitätsstufen zu erkennen. Genaue Kenntnisse über Teesorten werden in Seminaren und auf Reisen in die Teeanbaugebiete erworben.

Tee wird nach den Herkunftsprovinzen benannt, Assam Tee stammt aus der Indischen Provinz Assam, Ceylon Tee aus Sri Lanka, Darjeeling Tee aus dem indischen Anbaugebiet Darjeeling. In den Teeanbaugebieten beginnt die Teeproduktion mit der Pflückung der oberen Knospen und Blätter von den Teesträuchern. First Flush bezeichnet die erste Pflückung im frühen Frühjahr, Second Flush ist die zweite Pflückung. Den frisch gepflückten Teeblättern wird die Feuchtigkeit entzogen. Anschließend werden die Blätter fermentiert, gerollt und getrocknet.

INFO

Tee **fermentiert** durch den Vorgang der Fermentation. Die Fermentation ist ein Oxydations- und Gärprozess, der dem Schwarzen Tee die goldgelbe oder goldbraune Farbe gibt. Wird die Fermentation ausgespart, bleibt es ein Grüner Tee.

Tee-Ernte in Sri Lanka

Darjeeling

Assam

Grüner Tee

Teeverkostung als Übung zur Sinneswahrnehmung

Die Teezubereitung ist ein Kapitel für sich. Teeblätter werden nach angegebener Menge pro Teekanne (zwei Gramm Tee pro Tasse) in einen Teefilter gegeben und mit heißem Wasser überbrüht. Die Teekanne sollte vorgewärmt sein, das Wasser immer frisch (niemals abgestandenes Wasser nehmen). Die Temperatur sollte bei Schwarzem Tee 90 bis 95 Grad betragen, bei Grünem Tee höchstens 80 Grad. Die Ziehzeit beträgt bei Schwarzem Tee 2 bis 3,5 Minuten, bei Grünem Tee bis zu 10 Minuten. Wenn der Tee mit heißem Wasser aufgebrüht wird, entfalten sich die Blätter und geben die Teearomen frei. Brauner Kandis passt gut zu goldbraunem Tee, weißer Kandis passt gut zu goldgelbem Tee. Hochwertige Teeblätter „entfalten sich" nach dem Aufbrühen mit Wasser, sodass ihre ursprüngliche Blattstruktur wieder zu erkennen ist.

Mitte des 17. Jahrhunderts gelangte der Tee über Holland nach Deutschland. Anfangs wurde er nur als Heilkraut angesehen und war fast ausschließlich in Apotheken erhältlich. In Ostfriesland gehört Tee seit langem zum Kulturgut. Getrunken wird er in kleinen Teetassen mit Kandis und obenauf einem Wölkchen aus flüssiger Sahne. So gibt u. a. in Leer ein Teemuseum Kurse zur Ostfriesischen Teezeremonie.

INFO

www.buenting-tee-museum.de

1. Betrachtet die Fotos genau. Was ist dargestellt? Was ist gleich? Worin unterscheiden sich die drei Tees?

2. Kostet selbst einige Tees. Bereitet sie nach der empfohlenen Zubereitungsart zu. Achtet auf die Wassertemperatur, die Teemenge, die Ziehzeit. Tauscht euch aus über die Farbe, das Aroma, den Geschmack der Teesorten.

3. Informiert euch in Büchern, Zeitschriften oder im Internet noch weiter über Tee und präsentiert die Ergebnisse mit einer Wandzeitung.

INFO

Pilates: Joseph Hubert Pilates (1883-1967) aus Düsseldorf eröffnete 1926 in New York ein Trainingsstudio. Seine Bewegungslehre von „Contract and Release" zielt auf das Powerhouse (die Körpermitte). Richtige Atmung, Balance halten und die Kräftigung der Tiefenmuskulatur kennzeichnen das Pilates-Training.

Progressive Muskelentspannung: Edmund Jacobson (1888–1983) erfand als Arzt und Physiologe in den USA die Methode der Progressiven Muskelentspannung. Das Prinzip ist simpel: Einzelne Muskelgruppen werden zunächst angespannt und dann gelöst. Dadurch gehen Muskelverspannungen zurück.

Zumba: Dazu gehört unbedingt lateinamerikanische Musik. Zumba ist ein Tanz-Work-out aus Kolumbien. Die Schritte sind ähnlich wie bei Samba oder Salsa. Koordination und Ausdauer werden verbessert, die gute Laune auch.

2 Gesund bleiben

Haltung und Bewegung als Ausdruck von Lebensfreude

Bewegung ist die einfachste Art im Schwung zu bleiben. „Wer rastet, der rostet", heißt es im Volksmund. Die Zusammenhänge von Bewegung und Gesundheit sind offensichtlich. Wer sich ausreichend an der frischen Luft bewegt, tut etwas Gutes für die Herz- und Kreislauftätigkeit sowie für den gesamten Bewegungsapparat, bleibt fit, hat eine frische Gesichtsfarbe und körperliche Ausdauer.

Nordic-Walking-Gruppe

Die tägliche Bewegungsbilanz fällt vielfach eher gering aus. Wege zwischen Wohnhaus und Schule werden zumeist mit öffentlichen oder privaten Verkehrsmitteln bewältigt. Um die Bewegungsbilanz zu verbessern, müssen sportliche Aktivitäten daher eigens eingeplant und umgesetzt werden.

Nachmittagsangebote der Schulen, Sportvereine und Fitnessstudios bieten ein vielfältiges Programm: Lauftraining, Nordic Walking, Gymnastik, Rückenschule, Pilates, progressive Muskelentspannung nach Jacobson, Zumba und vieles mehr. Wichtig ist die Freude an der Bewegung. Und das liegt auch daran, ob die Sportart zum Menschen passt.

1. Welche Sportarten werden an deiner Schule, in deinem Wohnort angeboten, was ist dabei zu tun und welche Ausstattung wird benötigt?

2. Was gehört zu deinen sportlichen Betätigungen?

3. Wie beurteilst du deine tägliche Bewegungsbilanz und wie könntest du sie noch verbessern?

Berufe in der Sport- und Freizeitindustrie

Fitnesstrainerin/Fitnesstrainer ist ein Aus- und Weiterbildungsberuf bei privaten Bildungseinrichtungen. Sie arbeiten in Fitnesszentren, Sportvereinen, Hotels, Ferienzentren und Rehabilitationskliniken. Sie leiten Kurse in Aerobic, Pilates, Wirbelsäulengymnastik und erstellen Trainingspläne für ihre Zielgruppe (Patientinnen und Patienten, Hotelgäste, Mitglieder im Fitnesszentrum). Für ihre Einrichtung planen sie Marketing- und gesundheitsbezogene Veranstaltungen.

Je nach Qualifizierung verfügen Fitnesstrainerinnen und Fitnesstrainer über eine Lizenz. Mit der C-Lizenz gelten sie als Trainerassistenten, mit der B-Lizenz dürfen sie selbstständig und eigenverantwortlich auf der Trainingsfläche arbeiten, mit der A-Lizenz wird die höchste erreichbare Lizenzstufe im Fitnessbereich erworben. Wer das erreicht hat, vermittelt umfangreiches Wissen z. B. an Sportler oder an Menschen im gesundheitsorientierten Krafttraining zur Prävention (Vorbeugung) oder im Rahmen von Rehabilitation (Wiederherstellung).

Ausbildungsinhalte zum Lizenzerwerb sind Sportmedizin, Allgemeine Trainingslehre, Bewegungslehre, Sportpsychologie, Sport und Ernährung, Sportorganisation, Verwaltung sowie sportpraktisches Handeln.

Fitnesstrainerin im Fitness-Studio

1. Was sagen diese differenzierten Trainer-Lizenzen aus?

2. Was zeichnet die Qualität von Fitnessstudios aus?

3. Analysiert die örtlichen Angebote.

IN FORM

Das Bundesministerium für Ernährung, Landwirtschaft und Verbraucherschutz und das Bundesministerium für Gesundheit hat Zusammenhänge zwischen Ernährung, Bewegung und Gesundheit ermittelt und 2008 ein Programm entwickelt. IN FORM heißt Deutschlands Initiative für gesunde Ernährung und mehr Bewegung.

Gesunde Ernährung ...

Die Initiatoren wollen mit dem umfassenden Nationalen Aktionsplan das Ernährungs- und Bewegungsverhalten in Deutschland nachhaltig verbessern. Dadurch soll erreicht werden, dass

1. Erwachsene gesünder leben, Kinder gesünder aufwachsen und von einer gesteigerten Leistungsfähigkeit in Bildung, Beruf und Privatleben profitieren.
2. Krankheiten deutlich zurückgehen, die auch durch einen ungesunden Lebensstil mit einseitiger Ernährung und Bewegungsmangel verursacht werden.

Bis zum Jahr 2020 sollen dadurch sichtbare Ergebnisse erreicht werden.

... und mehr Bewegung

Nach IN FORM ist Gesundheit nicht nur ein individueller Wert, sondern eine Voraussetzung für Wohlbefinden, Lebensqualität und Leistung; ein Wirtschaft- und Standortfaktor; die Voraussetzung für die Stabilität des Generationenvertrags und sie leistet einen Beitrag zur Teilhabe an der Gesellschaft und zur sozialen Gerechtigkeit.
Jedes Bundesland hat eine Internetseite mit Angeboten vor Ort zu Ernährung und Bewegung.

1. Informiert euch über die Angebote in eurer Region, wie sie auf der Internetseite von IN FORM angeboten werden.

2. Stellt ein örtliches Angebot an einer Wandzeitung zusammen.

Bewegung und Tanz

Tanz ist eine Form der Bewegung mit Ausdruck und Haltung. Emotionen (Freude, Trauer) können tanzend vermittelt werden. Tanz ist Ausdruck einer Kultur. So hat jedes Land (Südamerika, Afrika) seine Tänze, unter anderem als Rituale für Stimmungen und Ereignisse. Es gibt z. B. den Wiener Walzer, den Spanischen Bolero und den Argentinischen Tango.

Die „MOVIMENTOS" der Autostadt Wolfsburg und das Projekt „Rhythm is it" von Sir Simon Rattle sind zwei Beispiele für Tanz und Bewegung:

Q **Autostadt Wolfsburg Movimentos**

„In keiner anderen Kunstform wird dem menschlichen Körper und seinen Ausdrucksmöglichkeiten so viel Verehrung zuteil wie im Tanz. … Nach dem großen Erfolg der Aufführungen der Movimentos Akademie im Mai 2010 geht es nun in die nächste Runde! … Nach sechs Monaten gemeinsamer kreativer Arbeit und Proben ist es so weit: Die Kinder und Jugendlichen der Movimentos Akademie präsentieren ihre Tanzproduktion zur Eröffnung der Movimentos Festwochen auf den großen Bühnen im Theater Wolfsburg und im Staatstheater Braunschweig."

Quelle: www.movimentos.de

Q **Rhythm is it** – Der preisgekrönte Film dokumentiert ein ungewöhnliches Projekt. 250 Berliner Kids aus aller Welt probten und tanzten ein Ballettstück mit der musikalischen Begleitung der Berliner Philharmoniker unter Leitung von Sir Simon Rattle und dem weltbekannten Choreographen Royston Maldoom. Im Film werden drei Teenager bei dem Projekt begleitet. Zu sehen sind Anstrengungen und Arbeit zum Erfolg. Der Film zeigt: „Jeder kann tanzen".

Quelle: www.rhythmisit.com

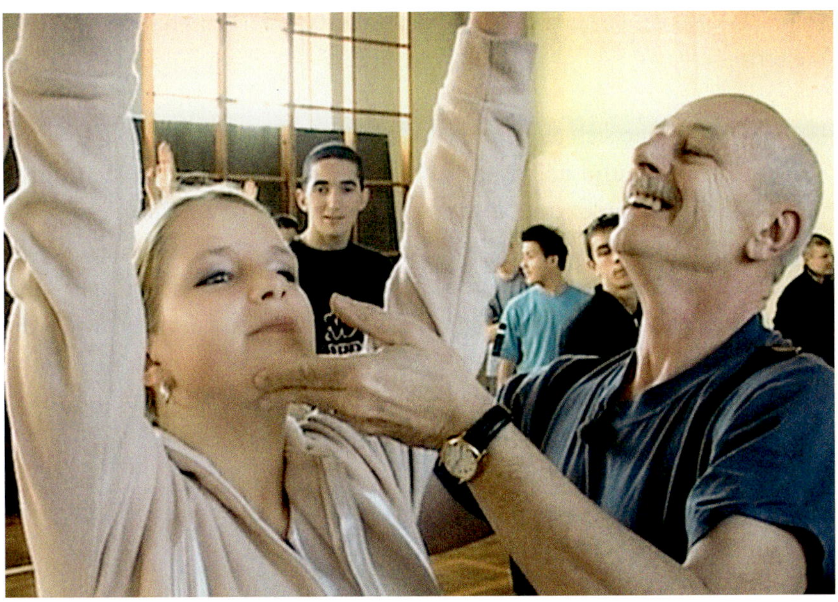

Filmausschnitt aus „Rhythm is it"

3 Umwelt und Gesundheit

Wasserversorgung in Entwicklungsländern

Wo und wie Menschen leben, hat Auswirkungen auf ihre Befindlichkeit. In den Industrieländern sind Wohnhäuser angeschlossen an die Ver- und Entsorgungssysteme (Wasser- und Abwasserleitungen, Energiezuleitungen mit Strom oder Gas). Was heute so selbstverständlich ist, war noch vor 100 Jahren zunächst nur in Großstädten anzutreffen. In Hamburg beispielsweise wurde die Kanalisation gebaut als Maßnahme nach der Choleraepidemie von 1892, die durch mangelnde Hygiene und verseuchtes Wasser ausgelöst worden war.

Neben dieser genannten Grundversorgung gibt es weitere Umweltfaktoren, die Auswirkungen haben auf die Gesundheit der Menschen. Hierzu zählt unter anderem die Luftverschmutzung, also die Belastung durch Schadstoffe in Räumen, was Allergien auslösen kann. Ebenso stört die Belastung durch Lärm das gesundheitliche Wohlbefinden.

Die Weltgesundheitsorganisation WHO hat bereits 1989 über die „Aktionspläne Umwelt und Gesundheit" Ziele aufgestellt. Die beteiligten Länder sind aufgefordert zur Berichterstattung zu Umwelt und Gesundheit sowie zur Verbesserung des umweltbezogenen Gesundheitsschutzes, der Umwelthygiene und der öffentlichen Gesundheitsvorsorge. Ein Bereich betrifft die sogenannten Zivilisationskrankheiten. Hierzu zählt Diabetes.

INFO

www.welt-diabetestag.de

www.bmg.bund.de
→ Prävention → Gesundheitsgefahren → Diabetes

„Zivilisationskrankheit" Diabetes

Diabetes gilt als weltweites Problem. Schätzungen zufolge erhöhen sich die Zahlen der Erkrankungen an Diabetes drastisch. Weltweite Informationen über die Krankheit sollen helfen, über Aufklärung der Krankheit vorzubeugen. Diabetes mellitus (Zuckerkrankheit) ist ein Überbegriff für verschiedene Stoffwechselkrankheiten. Es gibt verschiedene Diabetes-Formen, die nach ärztlicher Anweisung entsprechend unterschiedlich behandelt werden müssen.

Millionen Deutsche haben Diabetes ...

B Nils fühlte sich nicht gut, er war immer schlapp und müde. Er hatte oft Durst und nahm an Gewicht ab. Dann kam noch die Grippe mit hohem Fieber. In der Notaufnahme wurde er schon durchgecheckt. Die richtigen Medikamente ließen die Grippe schnell abklingen. Doch die Untersuchungen ergaben den Diabetes-Befund.
Von jetzt auf gleich muss Nils seinen Tagesablauf auf die Krankheit abstimmen. Mehrmals am Tag muss er seinen Blutzucker messen und sich Insulin spritzen. Zur Therapie gehört, dass er Ernährungsregeln befolgt und möglichst wenig Zucker zu sich nimmt. Zusätzlich muss er sich viel bewegen und auf sein Körpergewicht achten.
Im Freundeskreis hat er gleich gesagt, dass er nun auf seine Ernährung besonders achtet. Das haben alle akzeptiert.

1. Welche Hinweise zu Lebensstiländerungen soll Nils befolgen?

Umweltfaktor Allergien

Allergiker reagieren überempfindlich auf bestimmte Stoffe. Eine Allergie gegen Blütenpollen beispielsweise löst Schnupfen aus (die Nase läuft, die Augen tränen) oder beeinträchtigt die Atmungsorgane (Asthma). Allergien auf Nahrungsmittel können sogar zu einem allergischen Schock führen, der mit akuter Atemnot einhergeht und sofort behandelt werden muss. Allein schon deshalb sind Kennzeichnungen auf Lebensmittelverpackungen so wichtig. Allergien auf andere Inhaltsstoffe (Duftstoffe, Aromen, Chemikalien) können Hautreaktionen bewirken. Bei Allergien ist eine medizinische Versorgung nötig.

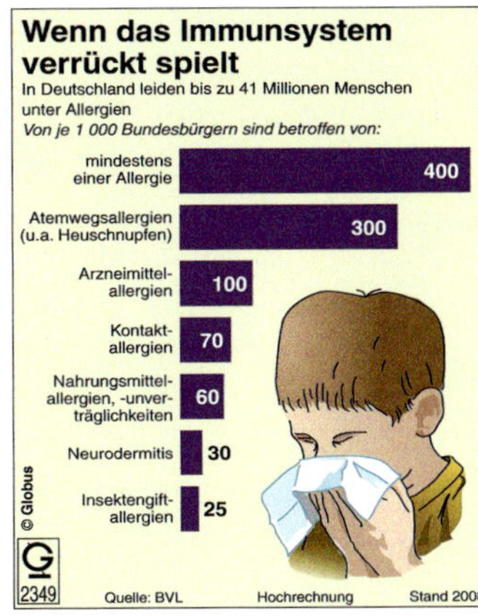

Umweltfaktor Lärm

Verordnungen zum Arbeits- und Gesundheitsschutz regeln, was Betriebe zu tun haben, um die Lärmschutzbestimmungen einzuhalten. Anders ist es im Freizeitbereich. Hier kann es sein, dass Musik auf extreme Lautstärke gestellt ist und etwa am Arbeitsplatz sogar die Grenze des Erlaubten überschreiten würde. Leider muss festgestellt werden, dass die Anzahl der Hörschädigungen steigt.

1. Beschreibe das Schaubild und vermute, weshalb die Allergien im Laufe der Jahre immer häufiger vorkommen.

2. Notiere, wie mit Schadstoffen umzugehen ist:
a) in der privaten Wohnung,
b) am Arbeitsplatz.

3. Beschreibe die Fotos und unterscheide sie nach dem Umweltfaktor Lärm.

4. Lärm ist eine Belastung für den Menschen.
a) Welchen Lärm empfindest du als störend? Erstelle eine MindMap.
b) Was kannst du tun, um Lärm auszuweichen und Lärm zu vermeiden?

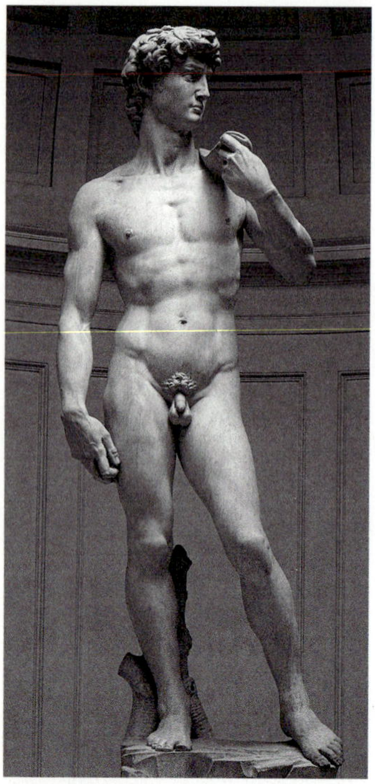

Michelangelo: David, 1504

Leonardo da Vinci: Mona Lisa (1503)

Rubens: Die Toilette der Venus (1614/15)

Marilyn Monroe, 1950

Sexiest man alive 2010: Ryan Reynolds

4 Schönheitsideale und Trends

Was ist Schönheit?

Schon im Märchen von Schneewittchen der Gebrüder Grimm ist Schönheit von Bedeutung. „Spieglein, Spieglein an der Wand, wer ist die Schönste im ganzen Land?" Mode und Zeitgeist sagen an, was gerade als Schönheitsideal gilt. Kann Schönheit vermessen werden? Schon Leonardo da Vinci stellte den Menschen in idealen Proportionen dar und schuf mit Mona Lisa das Bild von einer schönen Frau. Casting-Shows und Jugendmagazine zeigen, was gerade als schön gilt.

B

Philipp schwärmt für Katrin und beschreibt mit blumigen Worten, wie sie lacht, wie sie geht, wie sie sich kleidet, wie sie redet und was für eine tolle Figur sie hat. Katrin weiß, was gerade in der Mode angesagt ist und kombiniert ihre Jeans und T-Shirts mit bunten Westen und Tüchern, doch sie findet sich überhaupt nicht schön. Alle paar Wochen startet sie mit einer neuen Diät.

Anne findet Jonas super. Jonas kann zuhören und mitreden, er weiß viel über Sport und Musik. Auf Jonas kann Anne sich verlassen. Er selbst mag gar nicht in den Spiegel schauen, überall im Gesicht hat er Pickel, dann noch die Brille. Jonas möchte aussehen wie die Jungen in den Boygroups.

1. Erstellt eine MindMap zum Thema Schönheit.
Beschreibt ein bis zwei Begriffe genauer und notiert sie gut leserlich auf einer Karte.

2. Fasst eure Begriffe zum Thema Schönheit als Plakate zusammen und diskutiert das zusammengestellte Ergebnis.

Schönheit nach Maß

„Der perfekte Body" wurde von Wissenschaftlern der Universität Regensburg als Formel entwickelt, mit der angeblich die Attraktivität des Körpers messbar wird. Danach werden in der Formel das Gewicht, die Taillen- und die Hüftbreite sowie die Beinlänge und die Oberweite miteinander ins Verhältnis gesetzt. Eine Auswertung von 8000 Befragungen ergab, dass die meisten Menschen Frauen am schönsten finden, die besonders lange Beine, einen mittleren oder großen Busen und eine schmale Taille haben und bei denen die Proportionen der Körperteile stimmen.

Sexiest woman alive 2010: Katrina Bowden

Untersuchungen zu Schönheitsoperationen zeigen, dass die Zahl der Schönheitsoperationen 2007 auf weit mehr als 400000 im Jahr gestiegen ist. Die Bravo-Studie 2009 hat erfasst, dass zwei Drittel der Jungen, aber nur etwas über die Hälfte der Mädchen mit ihrem Äußeren zufrieden seien. Fast jedes vierte Mädchen würde zustimmen, wenn sie eine Schönheitsoperation geschenkt bekäme. Bei den Jungen sind es nur acht Prozent. Mädchen wünschen sich schlanker zu sein, Jungen muskulöser.

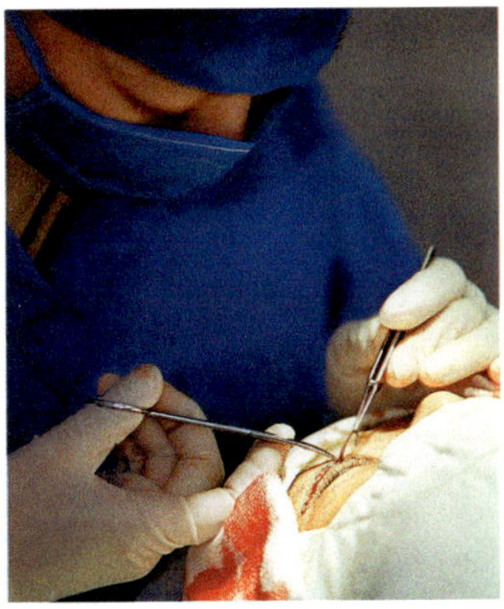

Schönheitsoperation

B

Anabolika aus der Muckibude

Ein Fall für sich: Torben, hochbegabt, hat schon zwei Klassen übersprungen, aber er fühlt sich im Vergleich zu seinen Klassenkameraden körperlich unterlegen. Das Abonnement in der Muckibude sollte da Abhilfe schaffen und Tabletten für die Muskelbildung das Ganze beschleunigen.

Zum Glück passierte es in der Schule: Die Hand wurde blau, der Arm lief blau an. Der Notarzt ließ Torben sofort ins Krankenhaus bringen. Dort musste ein operativer Eingriff vorgenommen werden.
Was war passiert? Die Tabletten haben das Muskelwachstum angeregt. Die Nerven, Adern, Sehnen waren nicht mitgekommen, das führte zu dem akuten Stau. Nun ist Torben bedient von den Präparaten aus China!

Torben in der Muckibude

Bodybuilder

Tätowierter Rücken

Kaiserin Elisabeth II von Österreich

Lena Meyer-Landrut

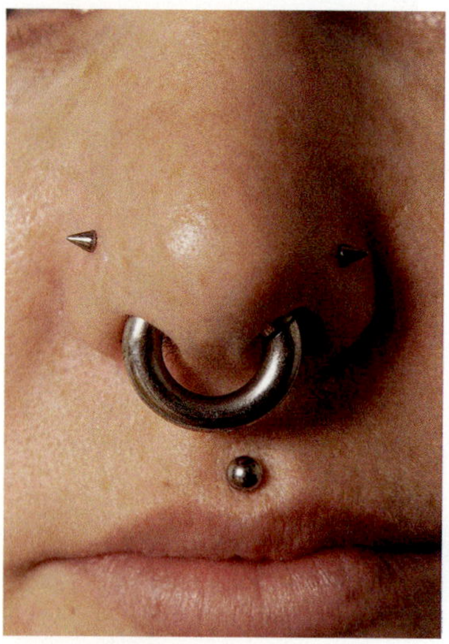
Gesichtspiercing

Tattoos sind cool – oder?

Kaiserin Elisabeth von Österreich und Königin von Ungarn (1837-1898), genannt Sisi, war sehr auf ihre Schönheit bedacht. Sie war sehr modebewusst und sportlich. Auf ihrer Schulter war ein Anker tätowiert. Hier stellt sich die Frage für alle, die dieser Mode folgen wollen: „Will ich das Tattoo in zehn, zwanzig, dreißig Jahren wohl immer noch haben?" Momentane Launen oder Moden haben eine schnelle Verfallszeit, das muss gut überlegt sein. Das gilt auch für Piercings. Was zu einer Zeit als schön empfunden wird, kann sehr bald völlig unmodisch sein. Piercings sind zwar schnell zu entfernen, hinterlassen aber die Einstecklöcher.

Q

„Arschgeweih zum Abschuss frei – Jeder zweite will seine Tätowierung wieder los werden. Berichte über die sichtbarste aller Fehlentscheidungen von Eric Breitinger

[...] Jeder zweite Tätowierte will laut einer US-Studie spätestens nach drei Jahren die Verzierung wieder loswerden. Das geht nicht so leicht. Beim Tätowieren durchstechen die Nadeln die Hautoberfläche und befördern Farbpigmente in die mittlere Hautschicht, die sich nicht erneuert. Dort kapseln körpereigene Zellen die Farbe ein und konservieren die Tätowierung. Ohne große Risiken beseitigen lässt sie sich laut Experten vor allem mittels Laser. [...]"

Quelle: Neue Züricher Zeitung NZZ Folio 03/09. www.nzzfolio.ch

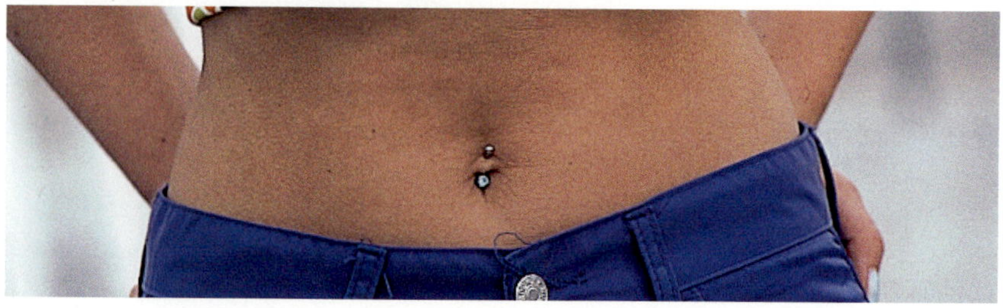
Bauchpiercing

Trends in der Küche: Kräuter und Gewürze

Köchinnen und Köche, die ihr Handwerk verstehen, arbeiten mit guten Grundprodukten, feinem Essig und Öl, guten Salzen und natürlich mit frischen Kräutern und erlesenen Gewürzen. Sämtliche Lebensmittel und natürliche Geschmacksstoffe müssen sorgfältig verarbeitet werden. Kräuter und Gewürze geben einem Gericht das gewisse Etwas und enthalten Stoffe mit wohltuender Wirkung. Einiges ist schon aus der Klosterapotheke bekannt. Salbei hat eine antiseptische Wirkung bei Halsschmerzen, Rosmarin wirkt anregend. Kümmel macht den Kohl leichter verdaulich, Minze und Fenchel beruhigen den Magen.

Kräuter

B Maria und Ingo haben sich bei einem Kochkurs kennengelernt. Sie reden viel über die Kochkunst, das Essen und Genießen. Über Kräuter und Gewürze geraten sie ins Schwärmen:

Maria: Ist es nicht wunderbar, allein wie die Kräuter duften? Dill, Petersilie, Schnittlauch, Bohnenkraut, Estragon, Majoran, Minze, Oregano, Rosmarin ...
Neulich habe ich einige Balkonkästen bepflanzt und habe nun immer frische Kräuter.

Ingo: Jetzt musst du nur noch wissen, was zu welchem Gericht passt. Gurke und Dill, Rosmarin und Thymian für Kartoffeln, Petersilie zu Erbsengemüse, Oregano zu Pizza, Bohnenkraut zu Bohnen.

Maria: Und dann noch die richtigen Gewürze. Bei Salz bin ich sparsam. Fleur de Sel zum Frühstücksei und zum Nachwürzen von Fleisch und Fisch. Naturbelassenes Salinensalz für Kartoffeln, Nudeln, Reis und Gemüse. Pfeffer aus der Mühle passt immer. Muskat gehört an Blumenkohl, Rosenkohl und Kohlrabi und verfeinert ein Gemüsecremesüppchen oder das Kartoffelgratin.

Ingo: Seit ich mich für die asiatische Küche interessiere, habe ich immer eine Auswahl Chili und Curry auf Vorrat. Ja und dann noch Ingwer, Vanille und Zimt.

INFO

Fleur de Sel
(französisch „Salzblume"), ist ein Meersalz, das z.B. in Frankreich in Handarbeit gewonnen wird. Wegen seines feinen Geschmacks wird es von Köchen sehr geschätzt, es ist aber auch sehr teuer.

1. Stellt verschiedene Kräuter und Gewürze bereit, betrachtet sie genau, beschreibt wie sie aussehen und wie sie riechen.

2. Die feine Küche geht sehr fein mit Kräutern und Gewürzen um. Was muss beachtet werden?

3. Findet weitere Beispiele für Kräuter und Gewürze und gestaltet einfache Plakate dazu.

In diesem Kapitel habt gelernt, dass die Gesundheit von vielen Faktoren abhängt. Sie beginnt bei der Körperpflege von Kopf bis Fuß. Das Sehen, Hören, Fühlen, Riechen, Schmecken ist von vielfältiger Bedeutung für die menschliche Wahrnehmung. Bei vielen Berufen kommt es auf alle Sinne an. Gesund zu bleiben ist ein Auftrag an jeden Einzelnen. Bewegung unterstützt die Gesundheit. Gesundheitsschädigende Umwelteinflüsse dagegen gilt es möglichst zu vermeiden. Schönheitsideale und Trends sind häufig nur eine kurzweilige Modeerscheinung.

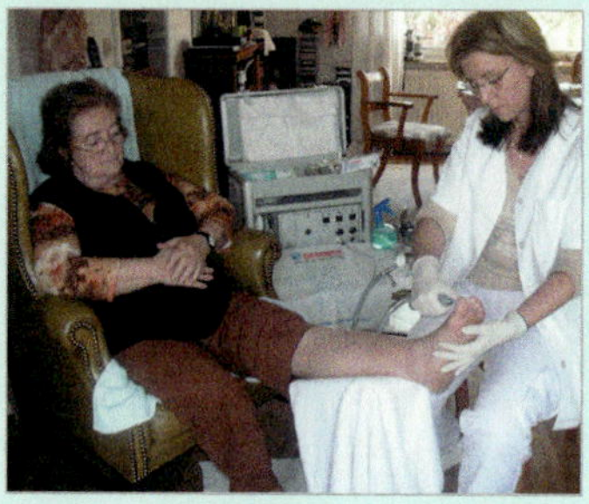

1. Beschreibe und interpretiere den Diabetesatlas (http://archive.diabetesatlas.org/map). In welchen Ländern gibt es besonders viele Diabeteserkrankungen?

2. Nenne und erkläre den Gesundheitsbegriff der WHO Weltgesundheitsorganisation.

3. Was gehört zur richtigen Zahnpflege?

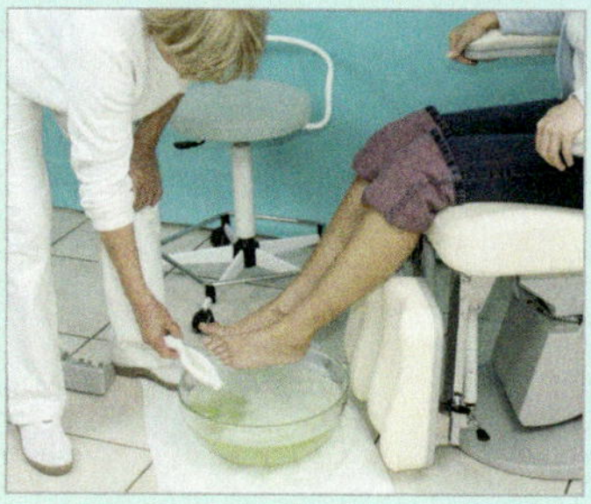

4. Welche Tätigkeiten verrichten Podologinnen und Podologen?

5. Worin unterscheidet sich die Hautpflege im Sommer und im Winter?

6. Was sind Schönheitsideale?

7. Wann werden Schönheitsideale zum Problem?

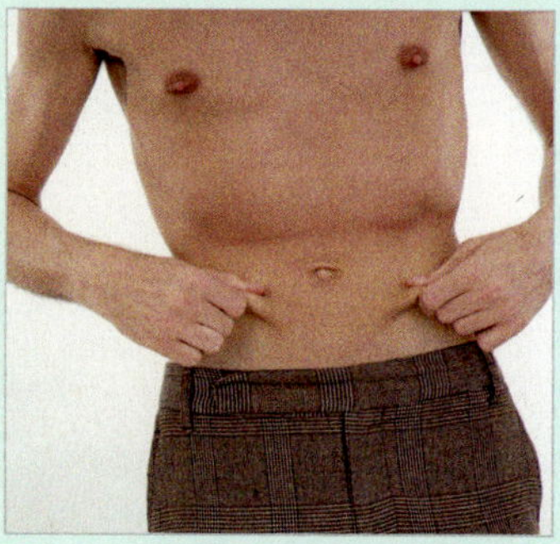

8. Welche Kräuter eignen sich wofür? Suche Rezepte aus Kochbüchern heraus.

B Markus lässt keine Kochsendung aus. Nach über 1 000 Sendestunden und dem Durchblättern vieler Kochbücher ist ihm ein Licht aufgegangen. Wer gut kochen kann, hat natürlich Spaß am Kochen und eine gute Vorratswirtschaft. Grundnahrungsmittel wie Mehl, Kartoffeln, Reis, Nudeln, Salz und Zucker sind im Haus. Essig und Öl, Kräuter und Gewürze sollten gut sortiert vorhanden sein. Brot, Eier, Milch und Milchprodukte müssen natürlich jede Woche neu eingekauft werden. Dazu kommen noch die tagesfrischen Produkte wie Fisch oder Fleisch. Alle Lebensmittel müssen produktgerecht und mit Sorgfalt aufbewahrt sowie schonend verarbeitet werden.

9. Welche Gewürze passen zu welchen Speisen?

10. Was ist vorteilhaft an Sport und Bewegung?

aus zweiter Hand

V Sozialpädagogik II

In diesem Kapitel setzt ihr euch mit unterschiedlichen Erziehungsstilen und erzieherischen Maßnahmen auseinander. Ihr lernt die gesetzlichen Aufgaben, Rechte und Pflichten von Eltern in der Erziehung kennen sowie die Kinderrechte bei uns und in anderen Ländern. Ihr informiert euch über die Aufgaben des Kinderschutzbundes und anderer Hilfsorganisationen und über politische Maßnahmen zur Verbesserung der Lebensbedingungen von Kindern und Familien. Ihr erkundet vor Ort verschiedene Kindertageseinrichtungen in ihrem Aufbau und ihren Abläufen und ordnet die Aufgaben und das Anforderungsprofil von den Beschäftigten ein. Ihr lernt verschiedene Spiele und ihre Bedeutung für die Entwicklung der Kinder kennen und erprobt Aktivitäten im Bereich Spiel, Bewegung, Kreativität und Musik. Ihr plant ein Fest von und mit Kindern und führt dieses durch.

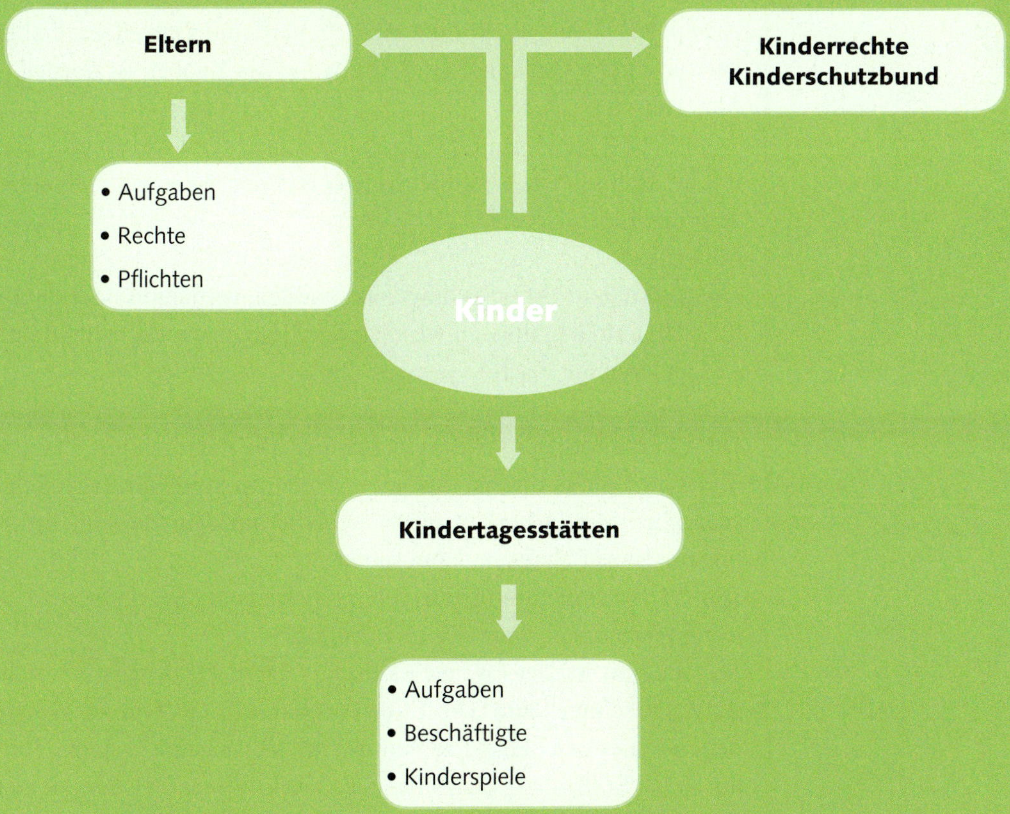

1 Rechte und Pflichten in der Erziehung

Unterschiedliche Erziehungsmaßnahmen

Q

Erziehungsalltag einer Familie – Am Familientisch

Max rülpst. Fünf Jahre alt und rülpst ständig. Er kann es noch nicht richtig, das Geräusch hat keine Tiefe und ist ein wenig blass, das liegt wohl an dem fehlenden Resonanzboden bei Fünfjährigen. Aber er übt ständig – bei Tisch, bei den Großeltern, gern auch, wenn Besuch kommt.

Die Eltern: „Max, kannst du das mal bitte lassen. Man rülpst nicht, wenn andere Leute da sind, es stört sie."

Max rülpst. **(1)**

Die Eltern: „Du Max, das finden wir jetzt echt nicht gut. Lässt du das mal bitte?"

Max rülpst.

Die Eltern unter sich: „Wir müssen das Rülpsen ignorieren. Es geht ihm nur darum, auf sich aufmerksam zu machen. Er ist der Zweitgeborene, vergessen wir es nicht." Sie ignorieren das Rülpsen.

Max rülpst. **(2)**

Die Eltern denken darüber nach, ob es sinnvoll wäre, das Kind einem Arzt vorzustellen. Es könnte einfach Verdauungsprobleme haben. Sie verwerfen den Gedanken; der Stuhlgang des Knaben ist normal.

Max rülpst.

Die Eltern fragen sich: Ist Rülpsen schlimm? Sind wir Spießer, dass wir uns am Rülpsen eines Fünfjährigen stören? Der Vater ruft: „Es stört mich aber doch, verdammt!"

Max rülpst.

Die Eltern laut: „Max, es langt jetzt endlich, verdammt noch mal, wenn du nicht aufhörst, müssen wir dich ins Zimmer schicken, denn du störst alle anderen am Tisch."

Max rülpst. **(3)**

Die Eltern bringen Max in sein Zimmer. Das Kind schreit, klagt, weint, öffnet die Zimmertür und schlägt sie wieder zu, bejammert sein Schicksal, schreit seine Wut heraus, bricht heulend auf dem Ziegenhaarteppichboden seiner Behausung zusammen.

Die Eltern werden mitleidig, gehen nach oben: „Du darfst jetzt wieder herunterkommen, wenn du nicht rülpst."

Max kommt wieder an den Esstisch, setzt sich mit versteinertem Gesicht auf seinen Platz. Die Eltern (denkend): „Es war hart, aber nun haben wir es geschafft." Die Familie isst schweigend. Es kehrt Ruhe ein im Haus. Stille senkt sich über den Tisch, Frieden in den Herzen der Erziehenden.

Man hängt seinen Gedanken nach.

Da rülpst Max. **(4)**

Quelle: Axel Hacke: Der kleine Erziehungsberater. Kunstmann, München 1992, S. 20–22

Diese amüsante Szene beschreibt wie kaum ein anderes Beispiel die Probleme des erzieherischen Handelns. Es verbergen sich in dieser Tischszene einige erzieherische Maßnahmen:

Erklärung des falschen Verhaltens

(1) Erklärung des falschen Verhaltens
Die Absicht der Eltern ist, das Kind mithilfe genauer Erklärungen zur Einsicht zu bringen. Aber: Max ist ein Fünfjähriger, dem es Spaß macht, gegen Regeln zu verstoßen und der mit seinen Möglichkeiten spielerisch experimentiert. Die Eltern versuchen ihre Verhaltensvorstellungen durchzusetzen, aber das Kind beharrt auf seinem Willen.

(2) Ignorieren des Verhaltens
Weil die Eltern die beabsichtigte Wirkung nicht erreicht haben, hinterfragen sie die Situation und hoffen, dass das Verhalten verschwindet, wenn es lange nicht beachtetet wird. Hier wäre es sinnvoll, ein anderes Verhalten zu verstärken, das Max das Gefühl gibt, akzeptiert zu sein, z. B. Lob oder Belohnung.

(3) Konsequente Durchführung einer Strafe
Da die Androhung der Strafe nicht gewirkt hat, sehen sich die Eltern gezwungen, Max zu bestrafen, sonst verlieren sie ihre Glaubwürdigkeit. Sie tun es widerwillig, weil es auch ein Eingeständnis des eigenen Versagens bedeutet. Stubenarrest ist eine aggressive Maßnahme, die die Beziehung zum Kind belastet und meist nicht zur Einsicht und Verhaltensänderung führt.

(4) Grenzen der Erziehung
Max ignoriert die Erziehungsbemühungen. Er ist zwar erst fünf, aber eine eigenwillige, hartnäckig-dickköpfige Persönlichkeit, die sich nicht unterdrücken lässt und den Eltern ihre Grenzen zeigt. Jede/r Erzieher/in sollte sich klar machen: Für das Kind wichtige Bedürfnisse lassen sich nicht unterbinden. Über kurz oder lang bricht das Unterdrückte hervor: Max rülpst.

1. Spielt die Szene am Familientisch nach und tauscht anschließend eure Einsichten aus.
- Warum scheitern die Eltern?
- Was ist der Grund für Max' merkwürdiges Verhalten?
- Welche erzieherischen Grundsätze vertreten die Eltern? Notiert sie.
- Wie hättet ihr gehandelt?

2. Welches sind eure persönlichen erzieherischen Grundsätze? Macht euch diese im Gespräch mit euren Mitschülern klar.
Bedenkt dabei: Der Erzieher/die Erzieherin bleibt auch beim Strafen Vorbild für das Kind. Strafen sind oft Modelle, die zeigen, mit welchen Mitteln man sich gegen andere durchsetzt und wie man Macht über sie gewinnt.

INFO

Unterschiedliche **Erziehungsmittel** können diese Entwicklung positiv oder negativ beeinflussen:

Gewöhnung
Kinder können bereits früh daran gewöhnt werden, bestimmte Dinge zu tun oder zu unterlassen. Durch die tägliche Wiederholung wird es z. B. selbstverständlich sein Zimmer aufzuräumen oder sich in der Schule mit Handzeichen zu melden.

Tadel und Strafe
Negative Verhaltensweisen, z. B. Ärgern des kleinen Bruders, werden getadelt und bei Wiederholung bestraft, das Kind spürt die Konsequenz seines Fehlverhaltens. Um das Kind nicht zu demotivieren oder aggressiv zu machen, sollte nur bedacht gestraft oder getadelt werden.

Lob und Belohnung
Positives Verhalten, z. B. regelmäßige Erledigung der Hausaufgaben, wird gelobt und z. B. mit einer Einladung zum Eis belohnt. Das Kind wird darin bestärkt, sein Verhalten auch in Zukunft beizubehalten. Belohnungen sollten allerdings nicht zu häufig erfolgen, da das Kind sie sonst als selbstverständlich erachten würde.

Eltern unterstützen, fördern und begleiten

Vielfältigkeit des Erziehungsbegriffs
Beim Begriff Erziehung geistern die unterschiedlichsten Ausdrücke, Bilder und Ideen durch unsere Köpfe. Hier ist eine kleine Auswahl von Zitaten, aus denen unterschiedliche Einstellungen deutlich werden:
- „Erziehung ist die Hilfe zum Selbstwerden in Freiheit." (K. Jaspers, Philosoph)
- „Erziehung heißt, ein Kind so weit bringen, dass es uns nicht mehr braucht." (L.A. Bätsch, Pädagoge)
- „Erziehung ist die organisierte Verteidigung der Erwachsenen gegen die Jugend." (M. Twain, Schriftsteller).

Demgegenüber die Vorstellung einer Mutter über Erziehung, die mit ihrem Mann fünf Kinder erzogen hat:
„Erziehung ist, wenn ich das Kind so liebe, wie es ist, ihm Vertrauen und Geborgenheit schenke, es auch in seinen Begabungen fördere. Ein sinnerfüllter, lebenstüchtiger und zufriedener Mensch soll es werden. Ein Mensch, der sich selbst mag. Ebenso muss ich das Kind mit den Werten seiner Gemeinschaft vertraut machen, was auch immer mit Anpassung, Verzicht und Respekt anderen gegenüber zu tun hat. Lebe ich selbst diese Dinge dem Kind echt und stimmig vor, dann kann es sich an mir verlässlich ausrichten. Dann wird es durch mich so etwas wie eine gute Autorität erfahren."

1. Formuliert jeder für euch eine eigene Definition, was ihr unter Erziehung versteht. Stellt eure Ergebnisse gegenseitig vor. Begründet und diskutiert sie.

2. Vergleicht eure Definitionen mit den Aussagen der Mutter und denen der Zitate. Gibt es Unterschiede, gibt es Gemeinsamkeiten? Welche Schwerpunkte in der Erziehung sind euch wichtig?

3. Findet Beispiele, in denen die unterschiedlichen Erziehungsmittel zum Einsatz kommen.

Unterschiedliche Erziehungsstile

In der Umgebung des Kindes (Familie, Kindergarten und Schule) trifft man in der Regel auf verschiedene Arten von Erziehung.

Autoritärer Erziehungsstil
Autoritäre Eltern setzen klare Regeln und verlangen strikte Einhaltung. Doch zugleich gehen sie wenig auf die kindlichen Bedürfnisse ein, erklären ihre Vorgaben selten, können sich kaum auf die Welt des Kindes einlassen. Die Zöglinge haben meist keine Probleme im Kindergarten oder in der Schule, aber ihr Selbstbewusstsein ist gering, sie trauen sich weniger zu und sind leichter einzuschüchtern.

autoritärer Stil

Antiautoritärer oder Laisser-faire Erziehungsstil
Die Kinder haben Probleme, Disziplin zu üben und neigen zu emotionalen Ausbrüchen, weil ihre „Selbstregulation“ zu gering ist, aber sie gehen mit kräftigem Selbstbewusstsein durch die Welt. Ihre Eltern haben ihnen selten Grenzen gesetzt, Konflikte meist vermieden, aber immer begeistert die Unabhängigkeit ihrer Kinder gefördert.

antiautoritärer Stil

Vernachlässigender Erziehungsstil
Ihn praktizieren Eltern, die sich weitgehend aus der Erziehung zurückziehen, ihren Kindern wenig Führung, aber auch wenig Aufmerksamkeit schenken. Solche Minimalpflege schadet den Kindern weit mehr als zu viel Autorität oder zu viel Toleranz.

vernachlässigender Stil

Demokratischer Erziehungsstil
Die Erziehung wird in Abstimmung mit dem Kind gestaltet, um die Entwicklung einer eigenen Persönlichkeit zu fördern. Auf der Basis von gegenseitigem Verständnis werden gemeinsam Kompromisse gesucht.

Ziel der Eltern, Erzieher oder Lehrer sollte es sein, das Kind durch Erziehung auf seinem Weg zu einem eigenständigen, selbst- und verantwortungsbewussten, konflikt- und entscheidungsfähigen, mündigen Menschen zu geleiten. Entscheidend für die gelingende Erziehung ist ein gesundes Urvertrauen, durch das das Kind in seiner Persönlichkeitsentwicklung gestärkt wird. Der demokratische Erziehungsstil wird als der Königsweg der Erziehung angesehen, also eine Art universales Konzept, das die Lernfähigkeit von Kindern besonders unterstützt.

demokratischer Stil

1. Überlegt euch Beispiele für die vier verschiedenen Erziehungsstile. In welchem Beispiel werden unterschiedliche Stile miteinander kombiniert?

2. Wer hat heute neben den Eltern, Erziehern und Lehrern noch Einfluss auf die Entwicklung des Kindes?

Rechte und Pflichten von Eltern in der Erziehung

Gesetzliche Grundlage

Q **Art 6 Abs. 2 GG**
Pflege und Erziehung der Kinder sind das natürliche Recht der Eltern und die zuvörderst ihnen obliegende Pflicht. Über die Betätigung wacht die staatliche Gemeinschaft.

Eltern haben das Recht und die Pflicht für ihre Kinder zu sorgen. Kommen sie dieser Pflicht nicht nach, kann das Sorgerecht der Eltern eingeschränkt oder gar entzogen werden. Denkbar ist dies bei:
Missbrauch: Missbrauch von Kindern drückt sich u. a. durch körperliche Bestrafung, seelische Verletzungen oder durch Abhalten von Schulbesuch aus.
Vernachlässigung: Von Vernachlässigung spricht man, wenn das Kind nicht richtig gepflegt, ernährt oder beaufsichtigt wird.
Versagen: Als Versagen gilt zum Beispiel, wenn die Eltern aufgegeben haben, sie krank oder überfordert sind.

Q **§ 1666 BGB (1)**
Wird das körperliche, geistige oder seelische Wohl des Kindes oder sein Vermögen durch missbräuchliche Ausübung der elterlichen Sorge, durch Vernachlässigung des Kindes, durch unverschuldetes Versagen der Eltern oder durch das Verhalten eines Dritten gefährdet, so hat das Familiengericht, wenn die Eltern nicht gewillt oder nicht in der Lage sind, die Gefahr abzuwenden, die zur Abwendung der Gefahr erforderlichen Maßnahmen zu treffen.

INFO

Verhalten Dritter: Als Gefährdung durch Dritte gilt u. a. sexueller Missbrauch oder die Verführung mit Alkohol und Drogen.

Das Umgangsrecht
Das Kind hat ein Recht auf den Umgang mit beiden Elternteilen, mit Großeltern, früheren Stiefeltern, Geschwistern. Können die Eltern keine Einigung erzielen, muss das Familiengericht entscheiden.

Inhaber der elterlichen Sorge

Bei ehelichen Kindern haben zunächst beide Eltern das gemeinsame Sorgerecht. Bei nicht-ehelichen Kindern hat zunächst die Mutter das alleinige Sorgerecht. Nach der Vaterschaftsanerkennung kann eine gemeinsame Sorgerechtserklärung abgegeben werden. Bei Trennung und Scheidung bleibt die elterliche Sorge zunächst bestehen. Jeder Elternteil kann über das Familiengericht die elterliche Sorge oder Teile der elterlichen Sorge beantragen. Kinder ab 14 Jahren haben ein Mitbestimmungsrecht. Zur elterlichen Sorge gehören die Personensorge (Pflege, Betreuung, Erziehung, Aufsicht, Aufenthaltsbestimmung, Vermögensverwaltung) und die gesetzliche Vertretung beim Abschließen von Geschäften, Anmeldungen zur Schule usw.

1. Hinterfragt die Wirksamkeit der rechtlichen Grundlagen für Eltern und das Recht von Kindern auf gewaltfreie Erziehung.

2. Sucht aus Zeitungen Artikel heraus, bei denen das Recht von Kindern auf gewaltfreie Erziehung missachtet wurde.

Rechte von Kindern und Jugendlichen in Deutschland

Auszug aus der UN-Kinderrechtskonvention

Die Rechte der Kinder und Jugendlichen sind weltweit festgeschrieben in der UN-Kinderrechtskonvention, die die Vollversammlung der Vereinigten Nationen im November 1989 verabschiedet hat. Sie sind heute in den meisten Staaten der Erde ratifiziert (anerkannt) worden. UNICEF, eine Kinderrechtsorganisation der UNO, fasst sie in 10 Grundrechten zusammen:

1. Das Recht auf Gleichbehandlung und Schutz vor Diskriminierung, unabhängig von Herkunft, Religion und Geschlecht
2. Das Recht auf einen Namen und eine Staatsangehörigkeit
3. Das Recht auf Gesundheit
4. Das Recht auf Bildung und Ausbildung
5. Das Recht auf Freizeit, Spiel und Erholung
6. Das Recht, sich zu informieren, sich mitzuteilen, gehört zu werden und sich zu versammeln
7. Das Recht auf eine Privatsphäre und eine gewaltfreie Erziehung im Sinne der Gleichberechtigung und des Friedens
8. Das Recht auf sofortige Hilfe in Katastrophen und Notlagen und auf Schutz vor Grausamkeit, Vernachlässigung und Verfolgung.
9. Das Recht auf eine Familie, elterliche Fürsorge und ein sicheres Zuhause
10. Das Recht auf Betreuung bei Behinderung

INFO

Recht aufs Menschsein „feiert" 60. Geburtstag. Berlin/Paris (rn) [...]

Viele Kinder versklavt

Als „Fundament deutscher Außenpolitik" bezeichnete Bundeskanzlerin Angela Merkel (CDU) den weltweiten Einsatz für Menschenrechte. Der 60. Jahrestag der UN-Menschenrechtserklärung sei „eine Verpflichtung für die Zukunft". „Wenn wir nur an die Konfliktherde zum Beispiel im Ost-Kongo denken und an die Versklavung vieler Kinder, so sind dies nur zwei Beispiele für die unendlich vielen Menschen, die unter der Verletzung ihrer Rechte leiden." [...]

Buxtehuder Tageblatt, 10.12.2011, S. 1

1. Diskutiert: Welche Rechte sind bei uns in Deutschland verwirklicht? Bei welchen Rechten gibt es noch Missstände und werden noch institutionelle Hilfen benötigt?

2. Informiert euch über das Internet in weiteren Quellen über die Rechte und Pflichten von Kindern und Jugendlichen.

3. Erstellt eine Dokumentation für eure Schule über die Rechte und Pflichten von Kindern und Jugendlichen bei uns in Deutschland.

Aufgaben des Kinderschutzbundes

Der Deutsche Kinderschutzbund (DKSB) ist ein bundesweit vertretener, gemeinnütziger Verein. Er setzt sich für den Kinderschutz, die Kinderrechte und die Verbesserung der Lebensbedingungen der Kinder und ihrer Familien ein. Er will auftretende Missstände aufspüren, Politiker und Verwaltung zum Handeln auffordern und durch eigene Initiativen eine kindgerechte Gesellschaft herbeiführen.

Demonstration für Kinderrechte

Aufbau und Arbeitsschwerpunkte

Der Deutsche Kinderschutzbund wurde 1953 in Hamburg gegründet und hat derzeit rund 50 000 Mitglieder. Er besteht aus dem Bundesverband, 16 Landes- und 420 Orts- und Kreisverbänden.
Vor Ort bildet die praktische Arbeit mit Kindern, Jugendlichen und Eltern einen besonderen Schwerpunkt. Dazu gehören u. a.

- Beratungsangebote,
- frühe Hilfen und Unterstützung für Familien, bevor sie in Probleme und Krisen geraten,
- Elternkursangebote, z. B. Starke Eltern – starke Kinder,
- schulische Angebote,
- Freizeiteinrichtungen.

Themenbereiche

Der Deutsche Kinderschutzbund engagiert sich vor allem bei Themen, die Kinder und deren Lebensbedingungen und Wohlergehen betreffen.
Schwerpunkte sind:

- die Bekämpfung der Kinderarmut in Deutschland,
- die Bewahrung von Kindern vor Gewalt und Vernachlässigung,
- die vollständige Verwirklichung der Kinderrechte,
- die Einführung der Kinderrechte in das Grundgesetz,
- die Einhaltung des Jugendschutzes auch im Internet.

INFO

Bundesweite „Nummer gegen Kummer":
0800 – 1 11 03 33
11 61 11

Kinder- und Jugendtelefon und Elterntelefon

Kinder, Jugendliche und Eltern können bei Sorgen und Problemen kostenlose und anonyme telefonische Beratung beim örtlichen Kinderschutzbund einholen.

1. Informiert euch im Internet genauer über die Aktivitäten des Deutschen Kinderschutzbundes aus verschiedenen Quellen.

2. Nehmt Kontakt mit dem örtliche Kinderschutzbund auf und organisiert ein Expertengespräch, welche Projekte zur Verwirklichung der Kinderrechte bei euch durchgeführt werden.

3. Ergänzt die Informationen aus eurem Expertengespräch zu eurer Dokumentation über die Kinderrechte.

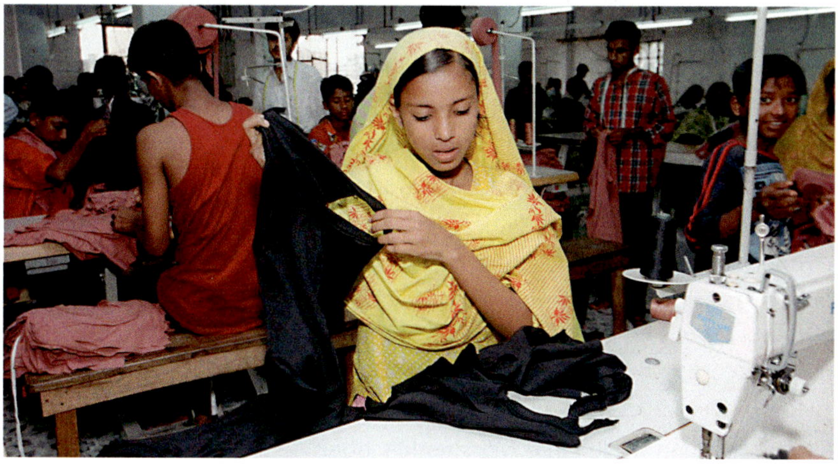

Kinderarbeit in einer Nähfabrik

Rechte von Kindern in anderen Ländern

B „Hallo! Ich heiße Hasni und bin 15 Jahre alt. Seit meinem 13. Lebensjahr arbeite ich in einer Nähfabrik für T-Shirts in Bangladesch. Hier arbeiten etwa 100 Mädchen, die so alt sind wie ich.
Wir arbeiten fast jeden Tag von acht Uhr morgens bis neun Uhr abends. Samstags arbeiten wir bis fünf Uhr nachmittags. Manchmal müssen wir die ganze Nacht arbeiten. Mein Stundenlohn beträgt 16 Taka, das sind umgerechnet 15 Cent. Mit diesem Gehalt kann niemand überleben.
Wir werden schlecht behandelt. Die Aufseher brüllen und schreien uns an, weil wir schneller arbeiten sollen. Manchmal schmeißen sie mir Stoff ins Gesicht oder packen und schubsen mich. Sie zwingen mich dazu, schnell zu arbeiten. In der Fabrik ist es sehr heiß wie im Ofen. Die Toilette ist abgeschlossen und man braucht eine Erlaubnis, um sie zu benutzen. Das geht nur zweimal am Tag. Während der Arbeit dürfen wir uns nicht unterhalten. Wenn wir es trotzdem tun, werden wir bestraft.
Ich habe keine Eltern mehr. Ich lebe mit elf Leuten zusammen in einem Zimmer. Ich muss arbeiten, um drei kleine Brüder zu unterstützen."

Es gibt keine einfache Lösung, um Kinder vor Gewalt und Ausbeutung weltweit zu schützen. Deshalb entwickelt UNICEF vielseitige Programme und hilft Kindern direkt, z. B. mit Bildungskursen, Betreuung der Opfer von Gewalt und Ausbeutung in speziellen Schutzhäusern, unterstützt Anlaufstellen für Straßenkinder etc. Die Organisation drängt Regierungen, bessere gesetzliche Rahmenbedingungen zum Schutz von Kindern zu schaffen.

1. Vergleicht euren Tag mit dem von Hasni. Gegen welche Kinderrechte wurde in diesem Beispiel verstoßen?

2. Informiert euch über das Internet über Hilfsprogramme von UNICEF gegen Kinderrechtsverletzungen.

INFO

Weitere Programme gegen Kinderarbeit findet ihr unter www.goodweave.de www.transfair.org.

Kind hört Radio

Lebensbedingungen von Kindern und deren Familien

Medienkindheit

In den 1950er- und 1960er-Jahren war das Radio der Mittelpunkt des familiären Freizeitvergnügens. Das Radio oder der Musikschrank hatten einen zentralen Platz im Wohnzimmer. Und dort versammelte sich zu bestimmten Sendungen die ganze Familie. Es konnten Sportübertragungen, Quizsendungen oder Hörspiele sein. Heute wird Radio nebenbei gehört. Irgendwas dudelt immer im Hintergrund. Meist Musik, ob im Kaufhaus, im Restaurant oder im Auto. Der moderne Mensch kommt ohne Klangberieselung nicht mehr aus.

Kinder dagegen wollen ihre Märchenkassetten oder CDs genau hören. Ob „TKKG“, „Benjamin Blümchen“ oder „Die drei ???“, Kinder hören genau hin. Für sie steht der CD-Player oder Kassetten-Recorder im Mittelpunkt. Intensives Hören ist also ein eigenes Medienerlebnis, ähnlich wie beim Buch, da hier der eigenen Fantasie Raum gegeben wird. Hörspiele produzieren mit ihren Geräuschen und veränderten Stimmen Atmosphäre.

Offenbar erinnern sich die heutigen Erwachsenen wieder stärker an ihre kindliche Hörgewohnheit. Der Siegeszug der Hörbücher ist ein Anzeichen hierfür. Aber auch Serien wie „Die drei ???“ werden dermaßen viel verkauft, dass diese wahrscheinlich nicht nur von oder für Kinder gekauft werden.

INFO

„Eltern und Kinder sollten möglichst viel zusammen machen. Das gilt auch für das Fernsehen. Meine Kollegen und ich beim Kinderfernsehen geben uns viel Mühe, Sendungen zu produzieren, die auch Eltern Spaß machen, sodass Fernsehen ein Fenster zur Welt sein kann und nicht unbedingt nur Kinderparkplatz ist. Und wenn wieder mal Schrott kommt: Gemeinsam lästern kann auch Riesenspaß machen.“
Christoph Biemann, Sendung mit der Maus
Bundeszentrale für politische Bildung, Über Medien reden – Eine Broschüre für Eltern, Bonn 2005, S. 11

Hilfe – Kinder lieben Fernsehen

Fernsehen wird gerne verteufelt. Macht Fernsehen wirklich dumm oder dick? Die Diskussion über das Fernsehen der Kinder wird meist emotional geführt, denn es hat immer etwas mit den Gewohnheiten der Erwachsenen zu tun. Kinder lernen durch Nachahmung. Dies gilt auch bei der Mediennutzung. Wenn sich die Eltern vor den Apparat setzen und sich durchs Programm zappen, dann werden die Kinder dies nachahmen. Wählen die Eltern ihre Sendungen sorgsam anhand von Programmzeitschriften aus, so werden auch die Kinder dies als Verhaltensmuster akzeptieren und nachahmen. Der Fernsehkonsum sollte also bewusst erfolgen. Das Fernsehen besitzt auch einen wichtigen Informationscharakter und sollte dementsprechend genutzt werden.

1. Berichtet: Welches waren eure beliebtesten Kinder-Hörkassetten/-CDs? Begründet, warum ihr sie so gerne gehört habt.

2. Wie war euer Fernsehverhalten in der Kindheit? Welches waren eure Fernsehhits und warum? Erstellt eine Übersicht und diskutiert darüber.

3. Informiert euch über geeignete Kindersendungen bei www.flimmo.de, einer Programmberatung für Eltern.

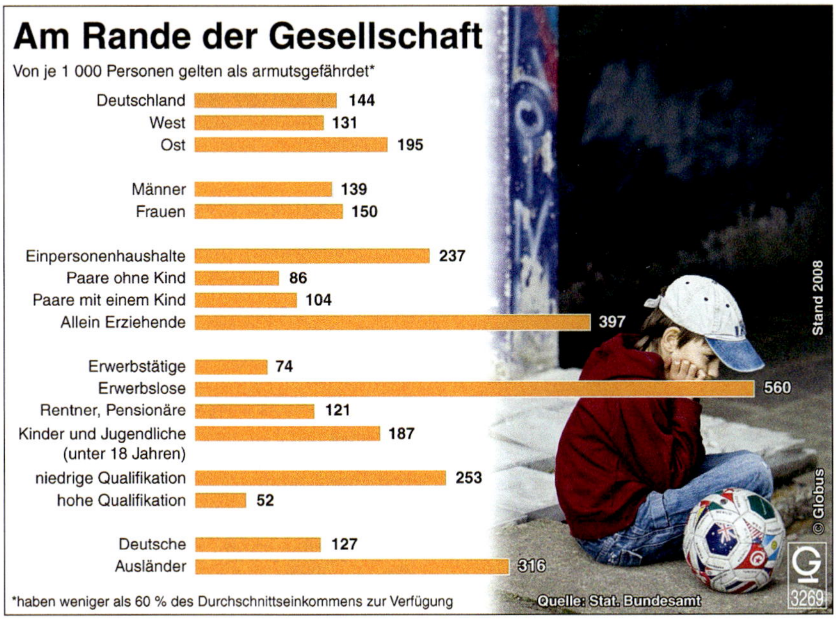

Wirtschaftliche Situation von Familien

Aufgrund der immer noch hohen Arbeitslosigkeit hat sich die wirtschaftliche Lage vieler Familien in den letzten Jahren verschlechtert, obwohl 66 % der Mütter mit minderjährigen Kindern voll- bzw. teilzeitbeschäftigt ist. Das durchschnittliche Familiennettoeinkommen lag nach Angaben des Statistischen Bundesamtes im Jahre 2005 bei 2808 Euro. Als einkommensarm wird heute eine Familie bezeichnet, die weniger als 60 % des durchschnittlichen Familiennettoeinkommens zur Verfügung hat.

Überschuldung

Armut lässt sich auf zwei Grundmuster zurückführen. Zum ersten Muster gehören die **Bildungsbenachteiligten**, die in gering bezahlter (Teilzeit-)arbeit stehen oder arbeitslos sind. Zum zweiten Muster gehören die **Wohlstandsüberschuldeten**. Sie sind durch den Kauf teurer Konsumgüter, hohe Kreditaufnahme oder finanzielle Risikobereitschaft (z. B. Börsenspekulationen, Wohnungskauf ohne Kapitalstock) in die Schuldenfalle geraten.
Neben der Arbeitslosigkeit, geringer beruflicher Qualifikation durch mangelnde Schulbildung und Überschuldung können Kinder vor allem von Alleinstehenden die Armutsquote erhöhen. Die Kinderarmut hat Auswirkungen auf die Lebensbedingungen der Kinder in der Familie und in ihrem außerfamiliären Umfeld wie Freundeskreis, Kindergarten, Schule etc.

Ausgabe von kostenlosem Essen

1. Informiert euch über die aktuellen politischen Maßnahmen gegen Kinderarmut, die vom Ministerium für Familie, Gesundheit und Soziales sowie vom Arbeitsministerium ergriffen werden.

2. Bewertet die Maßnahmen in Bezug auf die Chancen zur Verbesserung der Lebensbedingungen von Kindern.

2 Betreuungsmöglichkeiten für Kinder

Kinderkrippen/Tageseinrichtungen für unter 3-Jährige

Die folgende Übersicht über die wichtigsten Tageseinrichtungen dient als Grundlage für die inhaltliche Auseinandersetzung mit den Aufgaben und Anforderungen der Beschäftigten von Kindertageseinrichtungen.

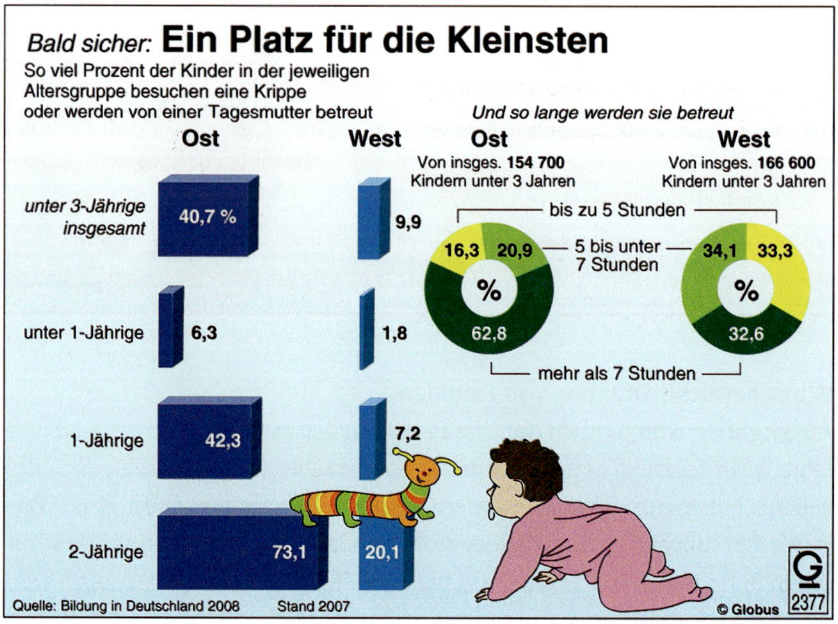

Krippenkinder

Das Angebot an Betreuungsplätzen in Tageseinrichtungen für unter 3-Jährige (U3-Bereich) ist in den alten Bundesländern im Vergleich zu den neuen noch sehr dürftig und deckt nur ansatzweise den Bedarf. In den neuen Bundesländern haben Krippen eine lange Tradition. Nach der Statistik kann in Sachsen-Anhalt jedes zweite Kind mit einem Platz rechnen, in Niedersachsen nur jedes 22. Der Ausbau von Kinderkrippen ist Aufgabe der Kommunen, die dabei vom Bund finanziell unterstützt werden. In Niedersachsen gibt es noch einen großen Verbesserungsbedarf, um die Berufstätigkeit von Frauen während der Elternzeit sowie die Vereinbarkeit von Familie und Beruf zu fördern.

1. Erkundigt euch bei der örtlichen Kommune über das Angebot an Kinderkrippen/Tageseinrichtungen für unter 3-Jährige.

2. Informiert euch in arbeitsteiligen Gruppen in den örtlichen Kinderkrippen der Kindergärten über
a) Aufbau und Abläufe, Raumgestaltung, Öffnungszeiten,
b) Gruppengröße, Aufgaben und Tätigkeiten der Erzieherinnen.
Stellt die Ergebnisse anschaulich in einer Dokumentation dar.

Kindertagesstätten

Tageseinrichtung Kindergarten (Kita)
Vor der Einschulung besuchen heute ca. 90 % aller Kinder einen Kindergarten, aber nicht unbedingt kontinuierlich drei Jahre. Kindergartenplätze sind oft keine Mangelware mehr, seitdem das Recht auf einen Kindergartenplatz heute in allen Bundesländern verwirklicht ist. Es war nicht nur familienfreundlich gedacht, sondern sollte die Chance auf Bildung im frühen Kindesalter unabhängig von der Herkunft erhöhen.

Betreuungsformen
Kindergärten bieten heute ein differenziertes Angebot. Neben so genannten „Regelgruppen" für 3–6-Jährige mit der traditionellen Öffnungszeit vor- und nachmittags gibt es solche mit erweiterter Altersmischung (2- bis 6-Jährige, 3- bis 10-Jährige), mit verlängerter Öffnungszeit (z. B. 7–17 Uhr) oder mit der Bereitschaft zur Aufnahme von Kindern mit Behinderung.

Das Kinderhaus ist eine Tageseinrichtung mit erweiterter Altersmischung, erweiterten Öffnungszeiten und Gruppen, in denen Kinder vom Säuglingsalter bis zum Ende der Grundschulzeit nahtlos komplette Bildungs- und Betreuungsangebote erhalten. Für die Kinder bedeutet das mehr Erfahrungen im Zusammenleben verschiedener Altersgruppen, was besonders Einzelkindern zugute kommt.

Kindergarten für Betriebe ist ein Modellprojekt in Niedersachsen, das von den kommunalen Frauenbüros initiiert wurde. Mehrere Betriebe an einem Ort bezahlen an einen Kindergarten einen zusätzlichen Beitrag, damit die Kinder ihrer Angestellten zeitlich flexibel betreut werden, z. B. von 7 Uhr morgens bis 18 Uhr abends oder noch länger, je nachdem, wie ihre Arbeitszeiten sind oder Arbeit anfällt.
Kindergärten müssen sich verstärkt als Dienstleistungsbetriebe verstehen, in denen regelmäßig flexible Öffnungszeiten angeboten werden, damit auch vollerwerbstätige Mütter, die im Einzelhandel oder Schichtdienst arbeiten, ihre Kinder täglich betreut wissen.

1. Informiert euch über ein Beispiel zum „Kindergarten für Betriebe" unter www.obstkindergarten.de.

Trösten

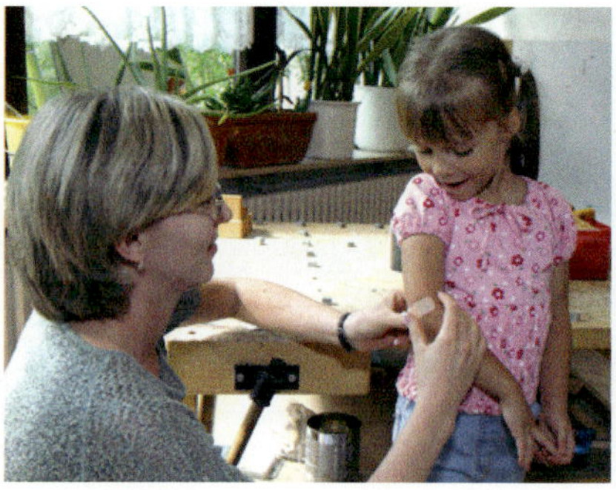

Verarzten

Nase putzen

Gemeinsam kochen und backen

Gemeinsam essen

Musik machen

Aufgaben und Anforderungen der Beschäftigten von Kindertageseinrichtungen

Erzieherinnen und Erzieher sind für die Kinder da. Das umfasst vielfältige Aufgaben aus den Bereichen Erziehung, Bildung und Betreuung. Kinder brauchen Zuspruch, Ermutigung und Lob. Kinder erleben täglich Neues, sie entdecken die Welt und haben Fragen zur Natur und zur Lebenswelt. Kinder wollen sich bewegen, miteinander spielen, basteln, zeichnen, malen, singen, reden. Kinder brauchen Verpflegung und Pflege. Frühstück und Mittagessen sind gemeinsame Erlebnisse. Erzieherinnen und Erzieher helfen bei den Toilettengängen, sie helfen beim Händewaschen und Zähneputzen, sie helfen beim Anziehen, bevor der Spaziergang beginnt. Sie sprechen mit den Erziehungsberechtigten und den Grundschulen, sie dokumentieren die Lernentwicklung und erstellen ihre Dienstpläne. Sie kümmern sich um die Verabschiedung der Erstklässler und um die Begrüßung und Eingewöhnung der neuen Kinder.

Erzieherinnen und Erzieher sehen tagtäglich, wie die Kinder sich entwickeln, wachsen, lernen und ganz eigene Lernfortschritte machen. Und das gehört zu den Freuden des Arbeitsalltags: Kinderlachen und die leuchtenden Augen, wenn sie wieder etwas entdeckt und gelernt haben, wenn sie sich freuen über Märchen und Geschichten, Sandburgen, Bauklotztürme, Wasserpfützen und Regenbögen.

Der gesellschaftliche Auftrag

Die wichtigste rechtliche Grundlage für die Arbeit von Kindertageseinrichtungen ist das Kinder- und Jugendhilfegesetz.

Q

§ 1 Recht auf Erziehung, Elternverantwortung

(1) Jeder junge Mensch hat ein Recht auf Förderung seiner Entwicklung und auf Erziehung zu einer eigenverantwortlichen und gemeinschaftsfähigen Persönlichkeit.
(2) Pflege und Erziehung der Kinder sind das natürliche Recht der Eltern und die zuvörderst ihnen obliegende Pflicht. Über ihre Betätigung wacht die staatliche Gemeinschaft. [...]

§ 22 Grundsätze der Förderung

(1) **Tageseinrichtungen** sind Einrichtungen, in denen sich Kinder für einen Teil des Tages oder ganztägig aufhalten und in Gruppen gefördert werden. **Kindertagespflege** wird von einer geeigneten Tagespflegeperson in ihrem Haushalt oder im Haushalt des Personensorgeberechtigten geleistet. ...
(2) Tageseinrichtungen für Kinder und Kindertagespflege sollen
1. die Entwicklung des Kindes zu einer eigenverantwortlichen und gemeinschaftsfähigen Persönlichkeit fördern,
2. die Erziehung und Bildung in der Familie unterstützen und ergänzen,
3. den Eltern dabei helfen, Erwerbstätigkeit und Kindererziehung besser miteinander vereinbaren zu können.
(3) Der Förderungsauftrag umfasst Erziehung, Bildung und Betreuung des Kindes und bezieht sich auf die soziale, emotionale, körperliche und geistige Entwicklung des Kindes. Er schließt die Vermittlung orientierender Werte und Regeln ein. Die Förderung soll sich am Alter und Entwicklungsstand, den sprachlichen und sonstigen Fähigkeiten, der Lebenssituation sowie den Interessen und Bedürfnissen des einzelnen Kindes orientieren und seine ethnische Herkunft berücksichtigen.

In einer Kindertageseinrichtung

INFO

Das **Kinder- und Jugendhilfegesetz** (KJHG) definiert u.a. das Recht auf Erziehung (§ 1) und die Aufgaben der Kindertageseinrichtungen (§ 22). Erziehung, Bildung und Betreuung sind dementsprechend die Aufgaben der Beschäftigten von Kindertageseinrichtungen.

Beschäftigte von Kindertageseinrichtungen

Erziehung, Bildung und Betreuung bestimmen den Arbeitsalltag der Beschäftigten in Kindertageseinrichtungen. Häufig in Stellenanzeigen genannte Anforderungen sind Kreativität, Empathie und Rollendistanz, Kommunikations- und Teamfähigkeit, Kenntnisse von Interaktions- und Gruppenprozessen sowie die Verständigung auf gemeinsame Werte und Orientierung. Kinder brauchen zuverlässige, einfühlsame und taktvolle, lebensoptimistische Betreuer und Betreuerinnen mit Führungsqualitäten und einem hohen Maß an Selbstreflexion. Die Kinder bedürfen eines besonderen Schutzes und übernehmen die Haltungen der Betreuungspersonen bis ins Schulkindalter.
Beschäftigte von Kindertageseinrichtungen sind Sozialassistenten und Sozialassistentinnen, Erzieherinnen und Erzieher, Kinderpflegerinnen, sowie Frühpädagogen (Bachelor). Was den jeweiligen Beruf ausmacht, ist in BERUFENET genau beschrieben: www.berufenet.arbeitsagentur.de.

Kindergarten

Sozialassistenten und Sozialassistentinnen erledigen unterschiedliche pädagogisch-betreuende, hauswirtschaftliche oder sozialpflegerische Aufgaben und Tätigkeiten. Die schulische Ausbildung dauert mit Realschulabschluss zwei Jahre, mit Hauptschulabschluss drei Jahre.

Vorschule

Erzieherinnen und Erzieher betreuen und fördern Kinder und Jugendliche in ihrer individuellen und sozialen Entwicklung, ebenso beobachten und dokumentieren sie deren Entwicklungsstand, Motivation oder Sozialverhalten. Die schulische Ausbildung dauert zwei bis vier Jahre und schließt ein Berufspraktikum ein.

Sozialpädagogischer Assistent, sozialpädagogische Assistentin bzw. Kinderpflegerinnen und Kinderpfleger erwerben ihren Berufsabschluss nach einer schulischen Ausbildung von zwei bis drei Jahren Dauer. Voraussetzung ist ein Haupt- oder Realschulabschluss. Sie betreuen zusammen mit sozialpädagogischen Fachkräften oder Kinderkrankenpflegekräften vor allem Säuglinge und Kleinkinder.

Sozialarbeiterinnen und Sozialarbeiter bzw. Sozialpädagoginnen und Sozialpädagogen studieren an der Fachhochschule oder Universität drei bis vier Jahre zum Bachelor oder mit ein bis zwei weiteren Jahren zum Master, sie leisten Erziehungs- und Beratungsarbeit.

Frühpädagoginnen und Frühpädagogen erwerben ihren Abschluss nach einem grundständigen Studium zum Bachelor (drei bis vier Jahre) sowie darauf aufbauend zum Master (ein bis zwei Jahre) an Fachhochschulen und Universitäten. Sie entwerfen altersgerechte pädagogische Konzepte für Kinder im Vorschulalter und setzen diese mit Erzieherinnen und Erziehern sowie in Zusammenarbeit mit den Eltern um.

Lernbereiche und Aufgaben von Kindertageseinrichtungen

Das Niedersächsische Kultusministerium hat 2005 einen Orientierungsplan für Bildung und Erziehung im Elementarbereich niedersächsischer Tageseinrichtungen für Kinder herausgegeben und beschreibt darin neun anzustrebende Lernbereiche, die zu den Aufgaben von Kindertageseinrichtungen gehören:

1. Emotionale Entwicklung und soziales Lernen
2. Entwicklung kognitiver Fähigkeiten und der Freude am Lernen
3. Körper – Bewegung – Gesundheit
4. Sprache und Sprechen
5. Lebenspraktische Kompetenzen
6. Mathematisches Grundverständnis
7. Ästhetische Bildung
8. Natur und Lebenswelt
9. Ethische und religiöse Fragen; Grunderfahrungen menschlicher Existenz

INFO

Kognitive Fähigkeiten betreffen das Wahrnehmen, Denken und Erkennen.

Ästhetische Bildung meint Kunst und Musik.

Ethisch: Die Ethik ist die Lehre von der Moral und betrifft das sittliche Verhalten der Menschen.

1. Erziehung, Bildung und Betreuung sind Aufgaben von Kindertageseinrichtungen. Erkundet in arbeitsteiligen Gruppen die örtlichen Kitas und fragt nach, wie dieser Auftrag im Alltag umgesetzt wird.

2. Befragt die jeweilige Leitung der Kita: Welche Projekte werden zu welchen Lernbereichen durchgeführt? Wie ist die Ausstattung für die einzelnen Lernbereiche? Welche Materialien stehen bereit? Dokumentiert die Ergebnisse mit Beispielen zu den Lernbereichen.

Spielen in der Sandkiste

Kinderspiele – Spiele fürs Leben

Spielen ist Nahrung für die Seele

Die Nahrung der Seele setzt sich zusammen aus Eindrücken, Erlebnissen und Erkenntnissen. Das Kind schafft sich seine eigene Welt, in der alles möglich ist. Im Spiel lernt es die Welt kennen, untersucht sie, erobert sie, verändert sie, macht sie sich zu eigen. Über das Spiel, das spielerische Umgehen mit Dingen und Menschen, „begreift" das Kind zunächst im buchstäblichen Sinne die Welt. Durch das Hineinschlüpfen in verschiedene Rollen gewinnt das Kind Verständnis für die Rollen der Erwachsenen. Es kann Enttäuschung und Zorn loswerden, indem es beispielsweise die Puppe beschimpft.

Spielen – Übung fürs Gehirn

Spielen fördert Denkleistungen z. B. durch Beobachten und Reagieren. Dieses wird durch körperliche Bewegung verstärkt. Robben, vor- und rückwärts laufen, Klettern, Kriechen, Balancieren oder auf Zehenspitzen schleichen wirken sich auf die geistige Leistungsfähigkeit aus.

Spielen – Training für den Körper

Spielen ist gesund, nicht nur für den Geist, sondern auch für den Körper des Kindes. Beim Herumtoben werden auf spielerische Weise Muskeln trainiert, Knochen und Gelenke festigen sich. Spielen in frischer Luft sorgt für einen gesunden Appetit und tiefen Schlaf. Es verhindert krankmachendes Übergewicht, ein großes Problem kindlicher Gesundheit.

Spielen – ein Wert an sich

Spielen heißt, sich auseinanderzusetzen, gemeinsam zu lachen, entspannt und fröhlich zu sein. Schon das tut einfach gut. Spielen schafft Nähe und Vertrauen. Innige Freundschaften bis ins Erwachsenenalter sind nicht selten mit Erinnerungen an gemeinsame Sandkastenerlebnisse verbunden. Im Spiel wird das soziale Verhalten gefördert, aber auch die Bewältigung von Verlieren und Gewinnen.

1. Wieso nennt man Kinderspiele „Spiele fürs Leben"?

2. Berichtet über eure früheren Lieblingsspielzeuge und welche Erinnerungen ihr damit verbindet.

3. Welches sind eure derzeitigen Lieblingsspiele? Begründet, warum.

4. Nehmt Stellung zu den „Spielregeln" für Eltern. Warum sind sie für das Kind wichtig?

5. Aufräumen mögen Kinder nicht gerne. Gebt Tipps, wie man Kinder zum Aufräumen motivieren kann.

INFO

„Spielregeln" für Eltern

1. Das Kind braucht genügend Zeit und Ruhe zum Spielen.
2. Das Kind selbst spielen lassen. Nur eingreifen, wenn es eine neue Spielanregung oder Ermunterung braucht.
3. Das Kind nicht ins isolierte Kinderzimmer abschieben, es will bei den Eltern sein. Deshalb in jedem Raum eine Spielecke einrichten.
4. Das Kind nicht in seiner Kreativität durch zu viel Förderung beeinflussen. Das Tempo bestimmt das Kind selbst.
5. Das Kind braucht frühen Kontakt zu anderen Kindern, z. B. Nachbarskindern, Spielgruppe.
6. Dem Kind nicht zu viele Spielsachen auf einmal geben, gelegentlich auswechseln.

Formen des Spiels und ihre Reihenfolge in der Entwicklung des Kindes

Greifspiele

Säuglinge unter einem Jahr brauchen Anregungen durch farbige, glänzende und bewegliche Gegenstände, Spielzeug, das sie in den Mund nehmen und untersuchen können und das Geräusche macht.

Geeignet sind Rassel, Greifring, Stoffball, Spieluhr, Klangspiele, die ans Bettchen gehängt werden können, Schmusepuppe und Tiere aus weichem Stoff.

Greifspiel: Greifring

Funktionsspiele

Im ersten und zweiten Lebensjahr zeigt das Kind Freude an Körperbewegungen und wiederholt diese oft lange Zeit. Die Bewegungen richten sich mehr und mehr auf Gegenstände aus der Umwelt. Bewegungsspiele schulen die Sinne (Hören, Sehen, Tasten), trainieren die Muskeln und fördern die Geschicklichkeit.

Geeignet ist alles, was sich ziehen, rollen und schieben lässt sind, z. B. ein großes Auto zum Draufsetzen, eine Holzeisenbahn und kleinere Autos.

Funktionsspiel: Bauklötze

Konstruktionsspiele

Ab dem zweiten Lebensjahr kommen Spielformen hinzu, bei denen das Kind Gegenstände benutzt, um aus ihnen einen neuen Gegenstand herzustellen: ein Bauwerk, eine Zeichnung, eine geformte Figur. Beim Konstruktionsspiel müssen Werkzeuge und Rohmaterial aufeinander bezogen werden bzw. Bausteine zusammengefügt werden.

Geeignet sind vor allem Bausteine o. Ä. mit Spielfiguren, Werkzeuge, z. B. Hammer, Malstift und Rohmaterial, z. B. Sand, Knete, Pappe, Papier.

Als-ob-Spiele (Symbolspiele)

Ab dem Kindergartenalter ist diese Form des Spiels vorherrschend. Das Kind deutet einen Spielgegenstand um. Die Handlungen werden aus den Erfahrungen, die das Kind bislang gemacht hat, übernommen. Zu dieser Form des Spiels zählen Puppenspiele, Indianerspiele etc.

Als-ob-Spiel: Kaufmannsladen

Rollenspiele oder Situationsspiele

Das Rollenspiel ist ein wesentliches Mittel zur Selbstbestimmung und Übernahme sozialer Normen. Das Kind versteht Verhaltensregeln, die es zunächst nur mechanisch angenommen hat und übt sie im Lauf des Spiels ein. Das Rollenspiel gibt ihm die Möglichkeit, Schwierigkeiten und Konflikte darzustellen und in der Fantasie nach Lösungen zu suchen.

Regelspiele

Es handelt sich um Wettkampfspiele, bei denen nach festgelegten Regeln gespielt wird, z. B. Sportspiele, Brettspiele und Kartenspiele.

Spiele, Lieder und Bewegung im Kindergarten

Das Freispiel

Freispiel

Als Freispiel bezeichnet man die Phase im Tagesablauf des Kindergartens, in der Kinder relativ selbstbestimmt tätig sind. Feste Punkte im Freispiel sind die Begrüßung, das freie Frühstück, der kurze Morgenkreis, Abwaschen und Abtrocknen, das gemeinsame Aufräumen. Dann sucht sich jedes Kind ein Spiel. Etwa zwei bis drei Stunden Freispiel sind üblich an einem Kindergartenvormittag. Die Erzieherin organisiert das Freispiel. Sie schafft durch eine bewusste Raumplanung und Materialauswahl gute Voraussetzungen zum Spiel und beobachtet die Kinder. Die Kinder wählen Spielpartner, Ort und Material, bestimmen den Spielverlauf, die Art und Dauer nach ihren Bedürfnissen. Typische Spiele sind Rollenspiele, das Bauen mit verschiedenen Bausteinen und Figuren in der Bauecke, das Spiel mit Konstruktionsbaukästen und Tischspiele wie Puzzle, Memory, Domino, Lotto, Würfel- und Kartenspiele.

Gemeinschaftsspiele

Zur Tradition von Kindertagesstätten gehören angeleitete Spiele in der Gruppe im Begrüßungs- und Abschlusskreis, an Geburtstagen und Feiern. Besondere Freude haben Kinder an Spielstunden, in denen mehrere Spiele in Folge gespielt werden, weshalb dies auch Spielfolge oder Spielkette heißt.

Der Art nach sind es z. B. Fingerspiele, Ratespiele, Zungenbrecher, Neckspiele, Mitmachgeschichten und Spiellieder. Hier einige Beispiele:
- Fingerspiele, z. B. „Das ist der Daumen, der schüttelt die Pflaumen."
- Ratespiele, z. B. „Was hängt an der Wand und reicht jedem die Hand?"
- Neckspiele, z. B. „Flaschensteigen"
- Mitmachgeschichten, z. B. „Mein rechter Platz ist leer, ich wünsche mit die Anna als Katze her."
- Spiellieder, z. B. „Ringlein, Ringlein, du musst wandern" oder „Dornröschen"

Gemeinschaftsspiele

Gemeinschaftsspiele können auch nach ihrem Zweck eingeteilt werden, z. B. als Kennlern-, Wahrnehmungs- oder Sprachspiele.
- Kennlernspiele, z. B. „Ich bin Jana und mein Lieblingstier ist ..."
- Wahrnehmungsspiele, z. B. „Ich sehe etwas, was du nicht siehst, und das ist rot"
- Sprachspiele, z. B. Zungenbrecher wie „Fischers Fritze fischt frische Fische"

1. Sucht in arbeitsteiligen Gruppen in Spielbüchern oder im Internet nach den genannten und weiteren Spielen zu den einzelnen Spielarten. Beschreibt den jeweiligen Spielablauf und erstellt daraus eine Spielesammlung.

Bewegungsspiele

Bewegungsspiele sind Regelspiele mit hohem Tempo, z. B. Lauf-, Fang- und Versteckspiele, Spiele mit dem Ball, dem Hüpfseil, mit Murmeln oder Hüpfkästen in allerlei Variationen, entweder im Freien oder in der Halle. Der Spielreiz bei Bewegungsspielen besteht in bildhaften Namen wie „Königinnenball" oder „Räuber und Gendarm". Bewegungsspiele eignen sich für spontane Angebote im Freien. Sie können die Lust am Spiel in der Gruppe wecken und bringen neben der körperlichen Anforderung auch Bewegung ins Gruppengeschehen. Sie fordern Beachtung der Regeln, Selbstbeherrschung, Einsatz in der Mannschaft. Beim Versteckspiel erobern Kinder den Raum, suchen versteckte Ecken und Nischen auf, die sie ohne solche Spiele nicht kennenlernen würden. Bei manchen Spielen werden nur Einzelne aktiv, die anderen Kinder sind Zuschauer, z. B. „Der Fuchs geht um". Bei anderen Spielen handelt zunächst einer gegen alle, die Abgeschlagenen werden zu Fängern und bei der dritten Form gibt es von Anfang an zwei gleichstarke Mannschaften, z. B. „Räuber und Gendarm".

Bewegungsspiel: Fangen

Eine weitere Spielform sind „New Games", Interaktionsspiele ohne Gewinner und Verlierer, z. B. Fallschirmspiele. Die Größe und die Leichtigkeit des Stoffes sowie die leuchtenden Farben des Fallschirms haben einen ungeheuren Aufforderungscharakter.

Vorbereitung und Durchführung eines Spielenachmittags in einer Kindertageseinrichtung mit ca. 20 Kindern von 4-6 Jahren

- Anzahl der Schüler/innen: 15; Je drei Schüler/innen übernehmen eine Spielstation
- Anzahl der Spielstationen: vier
- Anzahl der Spiele je Spielstation: Eines und eines im Vorrat, falls das erste nicht ankommt.

Vier Dreierteams wählen drei Spiele einer Art aus, erproben diese zunächst und entscheiden sich danach für die beiden besten. **Mögliche Spielarten**: Bewegungsspiele wie Murmelspiele, Hüpfkästchenspiele, Lauf- und Fangspiele, Spiele mit Seitenwechsel, Versteckspiele.

Ein Dreierteam bereitet die Begrüßung vor, die Organisation und die Abschlussrunde. **Mögliche Spielarten:** Gemeinschaftsspiele wie Kennlern- und Wahrnehmungsspiele sowie Mitmachgeschichten

1. Findet eine Kita, in der ihr euer Vorhaben durchführen könnt.

2. Wertet anschließend euer Vorhaben mit der zuständigen Erzieherin aus:
- Was war gut gelungen?
- Wo gab es Probleme?
- Was könnte beim nächsten Mal besser gemacht werden?

Einladung zu einer Piratenparty

Einladung zu einem Geburtstagspicknick

Feiern: Freude am Zusammensein mit anderen

Familienfeiern

Zur Freude am Leben gehören gute Freunde. Und gute Freunde zu Hause zu bewirten, macht selbst viel Freude. Das sagt sich jedoch leichter, als es getan ist. Denn ein guter Gastgeber zu sein ist nicht nur ein Vergnügen, es ist auch mit Pflichten verbunden.

Damit ist nicht gesagt, dass unsere Vorbereitung und der Geldbeutel ein gelungenes Fest ausmachen, sondern vielmehr Fantasie und Engagement. Eine Einladung ist eine viel zu wichtige Unternehmung, als dass wir ohne Ideen und ohne planvolle Vorbereitung Gäste zu uns bitten dürften. Dabei stehen Essen und Trinken im Mittelpunkt eines gelungenen Festes, aber auch Einfallsreichtum bei der Ausschmückung.

Die Planung, Vorbereitung und Durchführung der Feier sollte mit allen Familienmitgliedern getroffen und auf ihre Wünsche und Bedürfnisse abgestimmt werden. Feste feiern und gemeinsame Freizeitaktivitäten sollen für alle Spaß und Freude bereiten, wobei die Planung und Vorbereitung bereits Vorfreude und Spannung mit sich bringt. Die Einladung zur Feier sollte rechtzeitig erfolgen und eine ganz persönliche Note haben, damit sich jeder Gast auch herzlich eingeladen fühlt und den Termin in seinem Kalender vormerken kann.

Gerade Geburtstagsfeiern, Kinderpartys, aber auch festliche Anlässe wie Konfirmation/Firmung/Kommunion bekommen durch die Einladung schon ihre Ausprägung. Spätestens bis zur Ausgestaltung der Einladungskarten muss klar sein, in welcher Form oder unter welchem Motto die Feier verlaufen soll, um entsprechend Text und Zeichnungen zu verfassen. Eine selbst gemalte und geschriebene Karte ist hübsch und persönlich. Der Fantasie sind da keine Grenzen gesetzt!

1. Sammelt im Klassengespräch traditionelle Feste, die in euren Familien gefeiert werden/wurden und schreibt sie als Übersicht an die Tafel.
Übertragt die Stoffsammlung in euer Heft.

2. Berichte über besondere Feste und Feiern in deiner Familie.
- Wie verlaufen die Feiern?
- Welche Aufgaben übernimmst du bei der Ausgestaltung der Feiern?
- Welche Aufgaben übernehmen die anderen Familienmitglieder?
- Welche Speisen werden zubereitet?

3. Wie ladet ihr bei euch zu Hause zu den Feiern ein?
Bringt zum nächsten Mal Beispiele von Einladungskarten mit, die ihr erhalten oder verschickt habt.

Kinder-Geburtstagsfeier

Der Geburtstag ist ein besonderer Tag, der gefeiert werden sollte. Hier einige Anregungen:

B Die erste Gelegenheit bietet die fröhliche Familienfeier beim Frühstück. Es lohnt sich an solchem Tag etwas früher aufzustehen. Die Ruhe, mit der sich das Geburtstagskind und die Familie am festlich gedeckten Frühstückstisch, z. B. mit einem bunten Blumenschmuck und kerzengeschmückten Geburtstagskuchen zusammengefunden haben, ist bereits ein besonderes Geschenk. Für die netten Geburtstagsüberraschungen und das Auspacken der Geschenke muss vor dem Weg zur Schule Zeit eingeplant werden.

Man sollte daran denken, dass in der Schulklasse eine kleine Geburtstagssüßigkeit für alle Mitschüler ausgegeben wird, denn auch in der Schule sollte der Ehrentag gewürdigt werden.

Kerzen auspusten

Essen und Trinken spielen bei jedem Kinderfest eine große Rolle. Wenn die Kinder nachmittags kommen, wird der Geburtstagskuchen feierlich angeschnitten. Am beliebtesten sind neben dem traditionellen Napfkuchen mit Kerzen Obstkuchen, Muffins oder eine hübsch verzierte Torte. Zum Trinken kann es Kakao oder eine große Kanne mit Saft und Mineralwasser geben. Aus ihr können sich die Kinder im Laufe des Nachmittags selbst bedienen. Heiß begehrt ist ein großer „Knabberteller“ mit vielen verschiedenen bunten Süßigkeiten: Schokolade, Bonbons, Gummibären und dergleichen.

Gegen Ende des Festes kann ein großer Topf mit Würstchen hingestellt werden, auf Tellern mit der Hand zu essen, dazu kleine Brötchen oder Brezeln. Man kann auch fertige Brötchen mit Frikadellen oder Hot Dogs vorbereiten. Besonders lecker ist eine Pizza, die die Kinder selbst belegen können.

Das Spielprogramm richtet sich nach dem Alter. Kleinere Kinder sind leicht zu begeistern, wenn sie mit Wettbewerben und Spielen zwischen zwei Mannschaften richtig gefordert werden. Ein Teil des Festprogramms kann bei gutem Wetter nach draußen verlegt werden. Sackhüpfen, Eierlaufen, eine Schnitzeljagd oder Waldrallye sind beliebte Spiele.

Kaffeetafel

1. Der beschriebene Geburtstag ist nur ein Beispiel, wie dieser besondere Tag gestaltet werden könnte. Schreibe auf, wie dein letzter Geburtstag verlaufen ist und berichte darüber.
- Welche Rituale gibt es zu deinem Geburtstag?
- Wie schmückt ihr?
- Welches Essen und Trinken bevorzugst du zu deiner Geburtstagsfeier?
- Welche Spiele wurden gespielt?

2. Bringt zum nächsten Mal Rezepte für eine Kinderparty mit.

Buffet für eine Party

Projekt: Planung und Durchführung einer Kinderparty

Zielsetzung

1. Zielsetzung: Projektidee

Durch die Beschreibung der Vorschläge für eine Geburtstagsfeier auf der vorangegangenen Seite habt ihr sicherlich einige Anregungen erhalten, wie man eine Kinderparty gestalten könnte. Vielleicht ergibt sich die Möglichkeit, zusammen ein Fest für Kinder als Projekt zu planen, durchzuführen und auszuwerten.
Bei der Projektidee „Kinderparty" plant und bereitet jede/r eine ausgewählte Spezialität für ein kaltes/warmes Buffet zu, ob aus dem eigenen Land, einem Urlaubsland oder einem anderen Heimatland. Der Fantasie sind keine Grenzen gesetzt!

Geht dabei so vor, wie in der Methode Arbeitsaufgabe beschrieben.

Informationen

2. Informationen sammeln

Informiert euch zu Hause über geeignete Rezepte und bringt sie mit. Wenn ihr spezielle Rezeptbücher über kalte/warme Buffets habt, bringt sie mit. In anderen Ländern heißen übrigens die sogenannten Vorspeisen z. B. Antipasti (Italien) oder Tapas (Spanien). Ihr erhaltet viele Anregungen aus den Büchern für die Zubereitung und das Anrichten der Speisen.

Planung

3. Planung

- Stellt eure Rezeptvorschläge der Klasse vor. Berichtet über die Herkunft des Rezeptes. Ihr müsst gemeinsam überlegen, in welcher Menge das Rezept zubereitet werden soll: Ein einfaches Rezept (meist für vier Personen) oder ein doppeltes oder mehrfaches Rezept?

- Plant die Arbeitsaufgabe: Menge, Zutaten und Arbeitsschritte
- Erkundigt euch, wo welche Zutaten zu welchem Preis erhältlich sind. Stellt einen Preisvergleich an und macht einen Einkaufsplan.
- Klärt in der Klasse: Wer bezahlt die Kosten, jeder für sich oder per Umlage? Sollen Getränke dazu gereicht werden? Wenn ja, welche?
- Wie sollen das Buffet und der Raum dekoriert werden? Wer bringt was mit?
- Wie sollen die Einladungskarten für die Kinderparty aussehen?

4. Durchführung

- Bevor ihr die Speisen in der Schulküche zubereitet, ist es sinnvoll, euch fit für die Hausarbeit zu machen und noch einmal die Grundlagen vom Fach „Hauswirtschaft" als Vorbereitung auf die praktische Arbeit durchzuarbeiten:
  - Arbeitsplatz Küche – Wir lernen die Schulküche kennen
  - Grundregeln für Zusammenarbeit und Arbeitshygiene
  - Zweckmäßige Einrichtung des Arbeitsplatzes
  - Tisch decken – leicht gemacht
  - Planvolle Nahrungszubereitung
  - Preis- und qualitätsbewusster Einkauf

Durchführung

Wenn ihr diese theoretischen Grundlagen der Hausarbeit erarbeitet habt, könnt ihr eure Kinderparty durchführen:
- Kauft die Zutaten zum nächsten Mal preis- und qualitätsbewusst ein.
- Stellt jeder eine Einladungskarte als Speisekarte mit eurem Rezept (Menge, Zutaten, Arbeitsschritte) für eure Mitschüler her.
- Bereitet die Speisen entsprechend eurer Planung in der Schulküche zu und dekoriert sie für das kalte/warme Buffet.

5. Auswertung

Bewertet gemeinsam den Projektverlauf und eure Ergebnisse:
- Was war gut gelungen? Wo gab es Probleme?
- Was könnte das nächste Mal besser gemacht werden?

Auswertung

Projektplanung

Am Ende dieses Kapitels sollst du
- unterschiedliche Erziehungsstile sowie erzieherische Maßnahmen skizzieren und ihre Auswirkungen auf das Verhalten von Kindern und Jugendlichen erklären können,
- die gesetzlichen Aufgaben, Rechte und Pflichten von Eltern/Erziehungsberechtigten in der Erziehung benennen können,
- die Rechte und Pflichten von Kindern definieren können,
- die Stärken und Schwächen von Kinderrechten darstellen können,
- die Aufgaben und Aktivitäten des Kinderschutzbundes nennen können,
- die unterschiedlichen Lebensbedingungen von Kindern und deren Familien und ihre Auswirkungen beschreiben,
- die gesellschaftliche Funktion von Kindertageseinrichtungen erläutern können,
- Strukturen, Aufgaben und Anforderungen in Kindertageseinrichtungen untersuchen können,
- die Aufgaben und das Anforderungsprofil der Beschäftigten von Kindertageseinrichtungen einordnen können,
- die Bedeutung des Spiels, der Bewegung sowie der Musik für die Entwicklung der Kinder darstellen können,
- die Rolle der Leitung von pädagogischen Aktivitäten für Kinder im Bereich Spiel, Bewegung, Kreativität und Musik planen und erproben können,
- ein Fest für Kinder planen und durchführen können.

Kinder fördern

Kinder und Jugendliche erziehen

1. Beschreibe den Fachbegriff „Erziehung“.

2. Skizziere die vier unterschiedlichen Erziehungsstile und erläutere ihre Auswirkungen auf das Verhalten von Kindern an Beispielen.

3. Bewerte die drei unterschiedlichen Erziehungsmittel.

4. Benenne die gesetzlichen Aufgaben, Rechte und Pflichten von Eltern/Erziehungsberechtigten in der Erziehung.

5. Bewerte ihre rechtliche Wirksamkeit für eine gewaltfreie Erziehung.

6. Nenne fünf wichtige Rechte von Kindern.

7. Nenne die drei besonderen Arbeitsschwerpunkte des Kinderschutzbundes und Projekte zur Verwirklichung der Kinderrechte.

8. Stelle die Probleme der Realisierung der Kinderrechte in anderen Ländern an zwei Beispielen dar.

9. Nenne Programme, die UNICEF entwickelt hat, um Kinder vor Gewalt und Ausbeutung weltweit zu schützen.

10. Man spricht heute von einer Medienkindheit. Was ist damit gemeint?

11. Mache Vorschläge für einen geeigneten Umgang mit Fernsehsendungen für Kinder und erläutere sie an Beispielen.

12. Nenne aktuelle politische Maßnahmen gegen Kinderarmut und bewerte sie auf ihre Chancen und Herausforderungen.

13. Nenne die verschiedenen Betreuungsformen für Kinder und beschreibe ihren Aufbau und die Abläufe an Beispielen.

14. Beschreibe die rechtlichen Aufgaben von Kindertagseinrichtungen und erläutere die wesentlichen Lernbereiche an Beispielen.

Stapelbecher und Bauklötze

15. Nenne die typischen Berufe der Beschäftigten von Kindertageseinrichtungen mit ihren Ausbildungsvoraussetzungen und Qualifikationen.

16. Stelle die Aufgaben und das Anforderungsprofil der Beschäftigten von Kindertageseinrichtungen dar.

17. Nimm Stellung zu dem Ausspruch: „Spielen ist Nahrung für die Seele“.

18. Beschreibe die Formen des Spiels in der Reihenfolge der kindlichen Entwicklung.

19. Welche Spielregeln sollen Eltern berücksichtigen?

20. Spiele, Lieder und Bewegung sind im Kindergarten wichtig.
Begründe ihre pädagogische Bedeutung.

21. Nenne je fünf Beispiele für a) Freispiel, b) Gemeinschaftsspiele, c) Bewegungsspiele.

Wippe auf einem Spielplatz

22. Plane eine Geburtstagsfeier für ein fünfjähriges Kind im Kindergarten.

Kindergeburtstag

VI Ernährung und Hauswirtschaft II

In diesem Kapitel lernt ihr ausgewählte Ausbildungsberufe im Dienstleistungsbereich und in der Außer-Haus-Verpflegung kennen. Ihr führt Arbeitsplatzerkundungen durch, beobachtet die Servicefachkräfte bei ihrer Arbeit und erprobt selbst typische Tätigkeiten in der Schule.
Ihr lernt die Regeln für eine gesunde Ernährung kennen und vergleicht die Speisenplanung im Privathaushalt und in der Gemeinschaftsverpflegung unter dem Aspekt der nachhaltigen Ernährung. In einem Projekt plant und organisiert ihr ein Fest in der Schule und vergleicht selbst zubereitete Speisen für die Bewirtung mit Angeboten vom Partyservice.

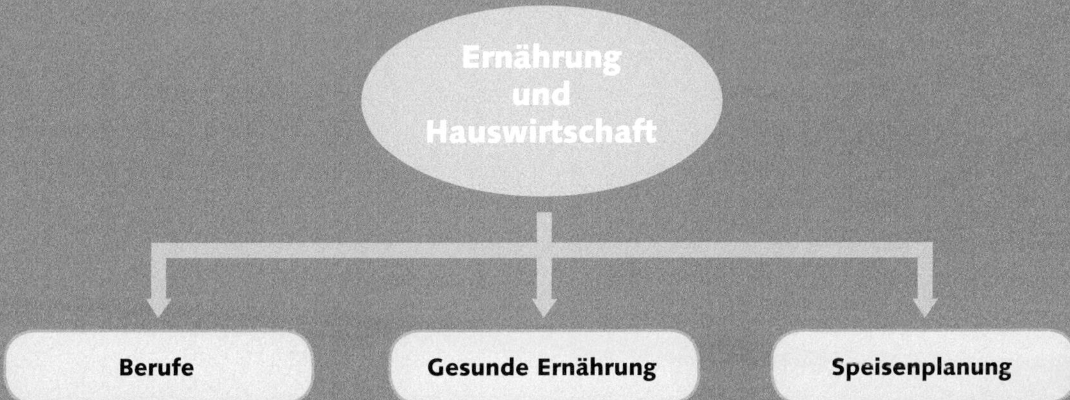

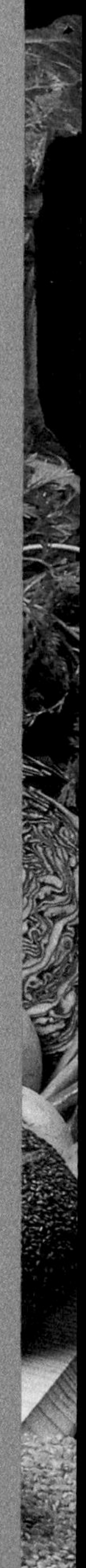

Ausbildungsberufe im Bereich Ernährung und Hauswirtschaft

Bäcker

Fachverkäuferin Lebensmittel-handwerk (Fleischerei)

Koch

Berufe im Bereich Personenbezogene Dienstleistungen

Beispiel: Fachverkäufer/in im Lebensmittelhandwerk
Die bundesweit geregelte 3-jährige Ausbildung wird im Lebensmittelhandwerk und -handel in den Schwerpunkten Bäckerei, Konditorei und Fleischerei angeboten. Exemplarisch wird hier der Ausbildungsberuf der **Fachverkäufer/-in Lebensmittelhandwerk (Bäckerei)** vorgestellt.

Ausbildungsinhalte:
Im Ausbildungsbetrieb:
In den ersten 18 Monaten lernen die Auszubildenden u. a.,
- Kundenkontakte herzustellen,
- mit dem Kassensystem umzugehen,
- wie Waren garniert, dekoriert und ausgelegt werden,
- Produkte aufzuschneiden und zu verpacken,
- die Zusammensetzung und Herstellungsverfahren von Produkten zu erläutern,
- Arten und Eigenschaften von Lebensmitteln, insbesondere ihre wechselseitige Beeinträchtigung bei der Lagerung, zu berücksichtigen.

In der zweiten Hälfte ihrer betrieblichen Ausbildung lernen sie u. a.
- wie man Aufträge und Bestellungen entgegennimmt und bearbeitet,
- Werbeaktionen, insbesondere mit regionalen und jahreszeitlichen Themen, zu planen und durchzuführen.

In der Berufsschule sind u. a. folgende Lernfelder Gegenstand des theoretischen Unterrichts:
- Herstellen einfacher Teige und feiner Backwaren,
- gestalten, werben, beraten und verkaufen,
- Produkte verkaufsfördernd präsentieren,
- Speisen/Gerichte herstellen und anrichten,
- Waren fachlich fundiert verkaufen.

Kompetenzen (Fertigkeiten und Kenntnisse), die während der Ausbildung erworben werden und die für den Verkauf erforderlich sind: Abrechnung, Anrichten, Kassieren, Kundenberatung und -betreuung, Lebensmittelhygiene, Verkauf, Warenannahme, Warenauszeichnung, Warenpräsentation.

1. Informiert euch mithilfe von http:\\berufenet.arbeitsagentur.de über die Zugangsvoraussetzungen, weitere Ausbildungsinhalte, Leistungsnachweise, Prüfungen und Weiterbildungsmöglichkeiten der Fachverkäuferin im Lebensmittelhandwerk, Schwerpunkt Bäckerei.

Aufgaben und Tätigkeiten des/der Fachverkäufer/in im Lebensmittelhandwerk, Schwerpunkt Bäckerei, im Überblick

Kunden beraten und Waren verkaufen

Kassieren und die Kassenabrechnung durchführen

Waren präsentieren und dekorieren

Eine Werbeaktion durchführen

Lebensmittel herstellen, anrichten und garnieren

Lebensmittel aufräumen und lagern

Qualitätskontrollen durchführen

Warenbestände überprüfen

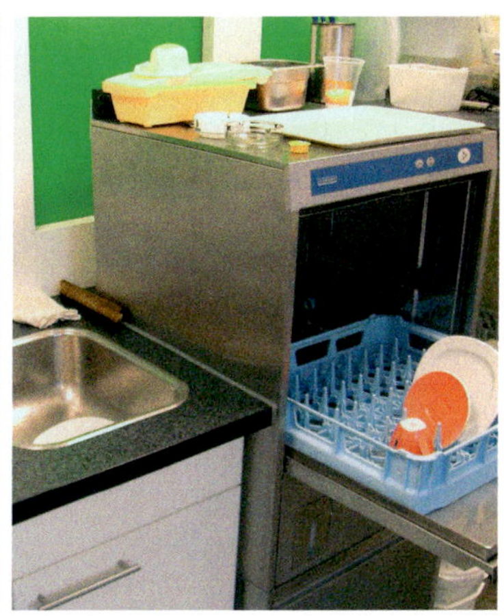

Geräte, Laden- und Verkaufseinrichtungen reinigen

Freundlichkeit ist wichtig.

Warenpräsentation

Vielfalt an Aufgaben und Tätigkeiten

Fachverkäufer/-innen im Lebensmittelhandwerk mit dem Schwerpunkt Bäckerei reichen also nicht nur die Ware über den Ladentisch und nehmen das Geld entgegen. Sie beraten Kunden über Inhaltsstoffe und Bestandteile der Bäckereierzeugnisse, präsentieren und verpacken die Backwaren und dekorieren die Auslagen sowie die Verkaufsräume. Darüber hinaus schneiden sie Kuchen auf, belegen und garnieren Brötchen und bereiten kleine Imbisse zu. Außerdem sorgen sie für Ordnung und Sauberkeit im Verkaufsraum.

Der Kunde ist König

Freundlich und zuvorkommend informiert die Fachverkäuferin über die Verkaufspalette, geht auf individuelle Wünsche der Kunden ein und berät sie bei der Auswahl der Produkte. Oft steht die Fachverkäuferin den ganzen Tag hinter der Verkaufstheke. Sie nimmt Bestellungen entgegen und sorgt dafür, dass diese fach- und termingerecht ausgeführt werden.
Um diesen Beruf ausüben zu können, sind ein freundlich-gewinnendes Wesen, ein gepflegtes äußeres Erscheinungsbild und gute Umgangsformen erforderlich, um eine enge Kundenbindung auch bei schwierigen Kunden herzustellen. Außerdem sind Sorgfalt, Pünktlichkeit, Ehrlichkeit und eine selbstständige Arbeitsweise Voraussetzung.
Der Verkaufstag beginnt in der Regel schon früh am Morgen, denn die Kunden möchten frische Frühstücksbrötchen kaufen oder sich auf dem Weg zur Arbeit mit Proviant für die Frühstückspause versorgen. Viele Bäckereien haben auch am Sonntag für ein paar Stunden geöffnet. Ist der Bäckerei ein Cafe angeschlossen, muss ggf. am Tisch serviert werden.

Fähigkeiten, Kenntnisse und Fertigkeiten zur Ausübung des Berufes

Die Fachverkäuferin im Lebensmittelhandwerk, Schwerpunkt Bäckerei, benötigt
- gute Rechenfertigkeiten zum Durchführen von Kassenabschlüssen,
- Verständnis für mündliche Äußerungen, z. B. Verstehen von z. T. ungenau geäußerten Kundenwünschen,
- ein gutes mündliches Ausdrucksvermögen, z. B. beim Informieren über Inhaltsstoffe von Bäckereierzeugnissen,
- eine gute Merkfähigkeit, z. B. Gedächtnis für Personen, Zahlen und Waren,
- Handgeschick beim Belegen von Brötchen und dem Einräumen von Backwaren in Regale,
- besondere Konzentrationsfähigkeit beim Arbeiten an Brotschneidemaschinen und Backautomaten,
- körperliche Belastbarkeit (langes Stehen).

1. Erkundigt euch bei den ortsansässigen Bäckereien, welcher Betrieb zzt. Fachverkäufer/-innen im Lebensmittelhandwerk ausbildet. Organisiert eine Arbeitsplatzerkundung und führt sie durch.

Arbeitsplatzerkundung

Wenn ihr mehr über einen Beruf wissen wollt, müsst ihr Arbeitsplätze erkunden, z. B. um zu erfahren, was eine Person am Arbeitsplatz macht, unter welchen Bedingungen sie arbeitet, welche Qualifikationen sie benötigt usw.

1. Vorbereitung

Um die Arbeitsplatzerkundung erfolgreich durchzuführen, muss diese sorgfältig vorbereitet werden. Wer den Arbeitsplatz aus der Sicht der Beschäftigten untersuchen will, sollte sieben Merkmale zur Unterscheidung von Wichtigem und Unwichtigem kennen:

1. Die Arbeitsaufgabe: z. B. Kunden bedienen und beraten
2. Die Eingabe: Materialien und Informationen, die zur Erfüllung der Arbeitsaufgabe erforderlich sind, z. B. Backwaren, Bestellungen
3. Die Betriebsmittel: Geräte, Maschinen, Anlagen, die zur Erfüllung der Aufgabe nötig sind
4. Der Arbeitsablauf: Die notwendigen Arbeitsschritte/Tätigkeiten, die zu erledigen sind
5. Die Arbeitssituation: z. B. Einzelarbeit oder Teamarbeit
6. Umgebungseinflüsse: Einflüsse, die auf den Arbeitsplatz einwirken, z. B. Wärme, Lärm, Staub, ungeduldige Kunden
7. Die Ausgabe: Das Arbeitsergebnis in Form eines Produktes oder einer Dienstleistung, z. B. die verkaufte Ware an den Kunden

2. Durchführung

Die Arbeitsplatzerkundung wird nach dieser Vorbereitung durchgeführt.

3. Auswertung

Die Ergebnisse dieser Arbeitsplatzerkundung werden dann in der Klasse besprochen, um sie im Unterricht für die weitere Arbeit zu nutzen.

1. a) Stellt Fragen für die Erkundung des Arbeitsplatzes der Fachverkäuferin im Lebensmittelhandwerk, Schwerpunkt Bäckerei, zusammen.
Erkundet dabei vor allem,
- welche Kompetenzen (Fähigkeiten, Fertigkeiten, Kenntnisse) für den Verkauf der Backwaren erforderlich sind,
- wie die Beratung von verschiedenen Kundentypen vonstatten geht,
- wie die verschiedenen Phasen eines Verkaufsgesprächs ablaufen,
- welche Mittel und Möglichkeiten der Werbung für die Produkte ein gesetzt werden.

b) Dokumentiert eure Ergebnisse in Form einer Wandzeitung oder Power Point- Präsentation mit Text und Bild.

c) Entwerft mit euren Kenntnissen über Werbung (AIDA-Prinzip) aus dem Wirtschaftsunterricht ein Werbeplakat für ein jahreszeitliches Produkt aus der Bäckerei.

Vorbereitung

Durchführung

Auswertung

INFO

AIDA-Prinzip

Attention (Achtung, Aufmerksamtkeit)
Interest (Interesse)
Desire (Kaufwunsch)
Action (Aktion, Kauf)

Berufe im Bereich der Außer-Haus-Verpflegung

Gastronomie	Gemeinschaftsverpflegung	
Betriebsverpflegung	**Anstaltsverpflegung**	**Schulverpflegung**
Teilverpflegung in Kantinen und Betriebs-Restaurants	Vollverpflegung in Krankenhäusern, Kinder- und Jugendheimen Alten- und Pflegeheimen	Teilverpflegung in Schulen, Hochschulen, Kindertagesstätten

Individualverpflegung

Gemeinschaftsverpflegung

Individualverpflegung in der Gastronomie

Zur Außer-Haus-Verpflegung in der Gastronomie werden alle Betriebe gerechnet, in die jeder zum Essen gehen kann und die arbeiten, um Gewinn zu erzielen. Etwa die Hälfte der Mahlzeiten innerhalb der Außer-Haus- Verpflegung werden in Restaurants, Imbissständen usw. ausgegeben. Ein Bundesbürger isst jährlich etwa 54 – mal in einem gastronomischen Betrieb.

Gemeinschaftsverpflegung

Die Außer-Haus-Verpflegung in der Gemeinschaftsverpflegung umfasst die Betriebs-, Anstalts- und Schulverpflegung in Bildungs- und Ausbildungsstätten. In den ca. 20 000 Betriebskantinen werden häufig Preise verlangt, die die Kosten nicht abdecken würden. Deswegen werden sie meist vom Betrieb finanziell unterstützt.

Man unterscheidet die Voll- und Teilverpflegung. In der Teilverpflegung werden lediglich die Mittagsmahlzeit und ein bis zwei Zwischenmahlzeiten angeboten. In Deutschland geht der Trend zur Außer-Haus-Zwischenverpflegung. Ein Drittel der arbeitenden Bevölkerung verlässt das Haus, ohne ausreichend gefrühstückt zu haben. Die Teilnehmerzahl am herkömmlichen warmen Mittagessen in der Gemeinschaftsverpflegung nimmt immer mehr ab. Eine entsprechend große Rolle spielen die Zwischenmahlzeiten am Vormittag und am Nachmittag. Etwa die Hälfte der Arbeitnehmer nimmt täglich einen schnellen Imbiss ein.

1. Sucht aus dem Branchenverzeichnis die Gaststätten heraus und ordnet sie nach bestimmten Kategorien wie Restaurants, Gasthäuser, Imbissstätten etc. Erkundigt euch, welcher Betrieb Koch/Köchin ausbildet.

2. Erkundet das Speisenangebot in Einrichtungen zur Gemeinschaftsverpflegung in eurer Umgebung. Bringt Beispiele für Speisekarten, Wochenpläne etc. mit. Erkundigt euch, welcher Betrieb welchen Beruf ausbildet.

3. Informiert euch über ähnliche Berufe im Bereich Hauswirtschaft.

Koch/Köchin

Zubereitung einer Suppe

Köche und Köchinnen arbeiten in den verschiedenen Bereichen der Außer-Haus-Verpflegung. Die bundesweit geregelte 3-jährige duale Ausbildung wird im Gastgewerbe angeboten. Eine schulische Ausbildung ist auch möglich.

Ausbildungsinhalte im Ausbildungsbetrieb:

Im ersten Ausbildungsjahr lernen die Auszubildenden u. a.,
- wie man einfache Speisen unter Berücksichtigung der Rezeptur, der Ernährungslehre und der Wirtschaftlichkeit zubereitet und anrichtet,
- wie Waren gelagert und Lagerbestände kontrolliert werden,
- welche Arbeitsschritte zu bewältigen sind und wie man sie sinnvoll plant,
- welche Arbeiten im Büro anfallen, z. B. Führung der Karteien/Dateien.

Im zweiten Ausbildungsjahr wird dem Auszubildenden u. a. vermittelt,
- wie man Desserts und Süßspeisen zubereitet und anrichtet,
- wie Salate, Gemüse, Kartoffeln u. a. pflanzliche Nahrungsmittel zubereitet werden,
- wie man Teige und Massen herstellt und verarbeitet,
- was bei der Herstellung von Suppen und Fonds zu beachten ist.

Vorbereitungen

Im dritten Ausbildungsjahr lernen die Auszubildenden z. B.,
- wie Fleisch und Fisch zu Gerichten verarbeitet werden,
- wie man kalte Platten mit verschiedenen Produkten zusammenstellt, anrichtet und präsentiert,
- wie Gäste unter Berücksichtigung ihrer Wünsche beraten werden,
- wie Preise nach betrieblichen Kalkulationsschemata zu ermitteln sind.

In der Berufsschule sind u. a. folgende Lernfelder Gegenstand des theoretischen Unterrichts:
- Arbeiten in der Küche, im Service und Magazin,
- Zwischenmahlzeiten, kalte und warme Buffets, Nachspeisen,
- Speisen aus pflanzlichen Rohstoffen, in- und ausländische Küche,
- Speisefolge, à-la-carte-Geschäft, Bankett, Aktionswochen.

Kompetenzen (Fertigkeiten und Kenntnisse) die während der Ausbildung erworben werden und die für die Ausübung des Berufs bedeutsam sind: A-la-carte-Küche, Arbeitsvorbereitung, Bankett-Küche, Getränkekunde, Lebensmittelhygiene, Partyservice, Qualitätsprüfung und -sicherung, Restaurantservice, Rezepturen entwickeln, Teig herstellen, Vorratshaltung.

1. Informiert euch mit http:\\berufenet.arbeitsagentur.de über die Zugangsvoraussetzungen, weitere Ausbildungsinhalte und Prüfungen.

Aufgaben und Tätigkeiten eines Kochs/einer Köchin im Überblick

Waren einkaufen unter Beachtung von Preis, Qualität, Frische und Verwendungsmöglichkeiten

Waren fachgerecht einlagern und Lagerbestände kontrollieren, Verfallsdaten überwachen

Speisekarte

Vorspeisen	
Tomatensuppe	3,30 €
kleiner Salat	3,50 €
Hauptgerichte	
Schweineschnitzel mit Bratkartoffeln	8,50 €
Folienkartoffel mit Tzatziki	7,30 €
Hähnchenbrustfilet mit Paprikagemüse*	9,60 €
Lasagne	7,20 €
Desserts	
Eisbecher „Schwarzwälder Kirsch"	5,40 €
Tiramisu	4,40 €

Speisekarten und Speisepläne erstellen, Herstellungs- und Verkaufspreise kalkulieren und errechnen

Speisen vorbereiten und zubereiten, alleine oder je nach zugeteiltem Posten

kalte und warme Speisen für ein Büfett zubereiten und anrichten

Speisen anrichten, Bestellungen in der richtigen Reihenfolge an das Bedienpersonal ausgeben

Arbeitsablaufpläne erstellen und den Einsatz des Personals planen

Arbeitsmittel und Maschinen reinigen und pflegen, Hygienevorschriften beachten

Arbeitsplatz aufräumen und reinigen, Abfälle fachgerecht beseitigen und trennen

Vielfalt an Aufgaben und Tätigkeiten

Köche und Köchinnen arbeiten in Küchen von Restaurants, Kantinen oder Krankenhäusern zwischen Herd und Arbeitstisch. Auch in Lager- und Kühlräumen haben sie zu tun. Für den Wareneinkauf sind sie ggf. schon frühmorgens auf dem Großmarkt tätig. Da sie nicht nur die Arbeitsabläufe in der Küche planen, sondern meist auch Aufgaben an das übrige Küchenpersonal verteilen, ist Teamarbeit unverzichtbar. In kleineren Küchen erledigen Köche und Köchinnen die meiste Arbeit alleine.

Zubereitung von grünen Bohnen

Arbeitsbedingungen

Ob sie Zutaten waschen, Fleisch filetieren oder Soßen rühren, sie arbeiten überwiegend im Stehen und erledigen viele Aufgabe in Handarbeit. Deswegen kann ihre Tätigkeit auch körperlich anstrengend sein. In der Küche ist die Luft meist sehr heiß und erfüllt mit Dämpfen und Gerüchen vom Braten, Backen und Dünsten. Häufig herrscht geschäftiges Treiben auf engem Raum.

Aus dem Restaurant bringen die Restaurantfachleute die Essensbestellungen der Gäste, und dann heißt es, den Überblick zu bewahren, die Gerichte schnell zuzubereiten und auf den Tisch zu bringen. Bei der Arbeit müssen die Hygienevorschriften beachtet werden. In der Regel wird weiße Arbeitskleidung sowie eine Kopfbedeckung getragen. Arbeit in den Abendstunden sowie am Wochenende ist für Köche und Köchinnen üblich, denn in Restaurants, Hotels und Krankenhäusern müssen alle Mahlzeiten frisch zubereitet werden und viele Gäste in Hotels und Restaurants speisen gerne erst abends.

Suppe abschmecken

Arbeitsgeräte und -mittel

Köche und Köchinnen verarbeiten Obst, Gemüse, Fisch, Fleischwaren, Eier- und Teigwaren sowohl frisch als auch tiefgefroren. Bei der Zubereitung der Speisen steht ihnen meist ein großflächiger Arbeitstisch zur Verfügung, an dem sie mit Schneidebrett, scharfen Messern, Schneid-, Rühr- und Knetmaschinen, Schneebesen und Waage die Zutaten zum Kochen vorbereiten. Köche und Köchinnen gehen mit Großküchenherden, Friteusen und Mikrowellen um. Heißluftdämpfer oder Garautomaten kommen ebenso zum Einsatz wie verschiedene Töpfe, Pfannen und das passende Geschirr für die jeweiligen Gerichte. Für die Planung und Durchführung von Catering, zum Erstellen von Kalkulation und Speisekarten arbeiten Köche und Köchinnen am Computer und nutzen Textverarbeitungs- und Tabellenkalkulationsprogramme.

1. Erkundet den Arbeitsplatz eines Koches/einer Köchin in einem Restaurant und beschreibt die typischen Tätigkeiten am Beispiel einer ausgewählten Arbeitsaufgabe.
Stellt Fragen zu weiteren anfallenden Tätigkeiten.

1 Ernährungswissen als Grundlage einer vollwertigen Lebensmittelauswahl und Speisenzubereitung

B Wer kennt das nicht? Zu spät aufgestanden, ab zum Bus, zur Schule, Frühstück? Beim Bäcker auf dem Weg ein Franzbrötchen und eine Cola gekauft, zu mehr reichte die Zeit nicht. Mittags Nudeln mit Hackfleischtunke in der Schulmensa und später beim Treffen mit Freunden einen Döner. Abends im Bett plagt das schlechte Gewissen. Zu viel Fast Food gegessen? Keinen Sport gemacht? Zu wenig Bewegung? Wie war das noch mit dem richtigen Essen? Welches Essen hält gesund und fit?

Das Wissen darüber, welche Lebensmittel für den Körper notwendig sind und warum, ist aus verschiedenen Gründen wichtig:
- Es geht beim Essen um die eigene Gesundheit und das persönliche Wohlbefinden.
- In den Berufen im Gastgewerbe und in der Hauswirtschaft sind Ernährungskenntnisse von Berufs wegen erforderlich, wie ihr an der Beschreibung des Ausbildungsberufes Koch/Köchin erfahren habt. Koch/Köchin und Hauswirtschafter/in arbeiten in der Küche mit Lebensmitteln und sind neben der Speisenzubereitung in Gaststätten auch zuständig z. B. für die richtige Versorgung von Schulkindern und alten Menschen in der Gemeinschaftsverpflegung.
- Die Servicekraft im Gastgewerbe braucht ebenfalls Ernährungswissen. Wenn z. B. ein Gast fragt, ob Milchprodukte im Essen verwendet werden, muss die Bedienung richtig antworten.
- Zum Wohlfühlen braucht der Mensch nicht nur Ernährungswissen. Ebenfalls wichtig ist eine schöne Atmosphäre beim Essen, ein schön gedeckter Tisch und im Restaurant ein freundlicher, fachkompetenter Service.

Ernährungswissen ist die Grundlage für das Bedienen und Kochen.

DGE-Ernährungskreis®, Copyright: Deutsche Gesellschaft für Ernährung

Der Ernährungskreis: Eine Hilfe bei der Lebensmittelauswahl

Der Ernährungskreis ist ein einfaches Hilfsmittel, um zu wissen, welche Lebensmittel man täglich in welcher Menge essen sollte. Nahrungsmittel und Getränke sind darin in sieben Gruppen eingeteilt. Dabei gibt es keine richtigen oder falschen Lebensmittel, nur ein empfohlenes Mehr oder Weniger: In den großen Feldern 1 bis 4 sowie 7 sind die Lebensmittel vertreten, die viele wichtige Nährstoffe enthalten. Sie sollten täglich und reichlich gegessen werden. Nur in kleinen Mengen benötigt werden dagegen die Lebensmittel der Felder 5 und 6.
Der Ernährungskreis gilt für Erwachsene und alte Menschen ebenso wie für Jugendliche. Der Koch plant danach z. B. seinen Mittagstisch, die Hauswirtschafterin kann ihn anwenden, wenn sie den Speisenplan im Altenheim aufstellt. Auch der Schüler kann sich beim Kochen an den Ernährungskreis halten.

Aufgaben der Nährstoffe und Vorkommen in Lebensmitteln

Kohlenhydrate liefern Eiweiß und fördern die Verdauung. Sie kommen in Getreide, Reis, Nudeln und Kartoffeln vor.
Fett liefert Energie und lebensnotwendige Fettsäuren. Es kommt in Ölen, Butter, Pflanzenfett, Fleisch, Wurst und fettreichem Käse vor.
Eiweiß dient dem Aufbau und Erhalt von Zellen und Muskeln. Es ist in Milch, Milchprodukten, Fleisch und Fisch enthalten.
Vitamine unterstützen das Wachstum und stärken die Abwehrkräfte. Sie kommen in Gemüse, Obst, Vollkornprodukten, Milchprodukten, Fleisch und Fisch vor.
Mineralstoffe/Spurenelemente dienen dem Knochenaufbau und unterstützen die Schilddrüsenfunktion. Sie sind in Gemüse, Obst, Vollkornprodukten, Milchprodukten, Fleisch und Fisch enthalten.

INFO

Lebensmittelgruppen und ihre Nährstoffe

1: Getreide, Kartoffeln
Kohlenhydrate, Vitamine, Mineralstoffe, Ballaststoffe

2+3: Gemüse/Obst
Vitamine, Mineralstoffe, Ballaststoffe, Wasser

4: Milch, Milchprodukte
Eiweiß, Vitamine, Mineralstoffe

5: Fleisch, Wurst, Fisch, Eier
Eiweiß, Fett, Vitamine, Mineralstoffe

6: Fette, Öle
Fett, Vitamine

7: Getränke
Wasser

Ein gut gedeckter Tisch

10 Regeln für eine gesunde Ernährung

Gesund bleiben, leistungsfähig sein und sich wohl fühlen, das möchte jeder. Die Deutsche Gesellschaft für Ernährung (DGE) hat zehn Regeln für eine genussvolle und gesunde Ernährung formuliert (www.dge.de).

1. Vielseitig essen

Damit der Mensch alle Nährstoffe bekommt, die er braucht, sollte er abwechslungsreich essen. Viele verschiedene Lebensmittel liefern viele verschiedene Nährstoffe. Die Gemüsebeilage zu Hause, aber auch z. B. in der Kantine, sollte täglich wechseln: An einem Tag gibt es Erbsen-Wurzel-Gemüse, am nächsten Tag Paprika oder Mais.

Getreideprodukte und Kartoffeln

2. Reichlich Getreideprodukte und Kartoffeln

Getreideprodukte und Kartoffeln stehen in der größten Gruppe des Ernährungskreises. Sie sollten damit Hauptbestandteil des täglichen Essens sein. Besonders hochwertig sind Vollkornprodukte wie Vollkornbrot, Naturreis und Vollkornnudeln. Sie enthalten bis zu siebenmal mehr Vitamine, Mineralstoffe und Ballaststoffe als Weißbrot oder helle Nudeln. Nährstoffreich sind auch Kartoffeln. Sie können als Salz- und Pellkartoffeln oder als selbst gemachtes Püree oft auf den Tisch kommen.

Mengenvorschläge für Getreideprodukte und Kartoffeln pro Tag:

4-6 Scheiben Brot und 3-4 Kartoffeln oder
3 Scheiben Brot, 6 EL Getreideflocken und 200 g gekochte Nudeln

Eine Portion = eine Handvoll

3. Obst, Salat, Gemüse- Nimm „5" am Tag

Iss täglich fünf Portionen Obst und Gemüse, jede so groß wie eine Handvoll. Damit wirst du reichlich mit Vitaminen, Mineralstoffen, Ballaststoffen sowie sekundären Pflanzenstoffen versorgt. Je frischer, desto besser. Diese schützen vor Krankheiten. Das ist das Beste, was du für die Gesundheit tun kannst. Die Obst- und Gemüseauswahl ist groß: Ob frische Ananas, knackige Paprika oder tiefgefrorene Erbsen, ob Mais aus der Dose oder getrocknete Aprikosen, ob frisch gepresster Orangensaft oder Möhrensaft aus der Flasche: Hauptsache fünfmal am Tag.

Die meisten dieser wichtigen Inhaltsstoffe sind in frischem Obst und Gemüse enthalten. Deshalb solltet ihr beim Einkauf auf Folgendes beachten:
- Produkte aus der Region bevorzugen
- Obst und Gemüsesorten kaufen, die gerade Saison haben, z. B. Tomaten und Himbeeren im Sommer, Kohl und Orangen im Winter.

Tiefgefrorenes Gemüse und Obst ist besonders im Winter, wenn es weniger frische Ware gibt, eine hochwertige Alternative. Tiefkühlware lässt sich außerdem schnell und mit wenig Arbeit einsetzen, das ist ein echter Vorteil für den Koch/die Köchin im Gastgewerbe.

4. Täglich Milch- und Milchprodukte; ein- bis zweimal in der Woche Fisch; Fleisch, Wurstwaren und Eier in Maßen

Milch, Joghurt oder Käse sind Lieferanten für den Mineralstoff **Calcium**, der wichtig für gesunde Knochen und Zähne ist. Sie enthalten außerdem hochwertiges Eiweiß und Vitamine. Viel Calcium ist enthalten in frischer Vollmilch, fettarmer oder H- Milch sowie Buttermilch und Kefir. Wer keine Milch mag oder verträgt, kann eventuell auf Joghurt, Quark und Käse ausweichen.

Vorschlag für eine Tagesmenge für einen Erwachsenen

Fleisch, Fisch und **Eier** sind hochwertige Lebensmittel, da sie reichlich Eiweiß, B-Vitamine und Mineralstoffe wie Eisen oder Zink liefern. Sie enthalten aber auch Purine und gesättigte Fettsäuren. Zu viel von diesen Stoffen kann z. B. Gicht verursachen. Daher sollten Fleisch und Wurst nicht täglich und nur in kleinen Mengen gegessen werden.

Seefisch gehört jede Woche auf den Speisenplan, egal ob zu Hause oder in der Mensa, denn Seefisch ist neben Jodsalz der einzige bedeutende Lieferant für **Jod**, das für die Schilddrüse gebraucht wird. Außerdem enthalten fettreiche Seefische wie Makrele oder Hering lebensnotwendige Fettsäuren.

Fisch, Fleisch und Eier in Maßen genießen

1. Ernährt ihr euch vielseitig? Berichtet von euren Ernährungsgewohnheiten zu Hause und außer Haus.

2. Überlegt euch fünf verschiedene Gemüsebeilagen für einen Speiseplan in der Schulmensa.

3. a) Macht Vorschläge für vier verschiedene Frühstücksvarianten für zu Hause.
b) Bereitet in Gruppen je eine Frühstücksvariante zu. Begründet die Auswahl in Bezug auf die Regeln für eine gesunde Ernährung.

4. Nenne je fünf Obst- und Gemüsesorten, die du gerne magst. Informiere dich, wann sie jeweils Saison haben.

5. Bereitet in Gruppen einen bunten, gemischten Salat zu.

5. Wenig Fett und fettreiche Lebensmittel

Fette und **Öle** enthalten wichtige ungesättigte Fettsäuren und sind Träger der Vitamine A, D, E und K. Sie sind aber auch sehr energiereich und können zum Entstehen von Übergewicht beitragen. Sie erhöhen das Risiko von Herz-Kreislauf-Krankheiten. Mit Butter und Ölen sollte deshalb sparsam umgegangen werden. Das gilt für jeden, der kocht, ob zu Hause oder als Koch oder Köchin. Zum Zubereiten von Salatdressings sind hochwertige Pflanzenöle wie Olivenöl, Raps- oder Sojaöl am besten geeignet.

INFO

Fettgehalt von Kartoffelgerichten
Salzkartoffeln: 1 Portion (200 g) = 0 g Fett
Bratkartoffeln: 1 Portion (200 g) = 15 g Fett
Pommes Frites: 1 Portion (150 g) = 23 g Fett

Außer sichtbarem Brat- und Streichfett gibt es auch versteckte Fette. Es versteckt sich z. B. in Wurst, Süßigkeiten, Fertiggerichten, Pommes Frites und Fast Food. Fettreiches Essen schmeckt besonders gut, denn Fett verstärkt den Geschmack der Speisen.

6. Zucker und Salz in Maßen

Zuckerreiche **Süßigkeiten**, Kekse und Kuchen sind nicht im Ernährungskreis enthalten. Sie liefern viele Kalorien und Fett. Aus dem täglichen Essen sind sie allerdings nicht wegzudenken. Wer pro Tag z. B. zwei Schokoküsse oder 50 g Gummiteddys isst bzw. zwei Gläser Limonade trinkt, ernährt sich trotzdem noch gesund.

Würzen mit Kräutern

Auch **Salz** ist nur in geringen Mengen zu verwenden. Zu viel Salz kann zu Bluthochdruck führen. Wenn Salz gebraucht wird, sollte es **jodiertes und fluoridiertes** Salz sein. Zum Würzen der Speisen sind frische oder tiefgekühlte Kräuter bestens geeignet, z. B. Thymian, Oregano, Petersilie.

7. Reichlich Flüssigkeit

Nur wenn unser Körper reichlich **Flüssigkeit** zur Verfügung hat, funktioniert er reibungslos. Deshalb sollten wir täglich 1 ½ bis 2 Liter trinken, zusätzlich zu der Flüssigkeit, die in Lebensmitteln enthalten ist. Aber nicht alle **Getränke** sind gleich gut geeignet, den Durst zu löschen: Saft ist nicht gleich Saft, Milch ist ein Nahrungsmittel und ein Liter Eistee enthält 20-25 Stück Zucker. Achtet auf den angegebenen Zuckergehalt auf den Zutatenlisten!

INFO

Fruchtsaftanteil von Getränken:
Fruchtsaft: 100 %
Fruchtnektar: 25-50 %
Fruchtsaftgetränk: 6-30 %

Empfehlenswerte Getränke: Wasser und Mineralwasser, Früchte- und Kräutertees (ungesüßt), Fruchtsäfte verdünnt mit Wasser (1/3 zu 2/3).
Nicht empfehlenswerte Getränke: Cola, Fruchtsaftgetränke, Fruchtnektare, Energy-Drinks, alkoholische Getränke, Alcopops.

8. Schmackhaft und schonend zubereiten

Zu einem leckeren Essen trägt neben der richtigen Lebensmittelauswahl auch deren Speisenzubereitung bei. Die jeweiligen Speisen sollten bei möglichst niedrigen Temperaturen und möglichst kurz mit wenig Wasser und Fett gegart werden. Sehr weich gekochtes Gemüse oder falsch gelagertes Obst enthalten kaum noch Vitamine und Nährstoffe.

Regeln für die Zubereitung von Speisen:

- Gemüse kurz dünsten oder dämpfen, so bleibt es knackig und behält seine Nährstoffe.
- Wenig Fett zum Braten verwenden, dadurch bleibt der natürliche Geschmack der Lebensmittel erhalten und Kalorien werden eingespart.
- Zucker und Salz sparsam einsetzen, damit der Eigengeschmack der Lebensmittel nicht verfälscht wird.

9. Sich Zeit nehmen und genießen

Wer in Ruhe isst, kann besser genießen. Auch das Auge isst mit. Man sollte sich beim Essen Zeit lassen, denn nach 15 Minuten trifft oft erst die Sättigung ein. Wer zu schnell isst, der isst mehr als nötig. Also genießen ohne Ablenkung: Zu Hause bleibt der Fernseher aus und das Buch oder die Zeitung bleibt liegen. Im Restaurant sorgt die Servicekraft mit einem guten Service für eine angenehme und ruhige Atmosphäre beim Essen. Essen soll nicht nur satt machen. Wer bewusst mit allen Sinnen isst, hat mehr Genuss an seinem Essen:

- Der Duft einer selbst gemachten Pizza weckt die Vorfreude auf das Essen.
- Die bunten Farben eines frischen Salates sind schon ein Genuss für die Augen.
- Die cremige Fruchtspeise langsam im Munde zergehen lassen – und genüsslich satt werden.
- Ein schön gedeckter Tisch, festlich gefaltete Servietten und ein hübsch dekorierter Raum machen auch das tägliche Essen zum Erlebnis.

Das Auge isst mit.

10. Auf Gewicht achten und gesund bleiben

Neben der richtigen Ernährung ist auch regelmäßige Bewegung wichtig, um gesund zu bleiben und sein **Gewicht** zu halten. Ein kleiner Spaziergang nach dem Mittagessen macht wieder fit für die nächste Schulstunde. Regelmäßiger Sport macht den Kopf frei. Mit Freunden Fahrrad zu fahren macht Spaß, im Sommer ein paar Bahnen im Freibad zu schwimmen lässt überflüssige Pfunde schmelzen.

Regelmäßige Bewegung, am besten mehrmals pro Woche ist ein Ausgleich zum Alltag und zu sitzenden Tätigkeiten, kräftigt die Muskeln, hält gesund und hilft, das Gewicht zu halten.

Spaziergang

1. Überlege, was du in den letzten drei Tagen zum Mittagessen und als Zwischenmahlzeiten gegessen hast. Welche fettreichen und zuckerhaltigen Lebensmittel waren dabei? Stelle sie in einer Übersicht zusammen und nenne Austauschmöglichkeiten.

2. Wie lässt sich mehr Bewegung in euren Alltag einbauen? Macht Vorschläge.

2 Grundsätze für die Speisenplanung von Mittagsmahlzeiten

Speisenplanung im Privathaushalt

Die Planung der Mittagsmahlzeiten zu Hause erfolgt meist individuell nach den Wünschen und Vorlieben der Familienmitglieder, der zur Verfügung stehenden Zeit, den Kochkenntnissen, den Einkaufsmöglichkeiten und dem Haushaltsbudget. Grundsätzlich gelten die vorgestellten 10 Regeln für eine gesunde Ernährung und der Ernährungskreis als Hilfe bei der mengenmäßigen Lebensmittelauswahl.

Speisenplanung in einer Gemeinschaftsverpflegung

Folgende allgemeinen Grundsätze für die Mittagsverpflegung sollten eingehalten werden:
- Der Energie- und Nährstoffgehalt der Speisen entspricht dem durchschnittlichen Bedarf der Zielgruppe, z. B. Jugendliche in einer Schulmensa.
- Bei der Zubereitung kommt es nur zu geringfügigen Nährstoffverlusten und keinen langen Warmhaltezeiten.
- Ein Salatbüfett wird angeboten.
- Es kann zwischen verschiedenen Hauptgerichten und Desserts gewählt werden.
- Der Speiseplan berücksichtigt die Angebote der Saison.
- Der Speiseplan weist über einen Zeitraum von zwei Monaten keine Wiederholung auf.
- Hygieneregeln und vorgeschriebene Schulungen des Personals werden eingehalten.

Mittagsverpflegung ...

In einer Ganztagseinrichtung, ob Kita oder Schule, wird in der Regel eine Mittagsverpflegung angeboten. Entsprechend den unterschiedlichen Ernährungsbedürfnissen von Kindern und Jugendlichen gelten unterschiedliche Verpflegungskonzepte. Grundsätzlich gilt:
- abwechslungsreiches Speisenangebot aus frischen Zutaten nach neuesten ernährungsphysiologischen Erkenntnissen,
- Verwendung von Bio-Produkten,
- ansprechende Speisenpräsentation,
- Sicherung von Qualität und Hygiene bei der Zubereitung.

... in einer Kantine

1. Stellt einen Wochenplan für häusliche Mittagsmahlzeiten zusammen. Begründet eure Auswahl bezüglich der Berücksichtigung der 10 Regeln für eine gesunde Ernährung.

2. Bewertet die allgemeinen Grundsätze der Gemeinschaftsverpflegung unter dem Aspekt nachhaltiger Ernährung.

Speiseplan

Montag
Frischevariation
Salatbar
Nudelbar

Dienstag
Nudel Bolognaise
Kartoffelschafskäseauflauf
Wokpfanne süß/sauer
Salatbar

Mittwoch
Currywurst mit Kroketten
Brokkolinudelauflauf
Nudelbar
Salatbar

Donnerstag
Hot Dog
Kartoffelgratin mit Gemüse
Nudelbar
Salatbar

Freitag
Frischevariation
Salatbar

Salatbar

1. Informiert euch über die aktuellen Speisepläne von Schulmensen oder Kitas vor Ort oder im Internet.

2. Für welche Speisen würdest du dich bei dem Speiseplanbeispiel an den verschiedenen Wochentagen entscheiden? Begründe.

3. Verkostet und bewertet eure selbst zubereiteten Mittagsmahlzeiten mit einem vergleichbaren Verpflegungsangebot nach den Kriterien Gesundheit, Zeitaufwand, Kosten.

Arbeitsaufgabe: Planvolle Zubereitung von Mittagsmahlzeiten für Jugendliche

Ihr sollt lernen, einfache und gesunde Mittagsmahlzeiten planvoll herzustellen und die Ergebnisse mit Angeboten der Gemeinschaftsverpflegung zu vergleichen und zu bewerten. Die typischen Verlaufsphasen der Methode sind auf alle anderen Arbeitsaufgaben des Haushalts übertragbar. Umfangreichere Arbeitsaufgaben nennt man auch „Arbeitsvorhaben" oder „Projekt".

Typische Verlaufsphasen

1. Zielsetzung: Es soll in jeder Arbeitsgruppe eine Mittagsmahlzeit, bestehend aus Hauptgericht und Nachspeise, zubereitet werden.

2. Information: Ihr müsst euch die entsprechenden Rezepte beschaffen und sie genau Schritt für Schritt durchlesen. Die Aufgabe muss allen klar sein.

3. Planung: Ihr müsst euch überlegen,
- welche Zutaten in welcher Menge benötigt werden,
- wie die Reihenfolge der einzelnen Arbeitsschritte ist,
- welche Arbeitsgeräte gebraucht werden,
- wer was wann wie mit wem in eurer Arbeitsgruppe macht,
- wie viel Zeit für die einzelnen Arbeitsschritte benötigt wird,
- womit zuerst angefangen werden muss, d. h. welches Lebensmittel die längste Garzeit hat,
- wo eine Wartezeit zum Garen oder Ausquellen oder Erstarren usw. eingeplant werden muss,
- wie die Wartezeit sinnvoll überbrückt werden kann, um Leerlaufzeiten zu vermeiden und alles rechtzeitig fertig zu haben.

Macht euch einen Arbeitsablaufsplan und Zeitplan.
Mittagsmahlzeit: Beispiel Ratatouille, Brühreis, Obstsalat

Zeit/Min.	Arbeitsschritte	Überbrückung der Wartezeit
5		
10		
usw.		

4. Durchführung: Jetzt heißt es, den Plan umzusetzen. Teilt die anfallende Arbeit in der Gruppe partnerschaftlich auf. Holt die Zutaten und Arbeitsgeräte her und richtet euch euren Arbeitsplatz übersichtlich ein. Führt die Arbeitsschritte entsprechend eurer Planung durch.

5. Auswertung: Bewertet die hergestellten Mittagsmahlzeiten auf ihre Qualität, Zeitaufwand und Kosten im Vergleich zur Gemeinschaftsverpflegung.

Information

Planung

Durchführung

Auswertung

Ratatouille (französischer Gemüseeintopf)

3 Zwiebeln	schälen und würfeln
1 gelbe und 1 rote Paprikaschote	halbieren, Kerne und weißes Fleisch entfernen, abspülen, längs in Streifen und dann in 2 cm große Würfel schneiden
1 Aubergine, 1 Zucchini	putzen, die Enden abschneiden und in 2 cm große Würfel schneiden
3 feste Tomaten	mit dem Tomatenmesser in 1 cm dicke Scheiben schneiden
Thymian, Oregano, Rosmarin, Basilikum	Kräuter fein hacken
3 EL Öl	Öl im Topf erhitzen
250 g Gehacktes (wahlweise)	anbraten Zwiebelwürfel zugeben und glasig dünsten. Vorbereitetes Gemüse dazugeben und andünsten.
¼ l Wasser, Salz, Pfeffer, Paprika, gehackte Kräuter	zugeben und mit dem Gemüse zusammen ca. 10 Min. dünsten. In eine feuerfeste Form füllen,
50 g geriebenen Käse	darüber streuen und 10 Min. im Backofen überbacken.

Ratatouille

Brühreis

1 Tasse Langkornreis, parboiled 2 Tassen Wasser 1 TL gekörnte Gemüsebrühe 1/2 Tl Curry	Alle Zutaten zum Kochen bringen und 20 Min. ausquellen lassen.

Brühreis

Obstsalat

750 g Obst (nach Saison)	in kaltem Wasser waschen, bei Bedarf schälen und in mundgerechte Stücke schneiden oder würfeln.
1-2 EL Zitronensaft, Zucker oder Honig	nach Geschmack dazugeben. Obstsalat noch einmal durchmischen und abschmecken.
Aufwertung:	Schlagsahne dazu reichen und/oder 2 EL gehackte Nüsse darüber streuen.

Obstsalat

Schüler bei der Projektplanung

Projekt: Planung und Organisation eines Festes – Partyservice oder Eigenleistung?

Zielsetzung

1. Zielsetzung

Ein Fest zu feiern ist etwas Tolles, ob in der Familie zu einem besonderen Geburtstag oder in der Schule als Klassen- oder Schulfest. Gerade, wenn viele Gäste erwartet werden, wird häufig überlegt, ob man eine Partysuppe anbietet, diese selbst herstellt oder einen Partyservice nutzt, um Zeit und Arbeit zu sparen. Da lohnt sich schon ein Angebots- und Kostenvergleich. Im Folgenden wird ein Fest an der Schule geplant. Dafür werden verschiedene Partysuppen selbst hergestellt, aber auch die Angebote verschiedener Partyservicebetriebe zum Vergleich eingeholt.

Informationen sammeln

2. Informationen sammeln

Besorgt euch bis zum nächsten Mal Rezepte für verschiedene Partysuppen, z. B. Gulaschsuppe, Gyrossuppe oder Soljanka. Der Fantasie sind da keine Grenzen gesetzt. Es muss auch nicht immer eine vergleichbare Partysuppe vom professionellen Anbieter sein. Zusätzlich könnt ihr im Internet nach Ideen und Rezepten suchen.

Holt euch ebenfalls bis zum nächsten Mal Suppenangebote von verschiedenen Partyservicebetrieben mit Preisen ein. Auch Schlachtereien bieten leckere Suppen für Feste an und liefern sie gleich heiß in Warmhaltebehältern an.

Soljanka

Gulaschsuppe

3. Planung

Ihr könnt alles, was zu tun ist, in einer Mindmap darstellen. So behaltet ihr den Überblick.

Einladung:

Plant rechtzeitig den Termin und ladet die Gäste frühzeitig ein, damit sich alle den Termin im Kalender vormerken können. Überlegt, wen ihr einladen wollt. Gestaltet eine ansprechende Einladung. Darauf sollte stehen:

- Wann und wo findet das Fest statt?
- Welches Motto gibt es?
- Sollen die Gäste einen Kostenbeitrag bezahlen?
- Eine Adresse oder E-Mail-Adresse für Zu- und Absagen.

Erstellt eine Liste mit den Zu- und Absagen. Das ist übersichtlich und hilft bei der Planung der Einkäufe.

Liebe Freunde und Eltern der 10. Jahrgänge

Wir laden euch/Sie zu einer großen Jahrgangsparty ein. Vor dem Ende unserer gemeinsamen Schulzeit wollen wir noch einmal so richtig feiern.

Wann? *Freitag, den ... 20.. ab 17.00 Uhr*
Wo? *In unserer Aula*
Motto: *„Top ten Party"*
Beitrag: *3 € für Bewirtung*

Bitte gebt uns bis zum ... Nachricht, ob und mit wem ihr kommt.
Wir freuen uns auf eure/Ihre Zusage, entweder mündlich bei uns, oder unter Klasse 10@Jahrgangsfest.de

Motto:

Entscheidet frühzeitig, welches Motto euer Fest haben soll, z. B.: Soll es eine Tanzparty werden oder ein Frühlingsfest oder etwas anderes?

Ein Motto erleichtert das Schmücken des Raumes. Gerade im Frühling kann man mit viel frischem Grün und bunten Papierkreppblumen den Raum farbenfroh gestalten.

Räumlichkeiten:

Entscheidet, wie ihr eure Aula dekorieren wollt. Für Licht und Musik benötigt ihr genügend Stromanschlüsse. Auch müsst ihr einen Tresen oder Tische zum Ausgeben der Speisen und Getränke organisieren sowie an den Seiten Tische zum Hinsetzen und zum Essen oder Stehtische. Denkt auch an die Kühlung von Getränken und Warmhaltemöglichkeiten der Partysuppen.

Kosten:
Überlegt, wie viel Geld ihr ungefähr für Essen, Getränke und Dekoration benötigt. Macht dazu einen Kostenvoranschlag. Erkundigt euch auch über den Preis für ein alternatives Angebot an Partysuppen vom Partyservice. Besprecht, wie ihr die Bewirtung vorfinanzieren wollt: Bezahlt jeder erst einmal einen festen Beitrag, der nach dem Fest umgerechnet wird, z. B. 5 Euro?

Essen und Getränke:
Ihr müsst gemeinsam überlegen, welche Suppen in welcher Menge zubereitet werden sollen und was es als Beilage geben soll, z. B. Baguettebrot oder kleine Brötchen. Werden zusätzlich Knabbereien gewünscht, die auf die Tische gestellt werden, z. B. Salzstangen, Chips?

Klärt, welche Getränke angeboten werden sollen und welche Mengen davon besorgt werden müssen, eventuell in Kommission, damit man den Rest wieder zurückgeben kann.

Ein Partysuppenvorschlag mit Gelinggarantie:
Mexikanische Feuerbohnensuppe (4 Personen)

3 EL Öl	im Topf erhitzen
250 g Gehacktes	darin anbraten
3 Zwiebeln	würfeln, mit anbraten
1 rote u.1 grüne Paprikaschote	vierteln, in feine Streifen schneiden, zugeben, 5 Min. andünsten
250 g Champignons	in feine Scheiben schneiden, zugeben
je ½ TL Salz, Paprika, Chinagewürz	
etwas gemahlener Pfeffer	Gewürze zugeben
½ Tube Tomatenmark	
½ Dose pürierte Tomaten	
¼ Fl. Tomatenketchup	
1 kleine Dose Kidneybohnen	
½ Becher süße Sahne	Zutaten zugeben und 10 Min. kochen

Cocktails sind zwar etwas aufwendig, kommen aber gut an:
Cocktail: Adam + Eve

4 cl Apfelsaft	
4 cl Orangensaft	
1 cl Grenadine	
10 cl Ginger Ale	Alle Zutaten in den Shaker geben. Den Shaker sorgfältig verschließen und schütteln. Danach den Cocktail in ein Glas geben und garnieren.

Cocktail Pina Colada

Einkauf und Transport:
Erstellt eine Einkaufsliste mit allen Lebensmitteln, Getränke und Dekorationsmaterialien, die ihr braucht. Denkt auch an ausreichend Suppenteller, Löffel (evtl. Partygeschirr aus Plastik) und Servietten. Achtet auf die richtigen Mengen. Vergleicht die Preise und kauft rechtzeitig ein. Für den Transport könnt ihr Eltern oder Lehrer fragen, ob sie mit dem Auto die Einkäufe mit euch gemeinsam erledigen.

Musik und Spiele:
Organisiert rechtzeitig eine Musikanlage. Bringt eure Lieblingsmusik von zu Hause mit. Legt fest, wer am Tag der Party als Disc-Jockey verantwortlich für die Musik ist. Ein beliebtes Partyspiel ist Karaoke. Überlegt, ob ihr noch andere Partyspiele machen wollt. Sammelt dafür Ideen.

Musik und tanzen

Aufgabenverteilung:
Wenn möglichst viele mithelfen, dann muss niemand alleine viel tun.
Stellt eine Checkliste (Fristenplan) auf, wer was mit wem wann macht:
- Wer schreibt die Einladungen?
- Wer vergleicht die Preise und kauft ein?
- Wer bereitet die Suppen zu?
- Wer baut den Tresen zur Ausgabe der Suppe und zum Verkauf der Getränke auf?
- Wer kümmert sich um die Dekoration?
- Wer ist für die Musikanlage verantwortlich?
- Wer ist für das Geld verantwortlich?

4. Durchführung
Bevor ihr die Partysuppen in der Küche zubereitet, ist es sinnvoll, die ausgewählten Suppen aus einer Rezeptmenge als Probe zu kochen und zu verkosten, bevor ihr davon größere Mengen herstellt. Bereitet eure ausgewählten Suppen in den Arbeitsgruppen in der geplanten Menge zu. Geht dabei entsprechend der Methode Arbeitsaufgabe, S. 172 vor.

Führt die notwendigen Arbeiten nach Aufgabenverteilungen durch. Wenn alle Aufgaben in guten Händen sind, dann ist sicher, dass die Gäste sich wohl fühlen. Jeder soll genug Zeit zum Feiern haben.

Auswertung

5. Auswertung
Bewertet gemeinsam den Projektverlauf und den Verlauf der Party.
- Was war gut gelungen? Wo gab es Probleme?
- Was könnt ihr beim nächsten Mal besser machen?

Vergleicht die Kosten für eure Bewirtung mit dem Angebot vom Partyservice. Stellt die Vor- und Nachteile von Eigen- und Fremdleistung heraus.

Am Ende dieses Kapitels sollst du
- ausgewählte Ausbildungsberufe in den Bereichen personenbezogene Dienstleistungen und Außer-Haus-Verpflegung mit ihren erforderlichen Fähigkeiten, Fertigkeiten und Kenntnissen beschreiben können,
- typische Aufgaben und Tätigkeiten der verschiedenen Berufe nachvollziehen können,
- Formen der Außer-Haus- Verpflegung und der Gemeinschaftsverpflegung nennen können,
- die Bedeutung der mengenmäßigen Auswahl an Lebensmitteln anhand des Ernährungskreises erläutern können,
- Regeln für eine gesunde Ernährung nennen können,
- Grundsätze für die Speisenplanung von Mittagsmahlzeiten im Privathaushalt und in einer Gemeinschaftsverpflegung, z. B. Schulmensa, nennen und unter dem Aspekt nachhaltiger Ernährung vergleichen können,
- Verpflegungsangebote ausgewählter Außer-Haus-Verpflegung in Bezug auf Gesundheit, Kosten, Zeit bewerten können,
- ein Fest planen und nach einer Checkliste organisieren können,
- Speisen für ein Fest auswählen und zubereiten können,
- vom Zeit- und Kostenaufwand entscheiden können, ob die Speisen für die Bewirtung vieler Gäste selbst hergestellt werden oder ein Angebot vom Partyservice genutzt wird.

Brot- und Brötchenauswahl

1. Bei der Arbeitsplatzerkundung hast du dir Informationen eingeholt, welche Kompetenzen zur Ausübung des Berufes einer Fachverkäuferin im Lebensmittelhandwerk, Schwerpunkt Bäckerei, erforderlich sind. Nenne Fähigkeiten, Fertigkeiten und Kenntnisse, die benötigt werden.

2. Eine Kundin möchte gerne zu einer Geburtstagsfeier mit 20 Personen für ein kaltes Buffet einen großen Korb mit verschiedenen Brot- und Brötchensorten bestellen. Erläutere, wie eine Beratung vonstatten gehen kann und wie die Phasen eines Verkaufsgespräches ablaufen können.

Lebkuchen

3. Zu Nikolaus sollen spezielle Lebkuchen hergestellt und dafür geworben werden. Mache einen Vorschlag, welche Formen und Dekorationen man aus Lebkuchenteig herstellen kann und entwirf dafür ein Werbeplakat für eine Bäckerei.

4. Nenne typische Aufgaben und Tätigkeiten eines Koches/einer Köchin in einem Restaurant.

5. Du sollst für ein kaltes Buffet zwei verschiedene Nachspeisen für jeweils acht Personen vorschlagen und die Rezepte dazu aufschreiben. Bedingung: eine fruchtige Speise, eine cremige Speise.
Erstelle zu den Rezepten einen Arbeitsablaufplan, einen Zeitplan sowie eine Einkaufsliste.

6. Nenne Formen der Außer-Haus-Verpflegung
a) in der Gastronomie,
b) in der Gemeinschaftsverpflegung.

Ernährungskreis

7. Erläutere den Ernährungskreis. Warum sollten täglich von den verschiedenen Lebensmittelgruppen unterschiedliche Mengen gegessen werden? Begründe.

8. Stelle eine Mittagsmahlzeit zusammen, in der die sieben Felder des Ernährungskreises in der entsprechenden Menge berücksichtigt werden. Faustregel: Je größer das Feld, umso mehr sollte von diesen Lebensmitteln gegessen werden. Begründe deine Auswahl.

Mensa

9. Erläutere die zehn Regeln einer gesunden Ernährung. Beschreibe mit Beispielen, was genau damit gemeint ist.

10. Notiere die Regeln, die du heute schon regelmäßig einhältst.

11. Nenne Anforderungen an die Lebensmittelauswahl, damit eine Ernährung nachhaltig ist in Bezug auf Umwelt und Gesundheit.

12. Welche Wünsche hättest du bezüglich eines Speisenangebotes in einer Schulmensa? Stelle einen vielfältigen Wochenplan auf, der pro Tag mindestens zwei Mahlzeiten zur Auswahl anbietet und der den Ansprüchen an eine gesunde Ernährung genügt.

13. Du sollst eine Mittagsmahlzeit mit Hauptgericht und Nachspeise aus deinen Vorschlägen zu Hause selbst zubereiten. Schreibe die Rezepte auf und mache einen Arbeitsablaufplan und einen Zeitplan.

14. Du hast doch sicherlich gute Ideen, welche Speisen für ein internationales kaltes Buffet für ein Klassenfest geeignet sind. Schau in Kochbüchern und eventuell im Internet nach Rezepten. Wähle mindestens vier Rezepte aus. Wenn alle in eurer Lerngruppe Rezepte mitbringen, könnt ihr ein tolles Party-Rezepte-Buch zusammenstellen und für eure Abschlussparty am Ende der 10. Klasse nutzen.

Kaltes Büffet

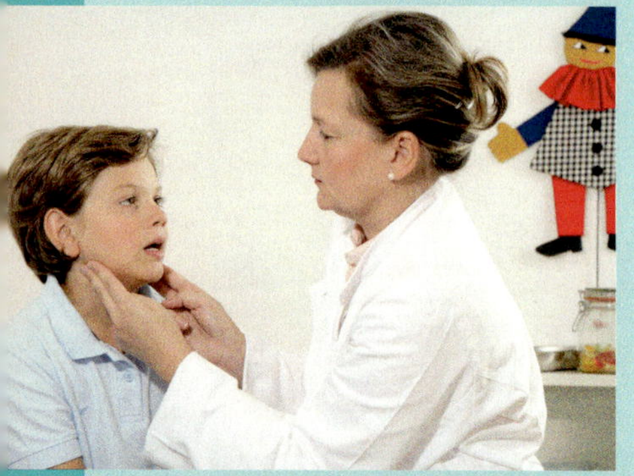

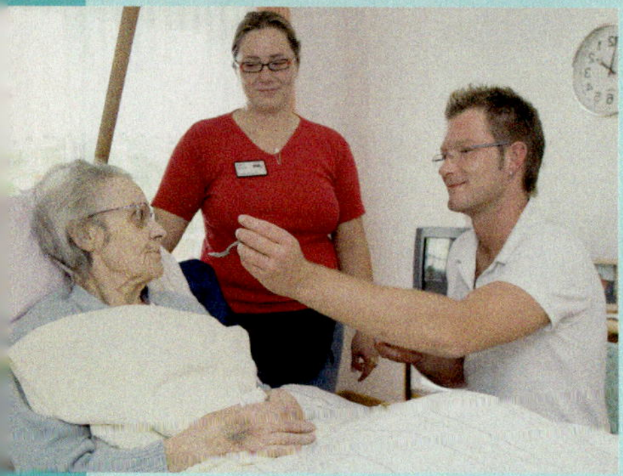

VII Gesundheit und Pflege

In diesem Kapitel bekommt ihr Informationen über die medizinische Versorgung, Vorsorge und Erste Hilfe. Gesundheitsförderung und Prävention findet eine genaue Betrachtung, denn beides dient der allgemeinen Gesundheit. Dazu gehören Vorsorgeuntersuchungen, Impfen, Eigenverantwortung, Haltung und Selbsthilfe. Diagnose, Heilung und Pflege sind drei Aspekte der Gesundheit, die zusammenwirken.
So einfach es klingt, Wasser ist eine Lebensquelle. Nur bei ausreichender Versorgung mit sauberem Trinkwasser ist Hygiene möglich. Wasser und Wellness bilden eine wunderbare Ergänzung zur Vorbeugung und Heilung zugleich.
„Pflege“ wird unter verschiedenen Gesichtspunkten dargestellt. Pflegearten, Pflegeangebote, Möglichkeiten des Wohnens im Alter und die Biografiearbeit in der Pflege finden Beachtung. Ebenso befasst sich dieses Kapitel mit der Inklusion. Und es werden weitere Gesundheitsfachberufe vorgestellt.

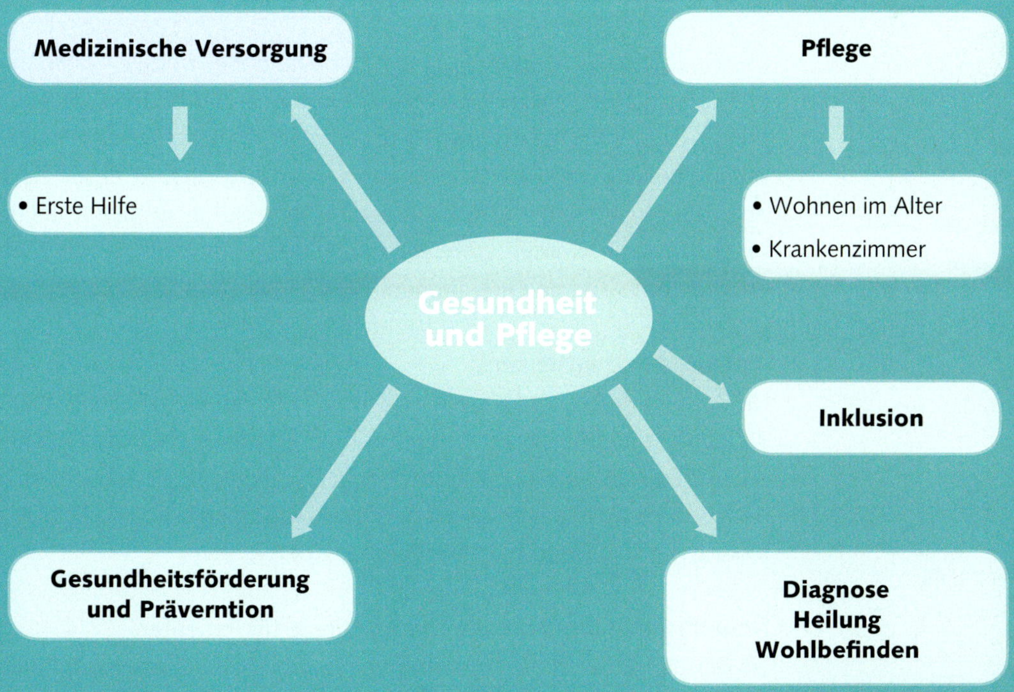

Hinweisschild eines Krankenhauses

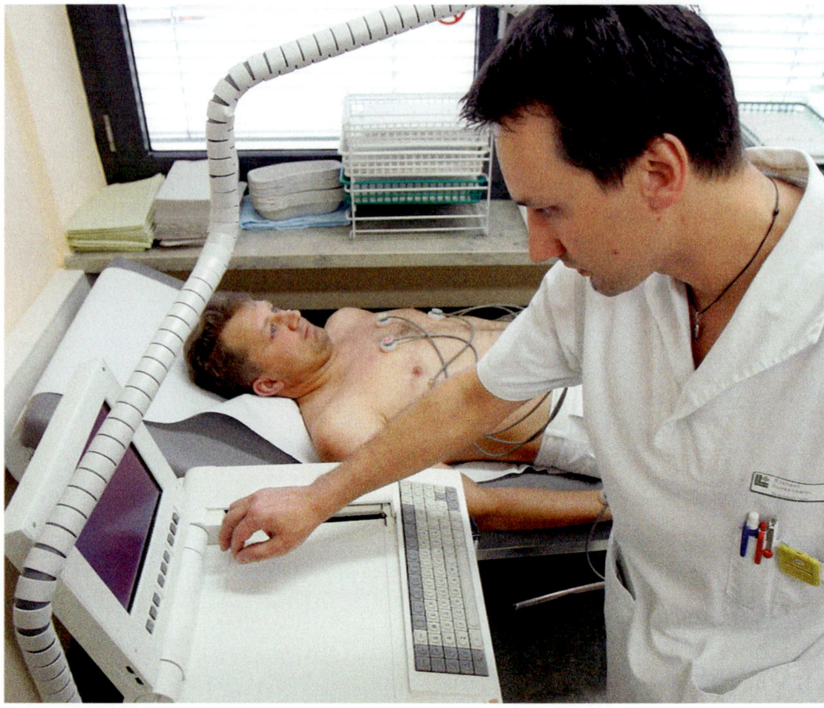

Notaufnahme eines Krankenhauses

1 Medizinische Versorgung

Die medizinische Versorgung in Deutschland findet weltweit Anerkennung. In Niedersachsen gibt es rund 30 000 Ärztinnen und Ärzte (40 % Hausarztpraxen – 60 % Facharztpraxen) und circa 193 Krankenhäuser. Für alle möglichen Bereiche sind Fachabteilungen vorhanden, von der Augenheilkunde über die Allgemeinmedizin bis hin zur Zahnmedizin. In der Abteilung für Innere Medizin werden Untersuchungen vorgenommen, in der Chirurgie erfolgen notwendige Operationen.

INFO

www.aerztekammer-niedersachsen.de
www.arztauskunft-niedersachsen.de

Arztsuche in Deutschland

Die Ärztekammern und Kassenärztlichen Vereinigungen in Deutschland sind die Einrichtungen, die als einzige gültige Angaben über die Qualifikation der in Deutschland tätigen Ärzte haben. Zu einigen Regionen gibt es bereits Arztsuchdienste, die im Internet für Patienten zugänglich sind. Andere geben bislang nur telefonisch Auskünfte über Ärzte.

INFO

Leitbild der MHH
- Unitas in necessariis (Einigkeit im Grundsätzlichen)
- Libertas in dubiis (Freiheit in Zweifelsfällen)
- Caritas in omnibus (Nächstenliebe in allem)

Notaufnahme: Rund um die Uhr im Dienst für Patienten

Ein Beispiel dafür ist die Notaufnahme der Medizinischen Hochschule Hannover (MHH). Täglich werden dort etwa 90 Patienten versorgt. Das Pflegeteam besteht aus 28 Mitarbeiter/-innen, mit langer Berufserfahrung und Fort- und Weiterbildung der Notfallmedizin. Sie arbeiten im Früh-, Spät-, und Nachtdienst. Das Team versorgt Patienten auf der Basis des Leitbildes der Medizinischen Hochschule Hannover.

Gesundheitsfachberufe

Wer im Bereich von Gesundheit und Pflege Dienst am Menschen leistet, braucht sehr viel Einfühlungsvermögen und Verantwortungsbewusstsein. Die pflegerischen Tätigkeiten werden immer spezieller, da auch die medizinische Versorgung hochspezialisiert ist. Daher gibt es eine Fülle von Fachrichtungen. Einige davon sind als Gesundheitsfachberufe aufgelistet:
- Altenpfleger/-in
- Diätassistent/-in
- Ergotherapeut/-in
- Gesundheits- und Krankenpfleger/-in
- Gesundheits- und Kinderkrankenpfleger/-in
- Hebamme/Entbindungspfleger
- Heilerziehungspfleger/-in
- Logopädin/Logopäde
- Masseur/in und medizinische/r Bademeister/-in
- Medizinisch-technische/-r Laboratoriumsassistent/-in
- Medizinisch-technische/-r Radiologieassistent/-in
- Medizinisch-technische/-r Assistent/in in der Funktionsdiagnostik
- Orthoptist/-in
- Pharmazeutisch-technische/-r Assistent/-in
- Physiotherapeut/-in
- Podologin/Podologe

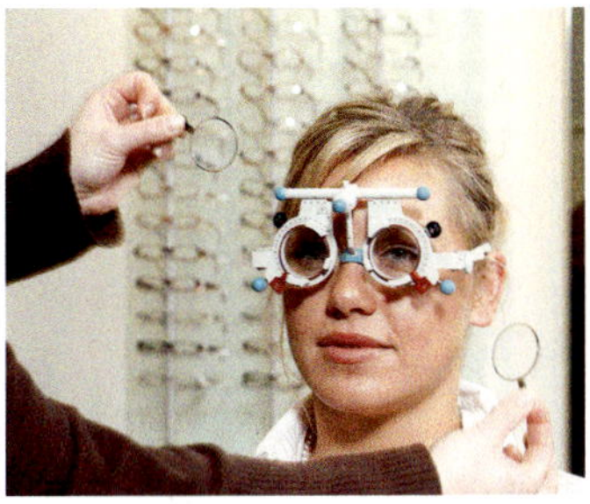

Behandlung beim Orthoptisten

Die Weiterbildung ist bei Gesundheitsfachberufen von besonderer Bedeutung, da sie zu einer Spezialisierung führt. Die Qualifikation wird über Fortbildungskurse und Prüfungen erreicht:
- Fachkraft für Intensiv- und Anästhesiepflege
- Fachkraft für onkologische Pflege
- Fachkraft für psychiatrische Pflege
- Fachkraft für ambulante Pflege
- Fachkraft für operative und endoskopische Pflege
- Fachkraft für Hygiene in der Pflege
- Fachkraft für Leitungsaufgaben in der Pflege
- Pflegedienstleiterin, Pflegedienstleiter
- Lehrkraft für Pflege, Lehrkraft für das Hebammenwesen
- Fachkraft für sozialpsychiatrische Betreuung

1. Wählt jeweils einen Beruf aus und erstellt in Partner- oder Gruppenarbeit Steckbriefe als Plakate über die Voraussetzungen, die Ausbildungswege und Tätigkeitsmerkmale.

2. Betrachtet die Plakate im Galeriegang genau.

3. Diskutiert die Besonderheiten und Zukunftschancen der Berufe.

INFO

weitere Infos zu Gesundheitsfachberufen: www.soziales.niedersachsen.de

Neue Technologien bei Gesundheitsfachberufen

Moderne Berufe im Bereich von Gesundheit und Pflege brauchen Kenntnisse der Informations- und Kommunikationstechnologie. Gleich am Empfang in einer Arztpraxis werden Patientendaten elektronisch erfasst. Sämtliche Behandlungsschritte, Untersuchungsdaten und ärztliche Leistungen werden über die EDV eingegeben, was eine rasche Kostenaufstellung für die Abrechnungen mit den Krankenkassen und Patienten ermöglicht.
In Institutionen und Organisationen des Gesundheitswesens und der Pflege, Arztpraxen, Labors, Krankenhäusern und Pflegeeinrichtungen sind hierfür unter anderem Medizinische Fachangestellte und Kaufleute im Gesundheitswesen tätig.

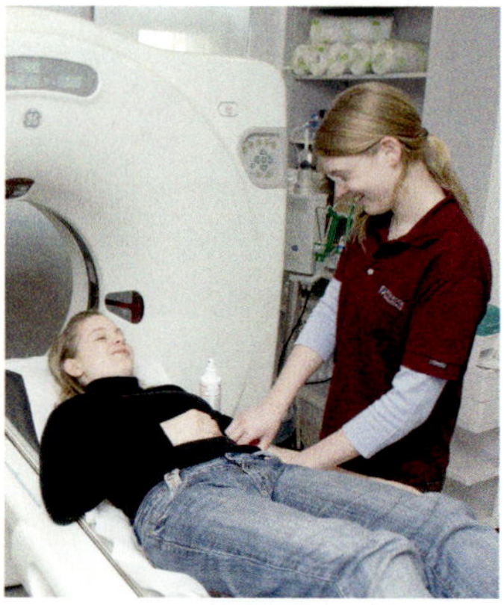

Medizinische Fachangestellte

Medizinische Fachangestellte/Medizinischer Fachangestellter

Die duale Ausbildung dauert drei Jahre, in der Praxis stellen Betriebe Auszubildende mit mittlerem Schulabschluss ein. Medizinische Fachangestellte assistieren Ärzten und Ärztinnen bei der Untersuchung, Behandlung, Betreuung und Beratung von Patienten. Sie informieren Patienten über Möglichkeiten der Vor- und Nachsorge, legen Verbände an, bereiten Injektionen vor, nehmen Blut ab, pflegen medizinische Instrumente, führen Laborarbeiten durch, vergeben Termine, empfangen Patienten, dokumentieren Behandlungsabläufe und verwalten die Patientenakten und Dateien zur Kostenabrechnung. Für den Umgang mit den Patienten sind psychische Stabilität und Einfühlungsvermögen erforderlich, für die Dokumentation von Laborergebnissen sind Sorgfalt und Verantwortungsbewusstsein wichtig.

Kauffrau im Gesundheitswesen

Kauffrau/Kaufmann im Gesundheitswesen

Kaufleute im Gesundheitswesen planen und organisieren Verwaltungsvorgänge, Geschäftsprozesse und Dienstleistungen im Gesundheitswesen. Sie erfassen Patientendaten und sind zuständig für die Abrechnung mit Kunden, Krankenhäusern und sonstigen Kostenträgern. Kenntnisse in Mathematik sind unverzichtbar, Kenntnisse in Rechnungswesen und Buchführung sind hilfreich. Rechtlich ist keine bestimmte Schulbildung vorgeschrieben, in der Praxis stellen Betriebe aber überwiegend Auszubildende mit Hochschulreife ein. Im Arbeitsalltag geht es um vertrauliche Patientenakten, deshalb ist Verschwiegenheit eine Grundanforderung. Für die Kunden- und Serviceorientierung ist Kommunikationskompetenz gefragt. Wie für alle Kaufleute sind Grundlagen der Betriebswirtschaft wichtig wie Marketingstrategien, Qualitätsmanagement, Statistik, Finanz- und Rechnungswesen.

1. Stellt in Stichpunkten zusammen, wie der Arbeitsalltag in einer Arztpraxis oder Pflegeeinrichtung wäre, wenn es keine Informations- und Kommunikationstechnologie gäbe.

2. Erörtert die Chancen und Risiken einer umfassenden Erfassung von Patientendaten.

Erste Hilfe

Täglich passieren Unfälle im Straßenverkehr, am Arbeitsplatz, in der Schule, im Haushalt, beim Sport. Menschen erleiden Verletzungen und brauchen schnell eine medizinische Versorgung. Der Euronotruf 112 gilt europaweit, ist vorwahlfrei, kostenlos und verbindet die Anrufer mit der örtlich zuständigen Notrufzentrale von Rettungsdienst, Feuerwehr oder Polizei. Vom medizinischen Notfall bis zum Einsatzort dauert es meist keine 30 Minuten.

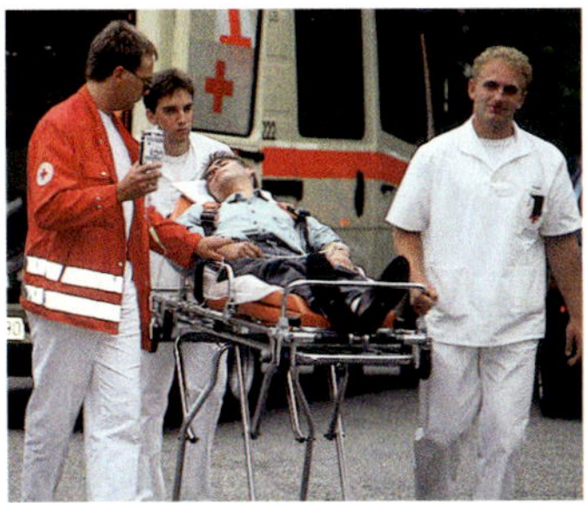

Erste Hilfe

W-Fragen und Anweisungen der Notrufzentrale helfen, dass die Einsatzkräfte schnell am Unfallort eintreffen können:
1. **Wo** ist es passiert?
2. **Was** ist passiert?
3. **Wie** viele Verletzte gibt es?
4. **Welche** Arten von Verletzungen liegen vor?

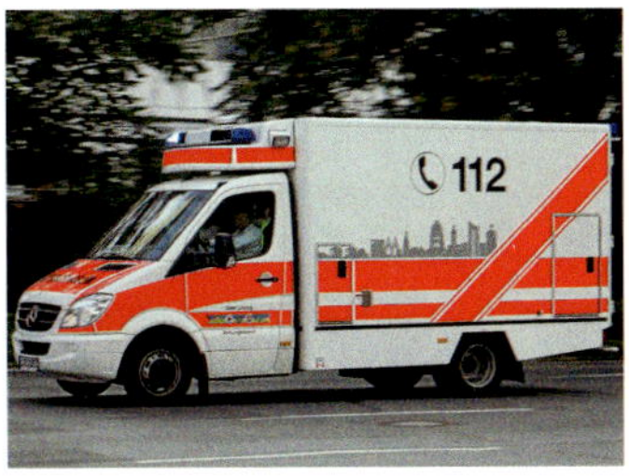

Euronotruf 112

Wo Unfälle passieren, sind meist mehrere Menschen beteiligt und es sind Menschen in der Nähe. Menschen wollen anderen helfen, die Hilfsbereitschaft ist grundsätzlich vorhanden. Aber Kenntnisse in der Ersten Hilfe sind nötig, um im Ernstfall Erste Hilfe leisten zu können. Ein Erste-Hilfe-Kurs sollte alle paar Jahre aufgefrischt werden. In einigen Berufen wird ein „Fresh-up"-Kurs vom Arbeitgeber verlangt.

INFO

Erste-Hilfe-Kurse werden in allen Regionen von einzelnen Hilfsorganisationen angeboten. Alle Hilfsorganisationen haben zum Ziel, „Erste Hilfe" zu leisten. Deshalb haben sie eine Bundesarbeitsgemeinschaft Erste Hilfe gegründet. Zu dieser BAGEH gehören:
- Arbeiter-Samariter-Bund Deutschland e.V. (ASB)
- Deutsche Lebens-Rettungs-Gesellschaft e.V. (DLRG)
- Deutsches Rotes Kreuz e.V. (DRK)
- Johanniter-Unfall-Hilfe e.V. (JUH)
- Malteser Hilfsdienst e.V. (MHD)

Schulsanitätsdienst

Über die Einrichtung eines schuleigenen Sanitätsdienstes informiert beispielsweise das Jugendrotkreuz, eine Organisation des DRK:
„Der Schulsanitätsdienst ist eine Initiative, die vom Jugendrotkreuz gefördert und unterstützt wird. Der Schulsanitätsdienst ergänzt und sichert die Erste-Hilfe-Versorgung an der Schule. Schüler/-innen, die in Erster Hilfe ausgebildet sind, stellen im Rahmen des Schulsanitätsdienstes – mit ihren Kooperationslehrerinnen und Kooperationslehrern – die Erstversorgung im Falle von Unfällen, Verletzungen, Krankheit bis zum Eintreffen des Rettungsdienstes sicher."

1. Spätestens, wenn du den Führerschein erwerben willst, brauchst du den Nachweis über die erfolgreiche Teilnahme an einem „Erste-Hilfe-Kurs". Begründe, weshalb das gefordert ist.

2. Übt kleine Maßnahmen der Ersten Hilfe im Beisein von dafür ausgebildeten Übungsleitern: Ansprache des Verletzten, andere Menschen zur Hilfe aufrufen (Beteiligte, Unfallzeugen, Passanten) , Notruf absetzen, Stabile Seitenlage ausführen, Einsatz der Wärmedecke, Druckverband anlegen, Pflaster zuschneiden, Dreieckstuch umlegen.

3. Welches sind die Einsatzfelder eines Sanitätsdienstes?

Logo der WHO

INFO

WHO World Health Organization (Weltgesundheitsorganisation)
www.who.int

2 Gesundheitsförderung und Prävention

Gesundheit ist ein wesentlicher Bestandteil des alltäglichen Lebens. Ob jemand sich als gesund oder krank empfindet, hängt ab von den persönlichen Wahrnehmungsweisen und Bewertungen. Die Weltgesundheitsorganisation zielt schon seit 1986 auf Gesundheitsförderung und Selbstbestimmung. Die WHO möchte alle Menschen zur Stärkung ihrer Gesundheit zu befähigen. Deshalb ist die Prävention so wichtig. Es bedeutet, dass zur Vorbeugung von Krankheiten, von Geburt an eine sorgfältige medizinische und zahnmedizinische Vorsorge erfolgt.

In Deutschland wurde 2010 bei einer Gesundheitsministerkonferenz der Länder das Programm „Gesund aufwachsen" beschlossen. Mit speziellen Aktionen und in Gesundheitszirkeln sollen die Teilnehmer hingeführt werden zur Erweiterung der Lebenskompetenz, zu mehr Bewegung und bewusster Ernährung.

Die wichtigsten Informationen aus dem Impfkalender der STIKO, Stand August 2011

Impftermine:	**Alter in Monaten**					**Alter in Jahren**		
	2	3	4	11–14	15–23	5–6	9–11	12–17
Zeitgleich mit den Früherkennungsuntersuchungen	U4			U6	U7	U9		J1
Impfung gegen	**G** = Grundimpfschutz (bis zu vier Teilimpfungen)					**A** = Auffrischungsimpfung (bis zu zwei Teilimpfungen)		
Tetanus (T) (Wundstarrkrampf)	G 1	G 2	G 3	G 4		A 1	A 2	
Diphtherie (D/d)	Kombinationsimpfung	Kombinationsimpfung	Kombinationsimpfung	Kombinationsimpfung		A 1	A 2	
Keuchhusten (aP)						A 1	A 2	
Hib (Haemophilus influenzae Typ B)								
Kinderlähmung (IPV)							A	
Hepatitis B (HB)							G	
Pneumokokken	G 1	G 2	G 3	G 4				
Meningokokken	1			G (ab 12 Monate)				
Masern, Mumps, Röteln (MMR)			G 1	G 2				
Varizellen (V) (Windpocken)		G 1	G 2					**G 1–2** (ohne frühere Windpockenerkrankung/-impfung)
Gebärmutterhalskrebs (HPV)								G 1–3
Grippe (Influenza)	**Jährlich bei Kindern und Jugendlichen mit chronischen Erkrankungen**							

www.kindergesundheit-info.de, Stand August 2010, © BZgA, Köln

1. Sichtet Werbeanzeigen für medizinische Vorsorgeuntersuchungen und wertet sie aus.

2. Diskutiert das Thema „Impfen – pro und kontra".

Früherkennungs- und Vorsorgeplan für das Kindes- und Jugendalter

Alter des Kindes	Anstehende Termine	Untersuchungsschwerpunkte
Nach der Geburt	U1	Beurteilung von Vitalität, Reifezeichen und Fehlbildungen
3. – 10. Lebenstag	U2	Stoffwechsel-Screening, Fehlbildungen, Ernährungsberatung, Information zu anstehenden Impfungen
4. – 6. Lebenswoche	U3	Gedeihen, altersgerechte Entwicklung, Vorbeugung des plötzlichen Säuglingstodes, Unfallverhütung
3. – 4. Lebensmonat	U4 Impftermin	Altersgerechte Entwicklung, Ernährung und Verdauung, evtl. Erfassung von Seh- oder Hörstörungen, Impfungen
gegen Ende des 3. und 4. Lebensmonats	Extra-Impftermin	
6. – 7. Lebensmonat	U5	Altersgerechte Entwicklung, Seh- oder Hörstörungen, Ernährung, Zahnpflege
10. – 12. Lebensmonat	U6 Impftermin	Sprachentwicklung, Kontrolle der Beweglichkeit, Körperbeherrschung und Geschicklichkeit, Seh- und Hörvermögen, Ernährung, Zahnpflege, Impfungen
Ab vollendetem 12. Lebensmonat	Extra-Impftermin	
21. – 24. Lebensmonat (13/4 Jahre bis 2 Jahre)	U7	Altersgerechte Entwicklung, Seh- und Hörvermögen, Sprachentwicklung, Kontrolle der Beweglichkeit und Körperbeherrschung, mögliche Verhaltensprobleme, Impfstatus
ab etwa 30. Lebensmonat	halbjährliche zahnärztliche Kontrolluntersuchung	
34. – 36. Lebensmonat (2 Jahre 10 Monate bis 3 Jahre)	U7a	Körperliche und geistige Entwicklung, Seh- und Hörvermögen, Sprachentwicklung, Verhaltensprobleme, Zahngesundheit, Impfstatus
46. – 48. Lebensmonat (3 Jahre + 10 Monate bis 4 Jahre)	U8	Altersgerechte Entwicklung, Seh- und Hörvermögen, mögliche Auffälligkeiten in der Sprachentwicklung, mögliche Verhaltensprobleme, Zähne und Kiefer, Impfstatus
60. – 64. Lebensmonat (5 Jahre bis 5 Jahre + 4 Monate)	U9 Impftermin	Körperliche und geistige Entwicklung, Seh- und Hörvermögen, mögliche Auffälligkeiten in der Sprachentwicklung, Beweglichkeit und Geschicklichkeit
60. – 72. Lebensmonat (5 Jahre bis 56 Jahre)	zahnärztliche Früherkennungsuntersuchung	
ab 7. Lebensjahr (ab 6 Jahre)	halbjährliche zahnärztliche Kontrolluntersuchungen	
9. – 17. Lebensjahr (8 bis 16 Jahre)	eventuell Extra-Impftermin (Auffrischungsimpfung)	
13. – 15. Lebensjahr (12 bis 14 Jahre)	J1 Impftermin	Körperliche Untersuchung, Verlauf der Pubertät, eventuelle Hautprobleme, Gewichtsprobleme, Essstörungen, Impfung

www.kindergesundheit-info.de, Stand September 2010, © BZgA, Köln

Eigenverantwortung und Haltung

INFO

Untersuchungen haben gezeigt, dass „der tägliche Apfel“ der Gesundheit nachweislich gut tut. Ein Apfel oder eine Banane sind das ideale **Obst** für unterwegs und ein vitaminreicher Pausensnack.

Lebensfreude entwickeln tut einfach gut, das kann über Entspannung geschehen, bei einem Spaziergang oder Freizeitaktivitäten, die die Sinne ansprechen (Buch lesen, Musik hören, Tanzen gehen, Sport treiben).

Stress vermeiden und mit Stress umgehen können, ist wichtig, um sich gesund zu erhalten. Entspannungstraining hilft beim Stressabbau.

Einfache Regeln für ein gesundheitsbewusstes Leben sind allgemein bekannt. Doch selbst ein sehr gesundheitsbewusstes Verhalten ist keine Garantie für das „Gesund sein“ an sich. Hier kommen tagtäglich viele Faktoren und Ereignisse zusammen, da gibt es tragische Unfälle und Katastrophen verschiedener Art, die von jetzt auf gleich ein Leben dramatisch verändern können. Gesundheitsvorsorge und Gesundheitsversorgung sind zwei wichtige Säulen der Gesundheit.

Patient und Arzt bilden über den medizinischen Fall und die medizinische Betreuung eine verantwortungsvolle Gemeinschaft. Patienten haben das Recht auf eine bestmögliche medizinische Versorgung und die Verpflichtung, die ärztlichen Verordnungen zu beachten.

So sehr die medizinische Wissenschaft ständig neue Erkenntnisse gewinnt, kommt sie nicht aus ohne traditionelle Heilweisen. Diese beginnen mit dem persönlichen Gespräch. Damit die Menschen erfassen, was sie selbst für ihre Gesunderhaltung tun können, müssen die Informationen verständlich sein. Einiges sind alte Weisheiten, die wieder aktualisiert werden müssen.

Jedem einzelnen muss die Bedeutung von Haltung und Bewegung klar werden. Geeignete Gymnastik ist ein kostenloses Training für die Wirbelsäule. Auch rückenschonendes Heben und Tragen ist von Bedeutung und muss beachtet werden. In der „Rückenschule“ kann das gelernt werden. Bei der Ernährung gehört eine leichte mediterrane Kost mit viel Obst und Gemüse und ausreichend Trinken (1 ½ bis 2 Liter Wasser am Tag) zur nachweislich gesunden Art.

1. Welches sind deine Vorstellungen von gesundheitsbewusstem Verhalten? Skizziere sie in einer MindMap.

2. a) Stellt aus der Bibliothek eine Bücherkiste zusammen mit Titeln zur Gesundheit und ermittelt, welche Rubriken häufig vorkommen.
b) Bearbeitet in Partnerarbeit eine der Rubriken genauer.
c) Fasst eure Ergebnisse auf einem Plakat zusammen und präsentiert sie der Gruppe.

„Viele Menschen versäumen das kleine Glück, während sie auf das große vergebens warten.“ (Pearl S. Buck, Schriftstellerin, 1892-1973)

3. Es gibt viele Zitate über das Glück. Schreibe einige Beispiele in Schönschrift auf Karten und illustriere die Texte. Tauscht eure Glückskarten aus.

4. Lege dir ein Notizheft an, in dem du über mindestens zehn Tage an jedem Abend notierst, was heute gut gelungen ist und wofür du DANKE sagen könntest.

Prävention von Alkoholmissbrauch

Die Schlagzeilen sind bekannt: Jugendliche kommen in die Notfallaufnahmen und die Diagnose lautet: Schwere Alkoholvergiftung. Patient, Erziehungsberechtigte und Ärzte müssen ein klärendes Gespräch führen, das aufzeigt, welches die Folgeschäden sein können und was gemeinsam zu tun ist, damit es hier keine Wiederholung gibt.

Q

Diane Kruger, Hollywood-Filmstar aus Algermissen bei Hildesheim. Frage: „Was war so schwierig an Ihren Lebensumständen?"

Diane Kruger: „Mein Vater hat sein Leben lang gegen seine Alkoholsucht gekämpft. Ich musste früh lernen, wie man mit solchen Dramen klarkommt. Wegen der Krankheit meines Vaters hat meine Mutter gearbeitet und den Lebensunterhalt für uns verdient. Sie war zwar stark. Aber als Älteste habe ich auch immer die Zweifel, Ängste und Kämpfe mitbekommen. Dadurch habe ich mir geschworen, niemals von jemandem abhängig zu sein – schon gar nicht von Alkohol und Drogen. Und es gibt eine Frage, die mich seitdem beschäftigt – wieso Menschen dort landen, wo sie landen."

Diane Kruger

Quelle: Hildesheimer Allgemeine Zeitung, Sonnabend 14. Mai 2011, zitiert nach Glamour 2009

INFO

Präventionsprojekt
HaLT – Hart am Limit
www.halt-projekte.de

Selbsthilfe-Landesverbände in Niedersachsen

Zu allen möglichen Krankheiten (z. B. Aids, Diabetes, Krebs, Multiple Sklerose, Rheuma) gibt es Selbsthilfeorganisationen, die sich dafür einsetzen, Angebote der Beratung und Unterstützung zu machen, die den Menschen im Umgang mit der Krankheit helfen sollen.

In Deutschland sind etwa 500 000 regionale Selbsthilfegruppen verzeichnet. Im Internet sind Selbsthilfenetzwerke schnell zu finden, sie sind nach Stichworten alphabetisch und nach Regionen sortiert. Selbsthilfegruppen, Selbsthilfeorganisationen und Selbsthilfekontaktstellen werden auf Antrag von Krankenkassen und öffentlichen Haushalten gefördert, sofern sie die in diesen Grundsätzen beschriebenen Voraussetzungen erfüllen. In Selbsthilfeverbänden organisieren sich Menschen ehrenamtlich, um sich überregional für ihr Problem oder ihre Erkrankung und die davon Betroffenen einzusetzen. Sie unterstützen Selbsthilfegruppen, vertreten die Interessen der Betroffenen, initiieren, koordinieren und unterstützen die Gründung von Selbsthilfegruppen, informieren und beraten auch Menschen, die nicht Mitglied einer Selbsthilfegruppe sind.

1. Nennt Gründe für die Wichtigkeit einer Selbsthilfeorganisation.

2. Welche Selbsthilfeorganisationen gibt es in eurer Umgebung (Gemeinde, Stadt, Kreisstadt)?

3. Stellt zu einer Selbsthilfeorganisation zusammen, welche Angebote sie bereit hält.

3 Diagnose, Heilung und Wohlbefinden

Die Patientenaufnahme in einer Arztpraxis oder im Krankenhaus beginnt nach der Erfassung der Daten und Anamnese (Befragung zur Krankheitsvorgeschichte) mit ärztlichen Untersuchungen und der Ermittlung von Laborwerten. Nach der Diagnose werden Maßnahmen eingeleitet (z. B. Operationen, Medikamenteneinstellung, Therapien). Die medizinische Erstversorgung steht am Anfang einer Erkrankung, Nachsorge und Rehabilitationen ergänzen die medizinische Versorgung bis zur Heilung. Bei einer notwendigen Langzeitpflege steht ein Wechsel an vom Krankenhaus zu einer Pflegeeinrichtung.

In der medizinischen Versorgung ist es für die Patienten existentiell notwendig, dass sie mit ausreichend Nährstoffen und Flüssigkeit versorgt sind. So simpel das klingt, doch besonders im Sommer gibt es auch Einweisungen in der Notaufnahme, weil bei tropischen Temperaturen der Flüssigkeitshaushalt durcheinander geraten ist und zu Herz-Kreislaufproblemen führt. Meist folgt bereits nach der ersten Infusion eine deutliche Besserung. Wir können zwar einige Zeit ohne Essen auskommen, doch ohne Trinken geht es nicht lange gut.

Mineralwasser im Glas

Wasser als Lebensquelle

Ohne Wasser können wir nicht leben.
Das Getränk „Wasser" sprudelt in der Natur aus unterschiedlichen Quellen und in unterschiedlichen Qualitäten. Allein in Deutschland gibt es etwa 500 Marken-Wasser. Die Gütekriterien sind in der Mineral- und Trinkwasserverordnung genau erfasst. Regelmäßige Untersuchungen in unabhängigen Instituten sind den Getränkeherstellern eine Verpflichtung. Auf dem Etikett jeder Wasserflasche sind die Inhaltsstoffe genau aufgelistet.

Mineralwasser stammt aus unterirdischen, vor Verunreinigungen geschützten Quellen und wird direkt an der Quelle abgefüllt. Damit ein Wasser als Mineralwasser verkauft werden darf, muss es einen bestimmten Gehalt an Mineralstoffen und Spurenelementen aufweisen.

Heilwasser stammt genauso wie Mineralwasser aus unterirdischen, vor Verunreinigungen geschützten Quellen und wird direkt an der Quelle abgefüllt. Heilwasser besitzt eine heilende, lindernde und vorbeugende Wirkung. Dies muss wissenschaftlich nachgewiesen und amtlich anerkannt werden.

Quellwasser stammt ebenfalls aus unterirdischen Quellen und wird direkt an der Quelle abgefüllt. Anders als Mineralwasser und Heilwasser braucht es aber keine amtliche Anerkennung. Von der Zusammensetzung her muss Quellwasser den Vorschriften genügen, die für Trinkwasser vorgeschrieben sind.

INFO

Mineral- und Tafelwasser-Verordnung vom 1. August 1984 (BGBl. I S. 1036), die zuletzt durch Artikel 1 der Verordnung vom 1. Dezember 2006 (BGBl. I S. 2762) geändert worden ist

Tafelwasser ist kein direkt aus einer Quelle gewonnenes Naturprodukt. Es kann an jedem beliebigen Ort hergestellt und abgefüllt werden.

Leitungswasser/Trinkwasser besteht zu 2/3 aus Grundwasser und zu 1/3 aus Oberflächenwasser, das aus Seen oder Talsperren entnommen wird. Damit es hygienisch-bakteriell einwandfrei ist, wird es entsprechend aufbereitet und gemäß der Trinkwasserverordnung regelmäßig kontrolliert. Kontrolliertes Trinkwasser kommt über die Wasserversorgungsbetriebe in den Haushalten an. Wie gut das Leistungswasser an den Endabnahmestellen jedoch ist, liegt auch an der Qualität der Hausinstallation.

Wasserwerk in Hamburg

Wasser und Wellness zur Vorbeugung und Heilung

Die Hydrotherapie nach Sebastian Kneipp ist ein hoch entwickeltes, individuell auf die Bedürfnisse des Einzelnen abgestimmtes Wasserheilverfahren. Es gibt erfrischende, beruhigende, stabilisierende und/oder alle Körpersysteme harmonisierende Bäder, Wassertreten, Wassergüsse, Wechselduschen zwischen warm und kalt. In regionalen Kneipp-Vereinen treffen sich die Mitglieder zu Vorträgen, Wanderungen und wenden die Lehren von Sebastian Kneipp an.

INFO

„Lernt das Wasser richtig kennen, und es wird euch stets ein verlässlicher Freund sein."
Pfarrer Sebastian Kneipp
www.kneippbund.de

Mehrtägige „Kneippkuren" sind jedoch nur eine Möglichkeit zur Behandlung von Krankheiten und zur Vorbeugung. Viele andere Heil- und Kurverfahren werden angeboten, teilweise als Angebote der Privaten und Gesetzlichen Krankenkassen. Entscheidend ist hierfür die ärztliche Verordnung. Bei längeren Aufenthalten an Kurorten treffen die Gäste auf ein geschultes Personal mit beruflichen Qualifikationen, die ausgerichtet sind auf die Gesunderhaltung und auf die Wiederherstellung der Gesundheit.

Wellness-Wochenende

Ab und zu „die Seele baumeln lassen", sich entspannen, seinen Körper und auch seinen Geist verwöhnen und aktiv etwas für die Gesundheit tun, umschreibt den Begriff „Wellness". Hier hat der Tourismus ein neues Feld erschlossen. Hotels stellen eigene Wellness-Programme zusammen und nutzen den Trend, dass viele Gäste für ein Wochenende verreisen. Hier finden sich neue Berufe, z. B.:

INFO

www.wellness-verband.de
www.kurz-nah-weg.de

Kauffrau/Kaufmann für Tourismus und Freizeit

Drei Jahre dauert die duale Ausbildung in der Berufsschule und im Betrieb (Tourismusbüros, Wellnesshotels, Kureinrichtungen, Ausflugs- und Kreuzfahrtunternehmen, Erlebnisbäder). Kommunikationsfähigkeit, Kunden- und Serviceorientierung wird gebraucht. Die Kauffrau/der Kaufmann für Tourismus und Freizeit berücksichtigt individuelle Kundenwünsche, plant Veranstaltungen, entwickelt, vermittelt und verkauft touristische Produkte und Dienstleistungen.

Ambulante Pflege

Essen auf Rädern

Medikamentengabe

4 Pflege

Pflege von Menschen geschieht, wenn durch Alter, Krankheit oder Unfall der Pflegefall beginnt. Dann müssen sich andere um die Grundversorgung kümmern. Die Pflegeart ist ausgerichtet an der Pflegenotwendigkeit. In Pflegeeinrichtungen gibt es Kurzzeitpflege, Tagespflege und Verhinderungspflege. Wenn Menschen in ihrer gewohnten Umgebung bleiben wollen, können sie die ambulanten Pflegedienste anwählen. Häufig kommen weitere Dienstleistungen dazu, wie etwa „das Essen auf Rädern" oder eine ambulante Physiotherapie. Je nach der festgestellten Pflegestufe wird der Pflegegrundbedarf über die gesetzliche Pflegeversicherung finanziert.

INFO

Im Sinne des § 14 **SGB XI** gilt als pflegebedürftig, wer für mindestens sechs Monate in Folge in erheblichem Maße Hilfe bei der Verrichtung des täglichen Lebens braucht und täglich bei mindestens zwei Verrichtungen aus dem Bereich Körperpflege, Ernährung, Mobilität oder Haushaltsführung Unterstützung benötigt.

Wer teilweise oder in verstärktem Maße nicht in der Lage ist, täglich für sich selbst zu sorgen, bedarf der Pflege von Fachkräften:

1. Essen
2. Baden
3. Waschen
4. An- und Auskleiden
5. Stuhlkontrolle
6. Urinkontrolle
7. Toilettenbenutzung
8. Bett-/(Roll-)Stuhltransfer
9. Bewegung
10. Treppensteigen

In Pflegeeinrichtungen arbeiten ausgebildete Fachkräfte, die nach ärztlicher Verordnung genau auf die einzelnen Patientinnen und Patienten abgestimmte Behandlungen durchführen.

1. Ermittelt das Pflegeangebot in eurem Wohnort.

2. Beschreibt die Auswahl der Dienstleistungen.

3. Skizziert ein Szenario über die Pflegesituation von 2050.

Wohnen im Alter – Verschiedene Möglichkeiten

So verschieden Menschen leben und wohnen, wie sie sich einrichten, was sie an ihrer Umgebung schätzen oder welche Hobbys sie haben, prägt ihren Alltag. Auch im Alter gibt es viele Möglichkeiten.

Handarbeiten im Seniorenheim

Q Frau Zimmermann zieht um. 57 Jahre lang hat sie in ihrer Wohnung im Süden von Berlin gelebt, zuletzt allein. Jetzt mit 84 Jahren, packte sie ihre Koffer. Ihr Ziel: ein Altenheim. Die Geschichte einer schweren Entscheidung. […] Im vergangenen Herbst, an einem Montag, hatte ihre Hausärztin sie in den Arm genommen und gesagt, vielleicht sei das jetzt das Beste, ein Altersheim. […] Es ist nicht so einfach, einen Lebensabschnitt zu beginnen, wenn er nicht nur neu, sondern vor allem der letzte ist. […] Frau Zimmermann fing an, Buchstaben in der Wohnung zu verteilen. KW, KB, KMW. Kann weg, kann bleiben, kann möglicherweise weg. […] Das Altersheim heißt Seniorenhaus. Ein Seniorenhaus, das sich überall Mühe gibt, ein Zuhause zu sein. […] Die ersten 50, 60, 70 Tage ihres neuen Lebens hatte Frau Zimmermann ziemlich vollgepackt. […] Von der Tür bis zum Fenster sind es exakt acht Schritte, links die Haken der Garderobe, rechts die angelehnte Badezimmertür, vorne der Wintergarten, so wie in allen Nachbarzimmern auch, der Teppich macht die Schritte stumm, das leise Rumpeln kommt von den Wagen, die draußen über den Flur gefahren werden, die Schwestern klopfen, bevor sie hereinkommen, nur in der Nacht tun sie das nicht. […] Frau Zimmermann hat einige Leute kennengelernt in den vergangenen Wochen. Montag ist Gedächtnisgruppe, Dienstag Turnen, Freitag Singen, da geht sie fast immer hin […] Nur Zuhause hat sie ihr neues Zuhause noch kein einziges Mal genannt.

Quelle: Welt am Sonntag, 15. Mai 2011, Titelthema

1. Was musste Frau Zimmermann für den Umzug in das Seniorenheim bewältigen?

2. Beschreibt, weshalb ihr der Umzug schwer gefallen ist und weshalb sie noch nicht von ihrem Zuhause spricht.

Ein Seniorenheim

Aktives Senioren-Ehepaar

B Walter und Gerda haben im Sommer ihre Goldene Hochzeit gefeiert. Ihre drei Kinder leben mit ihren Familien weit entfernt vom Heimatort Klein Himstedt und keine hätte je vor, das Elternhaus zu übernehmen. Der Flyer über ein Bauprojekt bringt das alte Ehepaar zum Nachdenken. Barrierefreies Wohnen und Betreuungsangebote nach Bedarf findet ihre Aufmerksamkeit. Sie überlegen alles sehr genau und fassen den Entschluss, ihr Haus zu verkaufen und sich im betreuten Wohnen einzumieten: zwei große, helle Zimmer, ein geräumiges Bad, eingerichtete Kochnische, Balkon mit Aussicht ins Grüne, Fahrstuhl, Gemeinschaftsräume, Tiefgarage. Da beide gerne kochen, verpflegen sie sich selbst. Ihr Auto behalten sie. Wenn sie mal wieder ihre Kinder in Hamburg, Göttingen oder Leipzig besuchen, melden sie das an der Rezeption. Dort kommt auch ihre Post an. Und wenn ihre Kinder zu Besuch kommen, können sie den Veranstaltungsraum buchen.

B Horst und Ulla haben sich im Studium kennengelernt. Damals hatten sie eine Wohngemeinschaft. Insgesamt fünf Studenten lebten in der Altbauwohnung nahe Tübingen. Gemeinsam konnten sie die Mietkosten gut tragen. Ihre WG funktionierte, weil sie alle Ämter nach einem Organisationsplan vergeben hatten. Noch heute halten sie den Kontakt. Nach vierzig Berufsjahren mit vielen Wohnortwechseln zieht es die beiden nach Bremen. Dort existiert bereits eine Wohngemeinschaft in einer alten Villa, die eine Wohneinheit frei hat. Um dort einziehen zu können, müssen sie sich bewerben.

1. Walter, Gerda, Horst und Ulla sind in einer Talkrunde eingeladen.
Thema: Alternative Wohnformen im Alter.
Verteilt die Rollen, bestimmt einen Moderator/eine Moderatorin und bezieht das Publikum ein. Nach der Begrüßung folgen die Statements und die Fragen der Zuschauer. Eine Gruppe übernimmt die Rolle der Beobachter. Fasst im Anschluss an die Talkrunde die Ergebnisse zusammen.

Berufe in Pflege und Therapie

Wer in seiner Beweglichkeit vorübergehend oder dauerhaft eingeschränkt ist, braucht die Unterstützung von Fachkräften. Physiotherapie oder Ergotherapie sollen die körperliche Mobilität der Patienten wieder ermöglichen und verbessern. In der Rehabilitation von Patienten, deren Sprachzentrum beeinträchtigt ist, werden Logopäden gebraucht. All diese Berufe erfordern einen gründliche Ausbildung und Fachkompetenz. Sie bieten sich dann auch zur Existenzgründung an. Die berufliche Selbstständigkeit will wohl überlegt sein. Wichtig ist eine gute Information und Planung. Es gibt auch Firmen, die einen Nachfolger oder eine Nachfolgerin suchen.

Physiotherapeutin/Physiotherapeut

Zum Arbeitsfeld zählen Krankenhäuser, Vorsorge- und Rehabilitationskliniken, Facharzt- und physiotherapeutische Praxen, Altenheime und Einrichtungen zur Pflege von Menschen mit Beeinträchtigungen. Sorgfalt, Einfühlungsvermögen und Verantwortungsbewusstsein sind unbedingt notwendig, um den Beruf auszuüben. Auf der Basis ärztlicher Diagnosen werden Therapiepläne für Menschen erstellt, deren körperliche Bewegungsmöglichkeiten altersbedingt oder krankheitsbedingt eingeschränkt sind. Krankengymnastische Übungen, Wärmebehandlungen, Massagen, elektro- oder hydrotherapeutische Maßnahmen können Teil der Behandlung sein.

Ergotherapeutin/Ergotherapeut

Zum Arbeitsfeld zählen Krankenhäuser und Rehabilitationskliniken, Praxen für Ergotherapie, Altenheime, Tages- und Wohnheime für Menschen mit Behinderungen, pädagogische Einrichtungen und Förderzentren. Verantwortungsbewusstsein, Einfühlungsvermögen und Sorgfalt sind Grundvoraussetzung. Im Arbeitsalltag erstellen sie Therapie- und Behandlungspläne für einzelne Patienten und streben an, zeitweilige Beeinträchtigungen wieder zur Selbstständigkeit hinzuführen.

Logopäde/Logopädin

Die schulische Ausbildung dauert drei Jahre. Rechtlich ist keine bestimmte schulische oder berufliche Vorbildung vorgeschrieben, das Abitur wird vielfach gewünscht.

Logopäden sollten kommunikationsfähig und musikalisch sein. Gute Kenntnisse in der deutschen Sprache sind notwendig, schließlich zählt die Sprachtherapie bei Patienten zu den speziellen Aufgaben in diesem Beruf. Eine Perspektive ist für Logopäden die Selbstständigkeit. Sie können eine eigene Praxis für Logopädie eröffnen. Viele Logopäden spezialisieren sich auch auf Fachgebiete. Die Weiterbildung führt zu Zusatzqualifikationen in anderen Therapiebereichen. Inzwischen gibt es auch akademische Ausbildungen zum Logopäden und klinischen Linguisten.

INFO

Selbstständigkeit in einem Beruf zu Gesundheit und Pflege
Eine Initiative des Bundesministeriums für Wirtschaft und Technologie – BMWi
Das Existenzgründungsportal zeigt für die Heilmittelbranche vier Beispiele: Physiotherapie, Podologie, Logopädie, Ergotherapie.
Das Informationsportal listet gesetzliche Anforderungen auf und was notwendig ist, um die Zulassung durch die Landesverbände der Krankenkassen zu erhalten.
www.existenzgruender.de

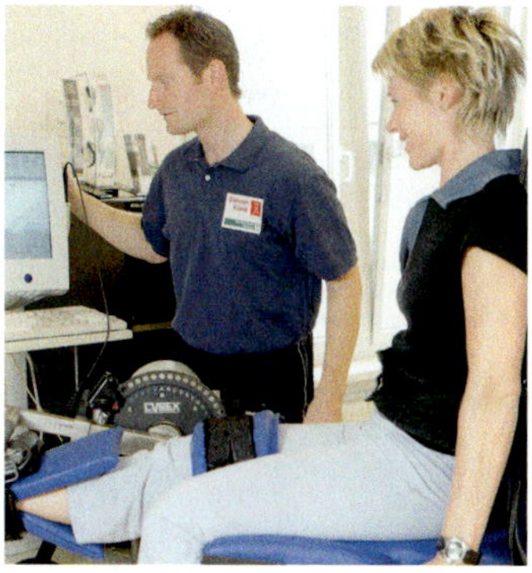

Physiotherapie

Ergotherapie

Vorbereitung

Durchführung

Auswertung

Pinnwandtechnik

Die Pinnwandtechnik ist eine Strategie zur Ideen- und Entscheidungsfindung sowie zur Problem- und Konfliktlösung. Die Prozesse der Verständigung geschehen über die Visualisierung. Die Sachebene steht im Vordergrund.

Vorbereitung

Die Ausstattung muss zur Verfügung stehen. Das sind:
- frei stehende Pinnwände mit Packpapier bedeckt,
- Moderationskoffer mit Karten in verschiedenen Größen und Farben (Pastelltöne, denn die Farbe ist lediglich als Grundierung gemeint, die Schrift soll klar herausgestellt bleiben) und Formen (Streifen für die Fragen, Rechtecke für die Ideen, Ovale und Kreise für die Überschriften) sowie Materialien (Kleber und Schere, Klebepunkte und Symbole) und dicke Stifte.

Durchführung

Moderator/Moderatorin und Gruppe (10 bis 15 Personen) gelangen über Fragen und Impulse und den systematischen Einsatz der Karten (diese werden beschrieben, an die Stellwand gesteckt, umgruppiert, schließlich festgeklebt) zur Visualisierung der Ideen. Pro Karte sollen maximal acht Worte auf drei Zeilen geschrieben werden. Dabei sollte man oben links beginnen und mit Druckbuchstaben ohne Ober- und Unterlängen schreiben. Ein klares Schriftbild ohne Schnörkel sichert die gute Lesbarkeit auf mindestens drei Meter Entfernung. Worte sollten deutlich voneinander getrennt sein, die Buchstaben eines Wortes sollten nah zusammengeschrieben sein. Das Notierte ist mit wenigen zutreffenden Begriffen auf den Punkt gebracht. Ein Farb-, Schrift- und Formwandel verdeutlicht den Bedeutungswandel des Inhalts. Überschriften und Ergebnisse werden mit einer „roten Wolke“ umrahmt. Blitze signalisieren, dass etwas fraglich ist und noch geklärt werden muss. Sonderzeichen und Symbole geben den Aussagen eine stimmungsvolle Verstärkung (z. B. Kleeblatt, Herz, Sonne). Prioritätenbildung erfolgt durch das Punkten (Klebepunkte markieren die Entscheidung/Abstimmung).

Auswertung

Die gemeinsam entwickelten Ideenlandschaften werden sinnvoll umgruppiert, sodass es keine doppelten Karten mehr gibt. Teilüberschriften werden ergänzt. Die so vollendeten Plakate können abschließend erörtert und bewertet werden. Zudem kann aufgrund der Ideenlandschaften ein Katalog von Maßnahmen gemeinsam beschlossen werden.

1. Stellt mithilfe der Pinnwandtechnik Berufe im Bereich von Gesundheit und Pflege zusammen und ordnet sie nach folgenden Punkten:
- Möglichkeiten der Ausbildung
- Möglichkeiten der Weiterbildung

Biografiearbeit in der Pflege

Jeder Mensch hat von Geburt an eine vielfältige eigene Biografie. Um den pflegebedürftigen Menschen besser gerecht zu werden, berücksichtigen die Pflegekräfte die Biografie der einzelnen Patientinnen und Patienten. Wichtig sind Einfühlungsvermögen, Verständnis und Vertrauen. Die Lebenssituationen vor dem Pflegefall müssen berücksichtigt werden. Das soziale und familiale Umfeld gehört zu einer Person, ebenso wie die Lern-, Bildungs- und Kulturbiografie die Persönlichkeit geprägt haben. Fragen zur Biografie eines Menschen sollen dazu beitragen, Zusammenhänge zu verstehen und in der Pflege zu berücksichtigen.

INFO

Soziale Biografie:
Herkunftsfamilie, Freundeskreis, Mitschüler; Lebenslage, materielle Bedingungen

Kulturelle Biografie:
kulturelle Werte, Religionszugehörigkeit, soziokulturelles Milieu, Stadt- oder Landleben

Lern- und Bildungsbiografie:
Schulbildung, Berufsausbildung, Studium

Biografiedaten

Robert, Jahrgang 1929, Versicherungskaufmann, Witwer, zwei Kinder, drei Enkel
Hobby: Kegeln, Gesangsverein

Hans, Jahrgang 1930, selbstständiger Taxifahrer, Witwer, kinderlos
Hobby: Fußball, Skat

Agnes, Jahrgang 1928, Prokuristin im Einzelhandel, ledig
Hobby: Reisen durch Europa

Lore, Jahrgang 1925, Lehrerin, verwitwet, eine Tochter in den USA
Hobby: Lesen und klassische Musik

1. Pflegebedürftigen Menschen zu helfen, ist eine Berufstätigkeit mit hoher Verantwortung und erfordert sehr viel Einfühlungsvermögen. Schon bei der Aufnahme in einer Pflegeeinrichtung ist die Art der Begrüßung wichtig und die Vermittlung von Vertrauen und Geborgenheit.
   a) Überlegt hierzu Szenen zur Aufnahme von Lore, Hans, Agnes und Robert. Beachtet ihre biographischen Daten.
   b) Spielt einige Varianten durch.
   c) Bewertet die Art und Weise einer solchen Aufnahmesituation in der Pflegeeinrichtung.

Häusliches Krankenzimmer

Zur Einrichtung eines häuslichen Krankenzimmers (vorübergehend oder für eine längere Zeit) gibt es eine angemessene Einrichtung und Hilfsmittel. Sanitätshäuser, Krankenkassen und soziale Einrichtungen halten diese Hilfsmittel je nach Bedarf und ärztlicher Verordnung bereit, z. B. Krankenbett, Rollstuhl, Rollator, Gehilfen, Toilettenstuhl.

In jedem Fall von längerer Krankheit und Pflege zu Hause braucht es die medizinische Versorgung sowie die Einbeziehung der Pflegedienste. Die Kosten der Dienstleistungen von kranken- und pflegebedürftigen Menschen werden je nach der festgestellten Pflegestufe von der gesetzlichen Pflegeversicherung übernommen.

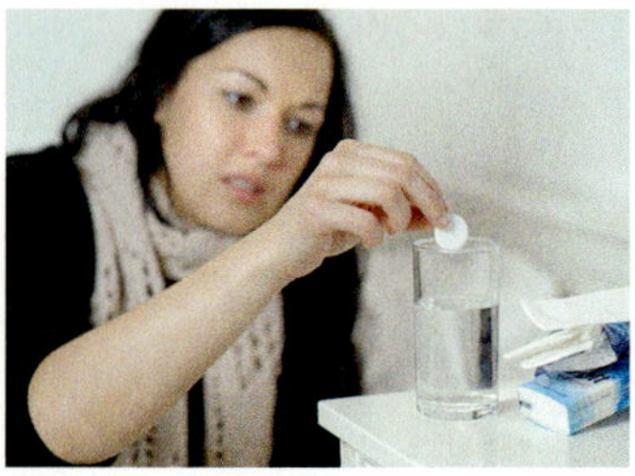
Medikamente in Griffweite

Jedes häusliche Krankenzimmer sollte lichtdurchflutet, wohltemperiert und belüftet sein. Alles, was zur Genesung beiträgt, sollte in Reichweite vorhanden sein. Alle Medikamente sollten nach Vorschrift bereit gehalten werden und wie ärztlich verordnet eingenommen werden. Alle notwendigen medizinischen Hilfsmittel sollten bereit stehen. Die Möbel, das Bett und die Sitzgelegenheiten sollten so angeordnet sein, das die Wege im Raum ohne Stolperfallen sind.

Die häusliche Pflege kann unterstützt werden von Hausnotrufzentralen, ambulanten Pflegediensten, dem Menübringdienst, mobilen medizinischen Fachkräften (Ergotherapeuten, Physiotherapeuten u. a.). Die häusliche Pflege hat dort Grenzen, wo die medizinische Versorgung besser in Krankenhäusern und Pflegeeinrichtungen bewältigt werden kann. Dort stehen alle notwendigen medizintechnischen Geräte bereit und die Versorgung mit Fachkräften ist rund um die Uhr sichergestellt.

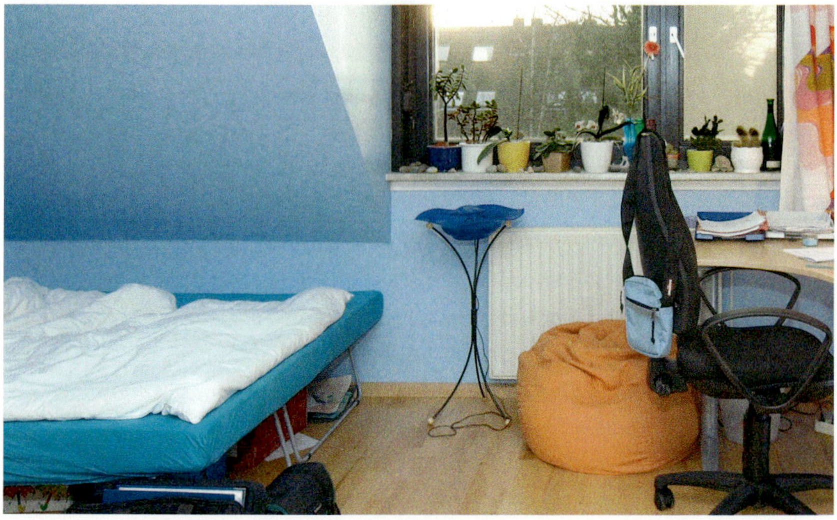
Häusliches Krankenzimmer: Hell und aufgeräumt

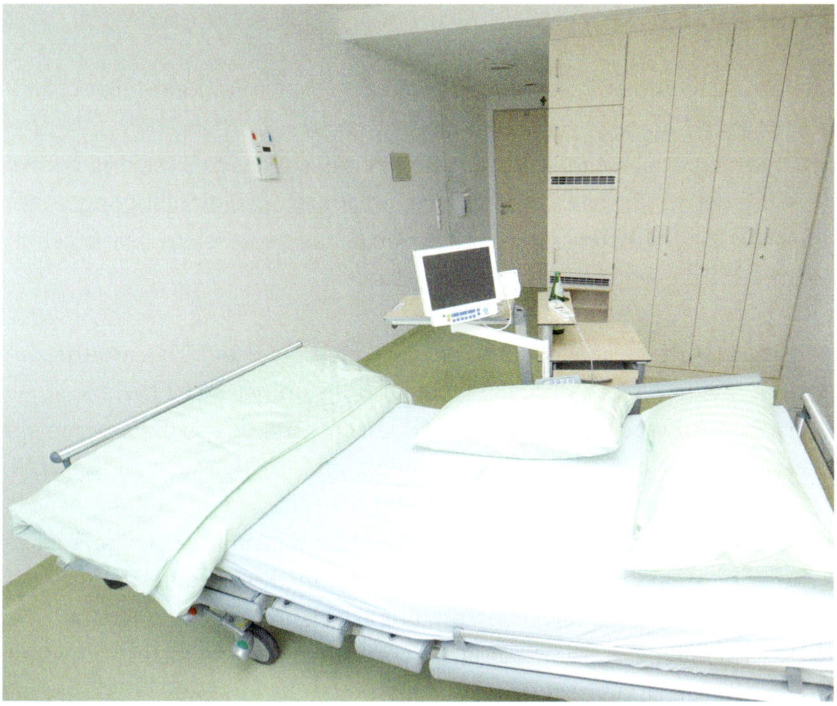

Krankenzimmer im Krankenhaus

B Wer Kopfschmerzen hat, braucht Ruhe, kein grelles Licht und viel Mineralwasser zum Trinken. Ein kaltes, feuchtes Tuch, auf die Stirn gelegt, kann Linderung bringen.
Wer eine Erkältung auskurieren muss, braucht jede Menge Taschentücher, viel guten Tee und vielleicht ein spannendes Buch zum Zeitvertreib.
Wer eine Magen- und Darmverstimmung hat, braucht einen kurzen Weg zur Toilette sowie viel guten Schwarzen Tee (Assam mit braunem Kandis) und frisches Wasser, damit der Körper ausreichend mit Flüssigkeit versorgt ist.
Wer eine Zahnoperation hatte, braucht kleine Kühlpacks und Ruhe, natürlich ausreichend Flüssigkeit, zum Beispiel Grünen Tee und Wasser, dazu ein spannendes Buch zum Zeitvertreib.
Wer eine akute Krankheit hat oder einen Unfall erleidet, braucht den Notruf 112 und gehört in der Regel sofort ins Krankenhaus zur stationären Behandlung.

1. Worin unterscheiden sich die Bedürfnisse von Menschen hinsichtlich einer kurzfristigen bzw. einer dauerhaften Pflege? Erstellt eine Tabelle.

2. Welche Unterstützung der Pflege zu Haus in der gewohnten Umgebung wird in eurem Wohnort angeboten?

3. Diskutiert als pro und kontra die Themen „Häusliche Pflege" und „Pflege in Pflegeeinrichtungen".

5 Inklusion

Das Wort „Inklusion" kommt aus dem Lateinischen (inclusio – Einschluss) und bedeutet Einbeziehung und Zugehörigkeit aller Menschen. Inklusion geht aus von einer vielfältigen Gesellschaft und davon, dass es völlig normal ist, verschieden zu sein. Und dass Menschen mit Beeinträchtigungen alle mögliche Unterstützung bekommen, den Alltag zu meistern. Dazu gehört beispielsweise eine barrierefreie Umgebung.

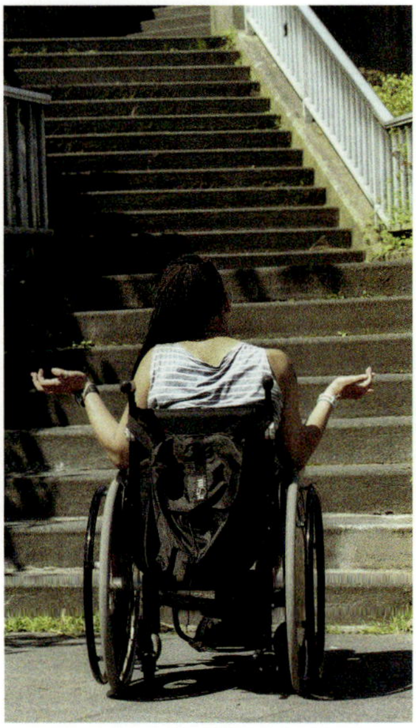

Probleme im Rollstuhl

Q „Ganz normal, oder? Evelyn rollt...: wie sich das anfühlt, im Selbstversuch nur einen Tag im Rollstuhl zu sitzen [...]
„Nein, ich brauche keine Hilfe und ja, ich kann das alleine – noch ein einziges Wort und ich springe auf und schrei'!" [...]Ich sitze im Rollstuhl, freiwillig, aber mittlerweile gereizt und schlecht gelaunt. Anfangs war es noch ganz gemütlich, mich durch den Park schieben zu lassen. Weil es bequem ist und ich weiß, dass ich jederzeit wieder aufstehen kann. Aber was ich anfänglich als Unterstützung empfand, fühlt sich jetzt an wie Bevormundung. Natürlich komme ich dorthin, wo ich möchte – aber nur mit Ansage. Und wer bittet schon gerne ständig um Hilfe? [...]

Ich rolle Richtung Behindertentoilette, die es im Multiplexkino zum Glück gibt. Eine Schiebetüre wäre schön gewesen. Ich hänge an der Tür, rangiere nach vorne, nach hinten, stecke irgendwann in der Tür fest, reiße mich los und bin endlich drin. Und jetzt? Weiter so tun, als könnte ich nicht laufen? Mich auf diese Toilette hieven, alleine? Ich stehe einfach auf – ja, ich bräuchte Hilfe und nein, ich kann das nicht alleine! [...]

Essen gehen ist hier kein Problem: Eine Rampe verspricht barrierefreien Zugang zur Mensa. [...] Auch die Verkäuferinnen waren alle sehr nett. Nur weil ich im Rollstuhl sitze? [...] Wo ist denn hier an der Aufzug, damit ich in den ersten Stock komme? Zwei Türen später, die ich ohne Hilfe nicht aufbekomme, betreibe ich Millimeterarbeit, um in den Lift zu kommen. Ich mag nicht mehr im Rollstuhl sitzen. Hänge wieder fest, meine Bewegungen werden ungestüm. Innerlich schimpfe ich wie ein Rohrspatz, ich fluche. [...]"

Quelle: www.audimax.de/rollstuhl

1. Welche Barrieren zeigt der Alltag im Rollstuhl? Nenne Barrieren aus dem Beispiel.

2. Was könnte getan werden, um a) Städte und Dörfer, b) Häuser und Wohnungen barrierefrei zu gestalten? Notiert für jeden Punkt den Ist-Zustand und den Soll-Zustand.

3. Sucht in eurem Umfeld (Schule, Straße, Wohnort) nach Beispielen für eine barrierefreie Umgebung und stellt diese in der Klasse vor.

Integration/Inklusion in der Vorschulpädagogik

Alle Kinder können voneinander lernen. Und so nehmen Kindertageseinrichtungen mit Inklusionskonzept eben ganz einfach alle Kinder auf. Das Zusammenleben wird von allen als selbstverständlich erlebt. Mit einzelnen körperlichen oder geistigen Schwächen oder Behinderungen (beispielsweise Wahrnehmungsstörungen, Entwicklungsverzögerungen oder Sprachauffälligkeiten) wird unbefangen umgegangen. Hauptziel der Förderung ist, dass sich die sozial-emotionalen, kommunikativen, kognitiven und physischen Bereiche des Kindes in einem harmonischen Zusammenhang entwickeln.

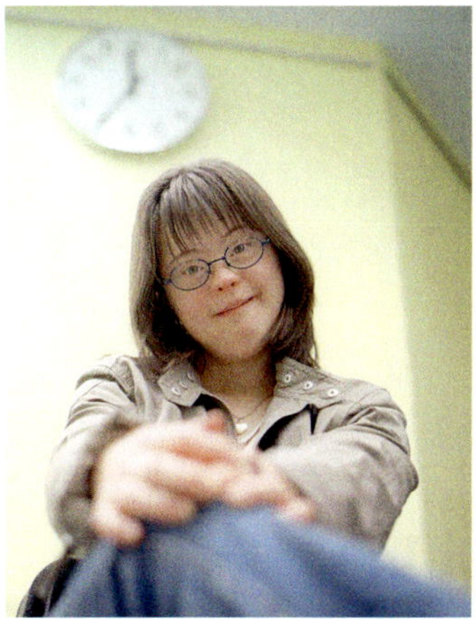

Inklusion eines Mädchens mit Down-Syndrom

2006 haben die Vereinten Nationen das Übereinkommen über die Rechte von Menschen mit Behinderungen verabschiedet. In der Bundesrepublik Deutschland ist die UN-Behindertenrechtskonvention 2009 in Kraft getreten. Selbstverständliches Dabeisein und eine aktive, möglichst uneingeschränkte Teilnahme am täglichen Leben ist das Ziel. Unter anderem erkennt Artikel 24 der Konvention das Recht auf Bildung und die Pflicht auf Gewährleistung eines inklusiven Bildungssystems auf allen Ebenen an. Krippen, Kindertagesstätten und Schulen müssen so ausgestattet werden, dass sie kein Kind aussondern.

INFO

Das Internetportal **www.familien-mit-zukunft.de** ist ein Projekt des Niedersächsischen Ministeriums für Soziales, Frauen, Familie, Gesundheit und Integration und Bestandteil des Landesprogramms „Familien mit Zukunft - Kinder bilden und betreuen".

Mit dem neuen Kinderförderungsgesetz (KiföG) besteht in Deutschland außerdem ab 2013 für alle ein- bis dreijährigen Kinder ein individuell einklagbarer Rechtsanspruch auf einen bedarfsgerechten Betreuungsplatz. Nach dem Niedersächsischen Gesetz über Tageseinrichtungen für Kinder (KitaG) müssen die öffentlichen Träger der Jugendhilfe die gemeinsame Erziehung von Kindern mit und ohne Behinderung nach Möglichkeit in ortsnahen Kindertagesstätten gewährleisten (§§ 3,6 und 13,2 KitaG). Inklusion in der Vorschulpädagogik braucht eigene Programme und eine pädagogische Zusammenarbeit mit Institutionen des Gesundheitswesens, mit Kinder- und Jugendärzten und dem jugendärztlichen Dienst der Gesundheitsämter. Die Eltern müssen einbezogen und über die Entwicklung des Kindes informiert werden. Für jedes einzelne Kind ist ein Förderplan aufzustellen. Ebenso muss rechtzeitig dafür gesorgt werden, dass der Übergang zur Grundschule vielfältig vorbereitet wird.

1. Entwickelt eine Skizze über die Anforderungen an eine Kindertagesstätte, in der die Inklusion beginnt.

2. Erkundet Kindertageseinrichtungen unter dem Aspekt von Vielfalt und Inklusion.

3. Befragt Experten in Kindertageseinrichtungen zur Inklusion.

4. Erörtert eure Ergebnisse und notiert, was schon gut gelingt und was noch zu verbessern ist.

Ihr könnt nun:
- Medizinische Versorgung, „Erste Hilfe“ und Vorsorge beschreiben,
- Handlungsfelder der Gesundheitsförderung und Prävention aufzeigen,
- Eigenverantwortung darstellen,
- Inklusion als Begriff benennen,
- Pflegesituationen reflektieren,
- Berufe aus den Bereichen von „Gesundheit und Pflege“ nennen,
- Ausbildungs- und Weiterbildungsmöglichkeiten auflisten.

Mit folgenden Aufgaben könnt ihr euer Wissen überprüfen:

1. Welche Inhalte gehören zu einem Erste-Hilfe-Grundkurs?

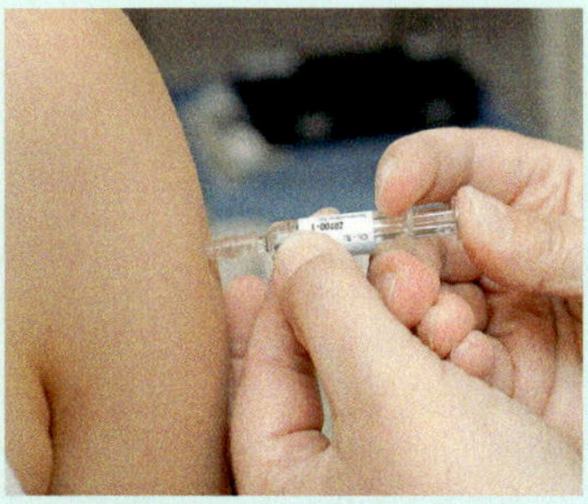

Impfung

2. Inwiefern dienen Vorsorgeuntersuchungen der Gesundheit?

3. Was umfasst die U1-U9 Vorsorgeuntersuchungen?

4. „Lebe mit Herz und Seele“ – interpretiere diesen Ausspruch.

5. Beschreibe die Aufgaben von Selbsthilfeorganisationen.

Treffen einer Selbsthilfegruppe

6. „Ohne Wasser kein Leben“ – was bedeutet dieser Ausspruch?

7. a) Welche Folgen hat die demographische Entwicklung auf den Arbeitsmarkt der Zukunft?
b) Welche Berufe werden besonders gebraucht?

8. Notiere verschiedene Möglichkeiten des Wohnens im Alter.

9. Definiere den Begriff „Wellness". Wie könnte ein Wellness-Wochenende gestaltet sein?

B Franka beginnt den Tag mit einem Glas heißem Wasser. Je nach Wetterlage läuft sie eine halbe Stunde oder zieht ihr Gymnastikprogramm durch, anschließend braucht sie eine Dusche und wechselt dabei die Temperatur, warm-kalt, warm kalt, mit kaltem Wasser hört es auf. Nach einem ordentlichen Frühstück geht Franka zum Bus und fährt zur Arbeit. Sie ist Controllerin bei einer Krankenversicherung. Als kleine Zwischenmahlzeit hat sie mal einen Apfel oder eine Banane dabei oder ein paar Mohrrüben. In der Kantine gibt es vielfältiges Mittagsangebot, frisch, leicht und schmackhaft. Schokolade isst sie nicht, sie genießt Schokolade, ab und zu ein Stückchen. Den Feierabend gestaltet sie so, dass Entspannung, Lesen und Treffen im Freundeskreis fest eingeplant sind. Im Frühling und Herbst gönnt sie sich ein Wellness-Wochenende. Beim Klassentreffen wundert sich eine Schulfreundin, wie gut Franka drauf ist, prima gelaunt, irgendwie rundum fit und bittet um Tipps

Wellness-Wochenende

10. Was braucht eine Kindertageseinrichtung, um Inklusion zu ermöglichen?

B Björn ist Erzieher. In seiner Kindertagesstätte soll Inklusion ermöglicht werden. Bei einer Fortbildung zur inklusiven Frühpädagogik notiert er wichtige Punkte: Gebäude und Gelände der Kita sind barrierefrei. Jeder ist willkommen. Alle gehen respektvoll miteinander um. Die Beschäftigten arbeiten vertrauensvoll und teamorientiert zusammen. Alle werden nach ihren individuellen Bedürfnissen gefördert. Die Kinder helfen einander. Elternarbeit findet täglich statt. Inklusion ist Teil der Vielfalt (Diversität). Alle bilden eine Gemeinschaft.

Inklusion in einer Kindertagesstätte

aggressiv: angriffslustig.

akzeptieren: annehmen.

anonym: ungenannt, ohne Nennung des Namens.

ästhetische Bildung: künstlerische, gestalterische Bildung.

Biografie: Der Lebenslauf eines Menschen wird in der Biografie festgehalten. Wer selbst über sein Leben berichtet, veröffentlicht eine Autobiografie.

Branchenverzeichnis: Verzeichnis über die Wirtschafts- und Geschäftszweige sowie Fachgebiete.

Convenience-Produkte: Vorgefertigte Lebensmittel, deren Weiterverarbeitung schnell und bequem erledigt werden kann.

Diagnostik: Verfahren zur Feststellung von Sachverhalten, in Arztpraxen und Krankenhäusern wird über die Diagnostik festgestellt, welche medizinischen Werte vorliegen, welches Krankheitsbild daraus zu schließen ist und welche Maßnahmen (Therapien) zur Genesung zu treffen sind.

Dienstleistungsbetriebe: Betriebe, die gegen Entgelt haushaltsbezogene Arbeiten anbieten und ausführen.

effektiv: wirksam.

elementar: grundlegend.

emotionale Entwicklung: gefühlsbezogene, seelische Entwicklung.

Empathie: Einfühlungsvermögen, Fähigkeit, sich in andere Menschen hineinzuversetzen.

Ernährungskreis: Ein Modell, das zeigt, welche Nahrungsmittel gegessen werden sollten.

ethnische Herkunft: Kultur- und Lebensgemeinschaft einer Völkergruppe betreffend.

Existenzgründung: Weg in die Berufstätigkeit und berufliche Selbstständigkeit mit finanziellem Auskommen.

experimentieren: versuchen, ausprobieren.

Familienbudget: verfügbares Haushaltseinkommen.

flexibel: anpassungsfähig.

Hygiene: Maßnahmen zur Sauberkeit und Reinhaltung (Reinigung, Desinfektion, Sterilisation).

Inklusion: Alle Menschen werden gleich aufgenommen, unabhängig vom Grad ihrer Behinderung.

Integration: Eingliederung von Menschen fremdsprachlicher Herkunft oder mit Handicap in bestehende Systeme.

kontinuierlich: stetig, fortdauernd

Kreativität: schöpferische Kraft, gestalterische Fähigkeit eines Menschen.

Life-Long-Learning: Lebensbegleitendes Lernen.

multikulturelle Gesellschaft: Gesellschaft, die aus vielen Kulturen besteht.

Nachhaltige Entwicklung: eine zukunftsfähige Produktions- und Lebensweise, welche auch die Lebensbedingungen zukünftiger Generationen sichert.

Nachhaltiges Wirtschaften: bezieht sich auf die Produktion, den Gebrauch und die Entsorgung von Gütern. Es sollen weniger Rohstoffe verbraucht werden; nicht erneuerbare Rohstoffe durch nachwachsende ergänzt bzw. ersetzt werden; erneuerbare Rohstoffe nur in der Menge genutzt werden, wie sie sich in der gleichen Zeit regenerieren; in die Umwelt nur so viele Stoffe „entlassen" werden, wie dort aufgenommen werden.

Nährstoffe: Unter ihnen werden die in unserer Nahrung vorkommenden Energie liefernden Stoffgruppen Kohlenhydrate, Eiweiß, Fett und die nicht Energie liefernden Stoffgruppen Vitamine, Mineralstoffe und Wasser zusammengefasst.

Offensive: Angriff.

Ökobilanz: Werkzeug, das die Umwelteinwirkungen messen kann, die bei der Produktion, der

Nutzung und der Entsorgung eines Produktes entstehen. Damit wird der gesamte Lebensweg eines Produktes berücksichtigt.

Ökologie: Lehre von den Wechselbeziehungen zwischen den Organismen untereinander und mit ihrer unbelebten und belebten Umgebung.

Ökonomie: Bezeichnung für die Wirtschaft.

Piercing: Körperschmuck, für den man Einstechlöcher in der Haut braucht.

pragmatisch: praktisches Handeln.

Prävention: Vorbeugende Maßnahmen (z. B. Vorsorgeuntersuchungen, Impfungen) zur Verhütung von Krankheiten.

Produktlinienanalyse: Eine Ökobilanz, die zusätzlich zu den ökologischen auch die sozialen und gesellschaftlichen Gesichtspunkte eines Produktes darstellt.

Prophylaxe: Zuvorkommende Maßnahmen gegen das Fortschreiten einer Krankheit (z. B. Zahnprophylaxe, Rückenschule).

Proviant: Wegzehrung, Vorrat.

real: wirklich.

resignieren: mutlos, niedergeschlagen sein.

Rollendistanz: Fähigkeit, Normen oder Rollenerwartungen wahrzunehmen, sie zu interpretieren und mit ihnen reflektierend so umzugehen, dass die eigenen Bedürfnisse in das Geschehen eingebracht werden können. Damit kann die eigene Rolle kritisch betrachtet werden.

sozial: gesellschaftlich

soziales Verhalten: Orientierung an grundlegenden Werten und Normen einer Gesellschaft.

Sozialverträglichkeit: sozialgerechte Arbeitsbedingungen und Löhne.

strikt: streng, genau

Tattoo: Tätowierung, mittels feiner Nadeln und spezieller Farben werden dauerhafte Zeichen und Muster auf die Haut gebracht.

Therapie: Maßnahmen zur Genesung und Heilung nach einem Krankheitsbefund. Therapien können verschiedene Behandlungsarten umfassen (z. B. Medikamentenverordnung, Physiotherapie, Ergotherapie).

Toleranz: Duldsamkeit, wer tolerant ist, hält die Andersartigkeit anderer Menschen aus.

Tourismus: Fremdenverkehr. Zur Tourismusbranche gehören Reiseveranstalter, Hotels, Restaurants, Busunternehmen, Reedereien und alle, die Reisen anbieten.

Umweltverträglichkeit: geringe Schadstoffbelastung bei der landwirtschaftlichen Erzeugung und industriellen Produktion, geringer Energieverbrauch, kurze Transportwege, Ressourcen schonende Rohstoffgewinnung.

Verkaufspalette: das gesamte Angebot an Produkten im Laden.

Wirtschaftlichkeit: Produktivität, damit misst man, wie ergiebig (leistungsfähig) eine wirtschaftliche Tätigkeit ist.

Work-Life-Balance: Vereinbarkeit von Beruf und Privatleben.

Zeitmanagement: Geschickter Umgang mit der zur Verfügung stehenden Zeit. Zeitmanagement setzt eine gute Planung voraus.

Zusatzstoffe: Alle Stoffe, die nicht normale Lebensmittelrohstoffe oder deren Inhaltsstoffe sind und die bei der Herstellung von Lebensmitteln eingesetzt werden. Sie dürfen nur nach amtlicher Zulassung verwendet werden und müssen gesundheitlich unbedenklich sein.

Zutatenliste: Bei verpackten Lebensmitteln vorgeschriebene Aufzählung aller Bestandteile.

Rezepte

5 am Tag e.V., Mannheim: 166 M1; **A**1PIX - YourPhoto Today, Taufkirchen: 5 7 (PHN), 129; action press, Hamburg: 62/2, 71/M1; adpic Bildagentur, Bonn: 54 klein 2 (Wodicka), 58 (Beutelstahl), 197 (Lammeyer); akg-images GmbH, Berlin: 65/M3, 120/1, 120/2 (Lessing), 120/M1 (Lessing); alamyimages, Abingdon/Oxfordshire: 78 klein1 (Bon Appetit), 119/M3, 164/1 (Rawles); Alf, R., Freiburg: 143/1; allOver - galériephoto, Plourivo: 57/2; argum Fotojournalismus, München: 78 klein 3; argus Fotoagentur GbR, Hamburg: 59, 139/M1 (Einberger), 157/6 (Griffiths), 183 (Schroeder); **B**aaske Cartoons, Müllheim: 13/M1 (Liebermann); Bayer AG, Leverkusen: 64; Bergmoser + Höller Verlag AG, Aachen: 29; Bildagentur Huber, Garmisch-Partenkirchen: 203/M1; bildagentur-online GmbH, Burgkunstadt: 124 (Begsteiger); Bildarchiv Preußischer Kulturbesitz, Berlin: 65/M1; Bildarchiv Werner Bachmeier, Ebersberg: 100/M1; bildmaschine.de, Berlin: 51 (Wodicka); Blickwinkel, Witten: 4/4 (McPHOTO); BoomtownMedia GmbH, S. Grube, Berlin: 117; Bredehorst, H., Berlin: 160/M1; Bundesanstalt für Landwirtschaft (BLE), Bonn: 116/1; Bundesvereinigung Lebenshilfe für Menschen mit geistiger Behinderung e.V., Marburg: 144 (Beyer); Bundeszentrale für gesundheitliche Aufklärung (BZgA), Köln: 105; **C**aro Fotoagentur GmbH, Berlin: 4/5, 6 klein 3 (Jandke), 126 klein 1 (Oberhaeuser), 154 klein 3 (Schnitzler), 156/M2 (Teich), 185 (Sorge); Corbis, Düsseldorf: 93/1 (© Tom Hoenig/Westend61), 131/M4 (Held), 162/5 (Craigmyle), 197 (Thomas), 201; Cranz, K., Frankfurt: 171 (Rowan/Progressive Image); creativcollection Verlag GmbH, Freiburg: 119/2; **d**dpimages GmbH, Hamburg: 34; DEHOGA Bundesverband, Berlin: 162/1; Deutsche Diabetesstiftung, Martinsried: 118/M2; Deutsche Gesellschaft für Ernährung e. V., Bonn: 165/1, 179/M1; Dreamstime.com, Brentwood, TN 37027: 112 (Lenzinger); Druwe & Polastri, Cremlingen/Weddel: 43/1, 43/2, 43/3, 43/4, 44/1, 46/1, 46/2, 49/1, 49/M2, 50/1, 50/2, 51/1, 98, 110/M1, 139/1, 150/1, 166/1, 167/M2, 198; Dägling, A., Wardenburg: 3/3, 93/2; **e**pd-bild, Frankfurt am Main: 41/M1; Eyferth, K., Berlin: 15; **F**1online digitale Bildagentur GmbH, Frankfurt am Main: 10/M1 (Ojo Images), 17 (Eyecandy Pro); Fabian, M., Hannover: 116, 119/M2, 160/M2; Feldhaus, H.-J., Münster: 61; Flaeming-Skate GmbH, Jüterbog: 75/M1; foodfolio: 149/M1; Ford-Werke GmbH, Köln: 39/6; Fotex Medien Agentur GmbH, Hamburg: 70/M2 (Zorin); FOTODESIGN - HEINZ HEFELE , Darmstadt: 40/2, 108, 109, 140, 157/1, 158/M1; fotolia.com, New York: 4/6 (Lucky Dragon), 7 groß (Gosch), 18/1 (Digitalpress), 44/2 (foodinaire), 102 klein 3, 125 (philipus), 131/M2 (Müller), 136 (Wariatka), 137/M1 (Sanders), 145, 157/5 (contrastwerkstatt), 162/2 (erwinova), 162/7 (heidelbourg), 162/8 (Lucky Dragon), 168/M1 (Valda), 169/M1 (robynmac), 174/2 (Wischnewski); Frommelt-Beyer, R., Lahstedt: 182; **G**etty Images, München: 107/M1, 118/M1, 162 (Ruggeri); GREIFF Mode GmbH & Co. KG, Bamberg: 48/1; Guhl, M., Stein am Rhein: 124; Gust, D., Berlin: 137/M2; Görmann, F., Berlin: 18/M1; **H**aitzinger, H., München: 52/M1; Heil, O., Dortmund: 71/M3; Helmholtz Zentrum für Infektionsforschung, Braunschweig: 99 (Rhode); Hilbers, M., Hamburg: 157/4; Hogen, G., Lautertal: 124; **i**.m.a - Information. Medien.Agrar e.V., Berlin: 89; imagetrust, Koblenz: 162/1 (Seuffert); Imhof, U., Buxtehude: 90; INTERFOTO, München: 131/M3; iStockphoto, Calgary: 103 groß (Braunstein), 110/1 (polarica), 142/M2 (Monakhova), 156/M1 (Claudiad), 197 (David Sucsy); **J**ochen Tack Fotografie, Essen: 57/M1 (Tack); JOKER: Fotojournalismus, Bonn: 36, 39/4 (Gerard); Judith, H., Gilzum: 153/1; Jöhle-Gutmacher, D., Freiburg: 60/1; **K**eystone Pressedienst, Hamburg: 21 (Zick), 74, 152/M1 (Zick), 180 klein 1 (Schulz); Kneffel, M., Essen: 121/M3; Kohn, K. G., Braunschweig: 3/1, 6 klein 2, 10/M2, 12/M1, 22/2, 39/1, 39/5, 40/1, 40/4, 41/M2, 56, 74, 92/M1, 92/M2, 125, 127 groß, 130, 147/M1, 153/M1, 161, 169/M2, 174/1, 180 klein 2, 180 klein 3, 184, 192, 193, 195; Köcher, U., Hannover: 77/M2, 142/M1; König, H. Braunschweig: 68; **l**aif, Köln: 10/M3, 67/M1 (Jaeger); Lambertz, Aachen: 157/7; Landeshauptstadt Hannover, Bereich Umweltschutz, Hannover: 139/2 (Johaentges); Langner & Partner Werbeagentur GmbH, Hemmingen/Arnum: 63, 67; Lindner, A. K., Cremlingen/Weddel: 83, 91, 151, 159, 172/M3, 174, 177, 196/2-4; LOKOMOTIV Fotografie, Stadtlohn: 192 (Willemsen); Lonely Planet Images, Berlin: 110 (Malitz); Lyß, G., Wolfenbüttel: 97/1; **M**alzkorn, S., Hamburg: 161/M1; Marcks, M., Heidelberg: 76/M1; Martens, C., Olching: 148/M1; mauritius images GmbH, Mittenwald: 9 (Mader), 12/2 (Böhlhoff), 40/3, 42 (imagebroker/Gabriel), 55 groß (Zimmermann), 71/M2 (Lehner), 76/1 (Lehner), 77/M1, 93/3 (Rosenfeld), 101/M1 (imagebroker.net), 102 klein 1 (STOCK4B), 122/M2, 125/M1, 126 klein 3, 146/M1 (age fotostock), 156/M3, 185 (Ridder), 198 (imagebroker); Max Hueber Verlag GmbH & Co KG, Ismaning: 189/M1; mediacolors Bildagentur & -produktion, Zürich: 122/M1 (mba); Meyer Werft, Papenburg: 60/2; Minkus IMAGES Fotodesignagentur, Isernhagen: 12/1, 153/M2, 166/M1, 167/M3; Mora Garcia, J. L., Madrid: 170; Möhle, A., Braunschweig: 36; **N**atterer, Freiburg: 101; **O**tto, I., Sarstedt: 113, 123; **P**anther Media GmbH, München: 70/M1 (Grischa Georgiew); Peter Wirtz Fotografie, Dormagen: 199; PHOENIX Pressestelle/Fotoredaktion, Bonn: 11/1; photothek.net GbR, Radevormwald: 72, 202/M1 (Imo); Picture-Alliance GmbH, Frankfurt/Main: 8 (dpa-infografik), 11/2, 12/3 (dpa/Weigel), 14 (dpa), 23/1, 28/1, 32/1 (Simon), 32/2 (DeFodi), 33/1, 39/2 (ZB/Füssek), 39/3 (dpa/Steinberg), 48/2 (R. Schmid/Bildagentur Huber), 54 klein 3 (Neumann), 62/1 (W. Thieme), 65/1 (Globus Infografik), 66/1 (Globus Infografik), 78 klein 2 (Thieme), 79/1 (/ZB), 102 klein 2 (dpa), 104 (dpa Report), 106/M1 (Fishing4), 107/M2, 111/M1, 114 (Simon), 119/M1 (dpa-infografik), 120/M2 (Picture Press/Everett Collection), 120/M3 (Brooks), 121/1, 121/M2, 121/M4 (Globe-ZUMA), 122 (dpa/Bernhaut), 122/2, 126 klein 2, 134/M2, 137/1 (dpa-infografik), 138/1 (dpa-infografik), 138/M1 (ZB/Büttner), 141 (ZB/Büttner), 146/M2 (Pleul/ZB), 149/M2, 151/1 (M. Kötter), 154 klein 2 (Hoermann/Simon), 161 (dpa/Zucchi), 162/4 (ZB/Rosenfeld), 163/M1, 163/M2 (dpa), 178/M2 (ZB/Killig), 181/groß (Thomas), 182 (dpa/Führer), 191 (dpa/Hesse), 193 (ZB/Grubitzsch), 194 (Lade, Feldrapp), 195 (Schiffmann), 203/1 (DB/Schamberger); Picturefile David Graham, Paris: 3/2; Pitopia, Karlsruhe: 116 (Penschow); plainpicture GmbH & Co. KG, Hamburg: 22/M1 (Stockwerk), 66/M1; Presse- und Informationsamt der Bundesregierung - Bundesbildstelle, Berlin: 135/M1; **R**ademacher-Ponten, C., Münster: 148/M2; Rixe, D., Braunschweig: 97/2; Röwer, G., Neulehe: 170; **S**chründer, S., Berlin: 197; Scotti-Rosin, S., Frankfurt/Main: 157/3; Stadtwerke Lemgo GmbH, Lemgau: 57/1; Stelle, B., Mainz-Mombach: 124; Stills-Online Bildagentur, Hamburg: 190; StockFood GmbH, München: 28/M2 (Maximilian Stock Ltd), 88 (Stemmler), 154 klein 2 (Thiemann), 173/M1 (Eising), 173/M2 (Foodcollection), 173/M3 (Newedel/Foodcollection), 174/3 (Poplis), 176/M1 (Schieren), 178/M1, 179/1; **t**eamworktext und fotoGbR, Hamburg: 15/M1 (Klaphake); Therapiezentrum Burgau, Burgau: 28/M1 (Megele); transit - Fotografie und Archiv, Leipzig: 179/M1 (Haertrich); Tunger, München: 70/M3; **u**llsteinbild, Berlin: 26 (Oberhäuser/CARO), 54 klein 1 (Imagno), 65/M2 (Ritter), 192 (Becker & Bredel); **V**alentinelli, M., Rostock: 45/1; varioimages, Bonn: 152/M2, 200, 202/1; Verbraucherzentrale Hamburg e.V., Hamburg: 96; Visum Foto GmbH, Hamburg: 12 (Boness), 135/1 (Panos Pictures); Vogt, A., Meschede: 157/1, 157/2, 157/8, 158/M2; **W**olf, H.-U., Steinheim: 82/1; **Z**entralbild, Berlin: 177/M1; Zoonar.com, Hamburg: 115 (Kneschke)